LA GUERRE DES DEUX ROSES

DU MÊME AUTEUR

Ils ont traversé le siècle, Plon, 1994.

Lionel Jospin, l'héritier rebelle (avec Florence Muracciole), Lattès, 1996.

Jospin, l'énigme du conquérant (avec Florence Muracciole), Lattès, 2001.

GÉRARD LECLERC

LA GUERRE DES DEUX ROSES

LA TABLE RONDE
14, rue Séguier, Paris 6e

ISBN : 2-7103-2856-9.

À Maurice, Gérard, Patrick, et les copains de mes vingt ans…

La politique n'est ni une logique ni une morale,
c'est une dynamique souvent irrationnelle.

Édouard Daladier.

1453 : les Anglais perdent la guerre de Cent Ans et abandonnent définitivement le sol français. L'Angleterre est profondément humiliée, sans roi véritable : Henri VI a sombré dans la folie. « Éclate une guerre ouverte entre les maisons de Lancastre et d'York, entre les partisans de la rose blanche et ceux de la rose rouge… Le peuple observa généralement une attitude passive durant les trente ans que les maisons seigneuriales allaient s'entredéchirer et chercher à s'exterminer… »

Carl Grimberg, *Histoire universelle.*

INTRODUCTION

« Comme un coup de tonnerre dans un ciel serein » : la métaphore de Karl Marx sur le 18 brumaire traduit la stupeur qui frappe les socialistes le 21 avril 2002. Hasard ou réminiscence ? Lionel Jospin la reprend dans sa déclaration au soir de la défaite. Le Parti socialiste subit ce jour-là le plus effroyable échec de son histoire. Son candidat, chef du gouvernement, longtemps favori des sondages pour le second tour de l'élection présidentielle, est éliminé dès le premier. C'est la stupéfaction devant une situation inédite depuis trente-trois ans. Humiliation suprême, c'est l'extrême droite qui terrasse la gauche. Pour la première fois depuis sa refondation au congrès d'Épinay de 1971, le PS se retrouve brutalement, ce 21 avril, sans leader, sans projet et sans stratégie.

Sans leader : Lionel Jospin annonce dans les cris et les larmes qu'il se retire de la vie politique. Depuis 1995, il domine, sans partage ni contestation, les socialistes. Héritier — un temps rebelle — d'un François Mitterrand qui a régné sur le PS et la gauche durant un quart de siècle, Jospin s'est imposé comme candidat à la présidentielle de 1995, avant de conduire la gauche plurielle à la victoire grâce à la « divine » dissolution de 1997. Premier ministre pendant cinq ans, et chef de la majorité, il a choisi François Hollande comme gérant du PS, avec mission de ne pas gêner le gouvernement. Aucun concurrent n'a pu se déclarer, aucun successeur n'a été désigné.

Les socialistes doivent faire émerger l'homme providentiel pour 2007. Beaucoup peuvent y prétendre — la politique plus encore que la nature a horreur du vide —, mais aucun ne s'impose. Laurent Fabius a le plus de titres à faire valoir : expérience, compétence, filiation mitterrandienne. Mais peu de personnalités suscitent autant d'hostilité, voire de rejet que lui. La compétition s'annonce féroce.

Les socialistes n'ont pas de projet. C'est la première raison de la débâcle. « Mon projet n'est pas socialiste », a malencontreusement avoué Lionel Jospin pendant la campagne, provoquant le tollé. Il n'avait en fait pas de projet du tout. Seulement un programme hâtivement bricolé. Le Parti socialiste n'en avait pas non plus. La dernière tentative de se doter d'un outil idéologique en phase avec une vision de la société remonte en réalité à 1980, sous la plume de Jean-Pierre Chevènement. Un projet directement inspiré du congrès d'Épinay et du programme « Changer la vie », prônant la rupture avec le capitalisme. « Celui qui ne consent pas à la rupture avec le capitalisme, celui-là ne peut pas être membre du Parti socialiste », avait proclamé François Mitterrand à la tribune. Le texte de Jean-Pierre Chevènement entérine la victoire de la première gauche : nationalisations, planification et retraite à soixante ans. Un socialisme centralisateur, étatique, qui agit par la loi, quand la deuxième gauche défendait une voie décentralisatrice, autogestionnaire, et privilégiant le contrat. L'affrontement s'est incarné entre François Mitterrand et Michel Rocard. Beaucoup y ont vu un nouvel épisode de la guerre des deux roses qui depuis la fondation du PS, en 1905, a opposé Jules Guesde à Jean Jaurès, Paul Faure à Léon Blum, Guy Mollet à Daniel Mayer... À partir de 1981, l'exercice durable du pouvoir — ce qui n'était jamais arrivé à la gauche — confronte la doctrine socialiste aux dures réalités de la société française et de l'économie mondiale. Contraints et forcés, et avec tout le talent et l'habileté de François Mitterrand, les socialistes français opèrent au gouvernement, notamment avec le tournant de la rigueur de 1983, leur conversion à l'économie de marché. Les sociaux-démocrates suédois l'ont effectuée dès 1932, et les socialistes allemands en 1959 à Bade-Godesberg. Mais cette mutation est habillée en France du mythe de la parenthèse, qui ne sera jamais refermée. Et le Parti socialiste se garde d'en assumer toutes les conséquences.

Plusieurs congrès engagent, par petites touches, la mise à jour de la pensée socialiste : Valence en 1981 théorise le compromis social — même si l'opinion a davantage retenu les « coupeurs de têtes » —, Toulouse en 1985 entérine le virage économique ; au Bourget en 1993, les socialistes retournés dans l'opposition préservent une ligne réaliste et européenne. Mais le véritable aggiornamento doctrinal, qui tranche le débat entre radicalité et réformisme, économie administrée et économie de marché pleinement acceptée, socialisme marxiste ou social-démocratie, n'a jamais eu lieu. « On ne fait pas une telle révolution dans le silence des cabinets ministériels. On la fait devant l'ensemble des militants », avait lancé au congrès de Rennes en 1990 Pierre Mauroy, avant que les déchirements et les haines entre jospiniens et fabiusiens ne submergent les débats.

En 1991 le PS tente de se doter d'un nouveau projet définissant un socialisme démocratique. À la perspective de la rupture avec le capitalisme, succède celle du compromis historique. Mais le texte a été élaboré au sommet, sans réelle discussion et appropriation par les militants. Il est adopté en décembre 1991 au congrès de l'Arche. Les défaites électorales du printemps 1992, la débâcle législative de 1993, et la crise profonde qu'elles provoquent au PS le précipitent dans les oubliettes.

Le gouvernement Jospin a fait à son tour progresser le réformisme et l'idée de responsabilité, dans l'opposition comme au pouvoir : « Je dis ce que je fais, je fais ce que je dis », répète Lionel Jospin. Il respecte ses engagements sur les 35 heures, les emplois jeunes ou la parité. Mais faute d'assumer pleinement l'économie de marché, il désoriente une partie de son camp en privatisant les entreprises publiques, en admettant lors du conflit Michelin que « l'État ne peut pas tout », et en baissant les impôts.

Le risque est que les socialistes, déboussolés par l'effroyable défaite, en fassent porter la responsabilité à une dérive « sociale-libérale » de la politique Jospin. Et qu'ils perdent leur culture de gouvernement, dans un parti qui depuis sa création en 1905 entretient avec le pouvoir des sentiments mêlés et contradictoires d'ambition et de remords — pour reprendre le titre du livre d'Alain Bergounioux et de Gérard Grunberg (Fayard) —, de volonté de changer la société et de refus de toute compromission. L'ampleur de la débâcle interdit au Parti socialiste de demeurer dans l'ambiguïté : pour l'emporter en 2007, il doit analyser les raisons du naufrage, clarifier sa pensée, et présenter au pays un projet de société qui tranche entre radicalité et réformisme, et réponde à la question qui taraude les Français : Comment préserver leur modèle social dans la mondialisation ? C'est la nouvelle guerre des deux roses, où vont s'affronter les hommes autant que les idées.

Enfin le Parti socialiste doit repenser sa stratégie. En 2002, la multiplicité des candidatures à gauche, la rudesse des affrontements, et la percée de l'extrême gauche (qui dépasse en nombre de suffrages les trois partenaires du PS), contribuent à la défaite. Elles font exploser la majorité plurielle, construction originale et fragile de Lionel Jospin. Avec quelles formations le PS doit-il s'allier ? Avec quel contrat de gouvernement et dans quel type de coalition ? Que faire de l'extrême gauche ? Quelles relations nouer avec les mouvements associatifs et altermondialistes ? Autant de questions qui renvoient au débat sur l'identité du Parti socialiste.

Se choisir un leader dans lequel se reconnaissent les Français, se doter d'un projet qui réponde à leurs aspirations, et construire de nouvelles alliances : telles sont les trois conditions d'une victoire de la gauche en 2007, pour laver l'affront du 21 avril. Elles doivent être remplies à l'automne 2006, avant que la campagne ne démarre. Les socialistes ont mille six cents jours pour réussir.

CHAPITRE I

« COMME UN COUP DE TONNERRE... »

« L'habituel défaut de l'homme est de ne pas prévoir l'orage par beau temps. »

Machiavel.

Dimanche 21 avril, 17 h 45. Ils sont tous là dans la grande salle du cinquième étage pompeusement baptisée « War Room », en référence à la campagne de Bill Clinton : Laurent Fabius, Martine Aubry, Jack Lang, François Hollande, Jean Glavany (directeur de campagne), Pierre Mauroy, Aquilino Morelle (la « plume » du Premier ministre). Vont bientôt les rejoindre Bernard Kouchner et le publicitaire Jacques Séguéla. L'ambiance est détendue, confiante même : « Je n'exclus pas que, comme en 1995, Lionel soit en tête », se risque Jean Glavany. La veille, Gérard Le Gall, expert en sondages du PS, a livré à Lionel Jospin les dernières enquêtes, d'autant plus excitantes qu'on n'a pas le droit de les publier. Rien de nouveau : le second tour opposera bien Jospin à Chirac qui sont au coude à coude autour de 18 % au premier tour. Jean-Marie Le Pen est à 15 %. Vers 17 h 30 l'Institut CSA passe son premier coup de fil : c'est un sondage « sorti des urnes ». Pas de surprise, Chirac est entre 19 et 20 %, Jospin à 17, Le Pen entre 13 et 14. L'IPSOS livre les mêmes tendances. La « War Room » se remplit. L'excitation monte : à 18 heures les bureaux ferment, dans moins de trente minutes on aura les premières estimations, fiables puisque calculées sur des bulletins effectivement dépouillés. Lassé par le brouhaha, Gérard Le Gall fait transférer les deux téléphones, qui le relient aux instituts de sondages, dans le bureau fermé de Lionel Jospin… Les « happy few » le rejoignent. François Hollande, Dominique Strauss-Kahn, Martine Aubry, Laurent Fabius, Jean Glavany, Pierre Moscovici, Bertrand Delanoë, les deux présidents du groupe socialiste à l'Assemblée et au Sénat, Jean-Marc Ayrault et Claude Estier, Alain Claeys le trésorier de la campagne et Marie Lavarini l'assistante et conseillère en communication de Lionel Jospin depuis vingt ans. 18 h 20… 18 h 30, pas de coup de fil. On s'impatiente. Claude Estier, à quatre pattes, vérifie les branchements. Gérard Le Gall teste les téléphones. Les sondeurs ne se manifestent pas car ils ne croient pas les premières données qui tombent sur leurs ordinateurs, à partir de quelques dizaines puis quelques centaines de bulletins. Hallucinant : Le Pen est devant Jospin et pas très loin de Chirac.

Dans la grande salle on trouve le temps long. Les portables commencent à sonner : conversations murmurées, poursuivies dans le couloir, confidences aux voisins, des visages qui se figent, des regards inquiets… Dans les régions, les élus découvrent, effarés, la catastrophe : Jospin est talonné, voire battu par Le Pen. Dans le bureau fermé du candidat il ne se passe toujours rien. Une attente pesante qui selon Gérard Le Gall a duré jusque vers 19 heures. En fait, à 18 h 30, il a reçu un premier coup de fil. Mal à l'aise il raccroche : « Les sondeurs ne veulent pas me donner de résultats, parce que ce qu'ils ont est aberrant.

— Aberrant, mais en positif ou en négatif pour nous ? l'interpelle Séguéla.

— Je ne sais pas, ils remoulinent leurs chiffres ! »

Dix minutes plus tard, Pierre Giacometti d'IPSOS lui livre au conditionnel l'effrayante nouvelle. Gérard Le Gall ne veut pas y croire et la garde pour lui. Ce n'est qu'à 19 heures qu'il répète tout haut pour la dizaine de hiérarques qui l'entourent ce que lui dicte son interlocuteur de la Sofres : « 1 Chirac, 2 Le Pen, 3 Jospin ». Stupeur et accablement de tous, premières larmes de Marie Lavarini. « L'écart est de 0,7 % entre Le Pen et Jospin, il y a peut-être un petit espoir », ajoute Le Gall.

On entend alors des applaudissements : c'est l'ovation qui salue l'arrivée à l'Atelier de Lionel Jospin. Dans la rue, deux mille personnes — ignorant évidemment la tragédie qui se noue — scandent « Jospin Président ». Le candidat tient sa femme par la main et tente de se frayer un passage jusqu'à la porte de l'Atelier. Même euphorie, mêmes vivats dans le hall : Jospin, enjoué, fait la bise aux militantes. Moment surréaliste. À mesure qu'il gravit les cinq étages de l'escalier Art déco, l'enthousiasme décroît et un début de malaise s'installe : ils sont de plus en plus nombreux à être dans la confidence ou à pressentir le naufrage. Lionel Jospin arrive au cinquième étage. Ses enfants sont là. Il les embrasse, puis ouvre la porte de son bureau. Il est 19 h 05. L'ambiance est lugubre : les lumières n'ont pas été allumées, tout le monde semble prostré. Laurent Fabius, le seul debout, embrasse Sylviane et lui glisse à l'oreille : « C'est dramatique. » Lionel Jospin rompt le silence en s'adressant à Gérard Le Gall : « Tu ne m'as pas appelé ? — On vient juste d'avoir l'information », justifie Martine Aubry. Gérard Le Gall, tétanisé, sous la pression accumulée, se libère dans une sorte de spasme : « Lionel, selon les chiffres que l'on a, tu n'es pas au second tour, Jacques Chirac est en tête, Le Pen en deux et toi derrière à 0,7 ou 0,8 point. » « Tout le monde est effaré, raconte aujourd'hui Jacques Séguéla, par la violence de l'annonce, comme s'il lui apprenait sans plus d'égards la mort d'un proche. » Lionel Jospin reste interdit quelques secondes, ajoutant à l'immobilité de la scène. Un fauteuil est libre. Il s'y affale

« comme si tous ses os venaient de se briser », se souvient Marie Lavarini. Quelques secondes, son regard se trouble. Le candidat se prend la tête dans les mains. Seule Sylviane laisse éclater sa colère : « C'est la faute à Chevènement, je vous l'avais dit. » « On était stupéfait, bloqué, on ne savait pas quoi dire », raconte Jean-Marc Ayrault. Lionel Jospin est abasourdi, il lisse machinalement un faux pli de sa veste : « Avoir fait tout ça pour ça », lâche-t-il pour tout commentaire. La conversation reprend péniblement autour de la marge d'erreur : 0,7 point de retard, c'est peut-être rattrapable avec les grandes villes et surtout les Dom-Tom qui, avec le décalage horaire, n'ont pas encore voté. Gérard Le Gall se précipite sur son *Que sais-je ?*, *Histoire des élections sous la Vᵉ République*, chapitre des Dom-Tom. Mais les scores élevés attendus pour la Guyanaise Christiane Taubira n'augurent rien de bon ! Jean Glavany et Bertrand Delanoë sortent pour appeler les fédérations. « Mobilisation générale des abstentionnistes, envoyez des cars ! » Le Gall les accompagne. Pour la deuxième fois de la soirée, il doit annoncer le cataclysme aux camarades qui attendent dans la pièce voisine : « Bon, eh bien, Lionel n'est pas au second tour », lance-t-il à la cinquantaine de ministres et membres du Bureau national présents autour de la table. Le mirage d'un renversement de tendance se dissipera une vingtaine de minutes plus tard avec les nouvelles estimations des sondeurs.

Lionel Jospin a pris place derrière son bureau. Un œil sur la télévision où les présentateurs prédisent une énorme surprise, il a retrouvé toute sa maîtrise. Certains s'excitent encore sur un possible sauvetage. Il douche tous les espoirs : « Écoutez, si nous sommes à 0,6 point derrière Le Pen, ce n'est pas la peine de rêver, on a perdu l'élection ! » Puis quelques minutes plus tard : « La situation est grave pour la France, il faut que je laisse à Chirac le champ libre pour qu'il s'exprime rapidement. Je vais rédiger tout de suite ma déclaration. » Jacques Séguéla propose qu'on l'aide. « Non, c'est une affaire personnelle entre moi et les

Français. » Il est 19 h 30. Lionel Jospin a ouvert son cartable et en sort un bloc de papier quadrillé ainsi que deux feuilles rédigées à la main, qui paraissent dérisoires : l'une dans l'hypothèse où il est en tête du premier tour, l'autre où il est second !

Tout le monde quitte le bureau. Les discussions reprennent sur le discours à tenir sur les plateaux de télévision. Laurent Fabius grille la politesse à François Hollande sur TF1, Dominique Strauss-Kahn va sur France 2 et Martine Aubry sur France 3... François Hollande a conseillé la prudence. Devant un Bureau national improvisé, et alors que la gauche est à terre, le premier secrétaire livre son analyse : la défaite est injuste compte tenu de l'action du gouvernement, il faudra en disséquer toutes les raisons, mais dans l'immédiat la priorité est de faire barrage à l'extrême droite. Vers 20 h 15 Lionel Jospin a terminé de rédiger sa déclaration. Sa secrétaire l'a tapée et elle la distribue à la dizaine de personnes présentes. Chacun la lit et y découvre la phrase choc : « Je me retire de la vie politique. » Bernard Kouchner est le premier à réagir : assis sur le coin du bureau, il interpelle le candidat battu : « Lionel, tu ne peux pas nous laisser tomber, c'est une démission, or tout n'est pas perdu. » Silence des autres. « Écoute, Bernard... » réplique Jospin avec un mouvement de la tête pour signifier qu'il sait ce qu'il fait. Jacques Séguéla prend le relais : « Lionel, on a perdu l'Élysée, pas Matignon. Il y a les élections législatives, toi tu sais bien que le pouvoir est à Matignon, il ne faut pas abandonner... » Lionel Jospin, avec un geste d'impuissance : « Les Français ne m'ont pas voulu, c'est clair et net... » Pierre Moscovici lui demande de rajouter au moins une phrase positive sur l'action de son gouvernement. Il l'accepte sous la forme d'un « Je reste fier du travail accompli... ». Les proches du Premier ministre ne sont pas vraiment surpris. Aquilino Morelle se souvient de plusieurs conversations quelques mois auparavant : « Si je suis battu, lui avait confié Lionel Jospin, j'aurai soixante-cinq ans, et derrière moi cinq années à Matignon et plusieurs autres comme ministre ou premier secrétaire du PS… Ce sera suffisant… J'ai envie de profiter un peu de la vie… » Un message délivré plus brutalement à *Paris Match* : « Ce sera l'Élysée ou l'île de Ré. » Même témoignage du fidèle Daniel Vaillant : « Le 6 avril, nous rentrions de Corse pour assister au match de rugby France-Irlande. Dans la voiture Lionel m'interroge :

— Comment vois-tu les choses ?

— On devrait gagner mais le premier tour sera difficile car la France n'est pas de gauche et les Français sont imprévisibles.

— J'espère bien gagner, réplique Jospin, mais si ce n'est pas le cas j'arrêterai. Tu peux le comprendre, le moment sera venu de faire autre chose… »

La décision de Lionel Jospin est réfléchie, et personne n'est en mesure de le faire changer d'avis. Par téléphone, son directeur de cabinet Olivier Schrameck lui recommande seulement de rester à Matignon jusqu'au soir du second tour : une question d'éthique et de responsabilité de l'État. Jacques Chirac le joint peu après pour s'assurer qu'il sera bien présent aux deux derniers Conseils des ministres.

C'est le moment des visites d'amitié, pour ne pas dire de condoléances. Défilent dans son bureau, entre les coups de fil, sa famille, des amis comme Pierre Arditi ou Bernard Murat, et des politiques souvent au bord des larmes… Scènes étonnantes où Jospin réconforte ses visiteurs. 22 h 15, le moment est venu de la dernière épreuve du candidat : faire sa déclaration face à toutes les équipes de télévision installées dans la grande salle de presse. Lionel Jospin descend les escaliers, entouré de Laurent Fabius, Dominique Strauss-Kahn, Alain Claeys, et pénètre dans la salle sous une salve d'applaudissements. D'une voix assurée, sous le regard de dizaines de millions de téléspectateurs, il commence : « Le résultat de l'élection présidentielle vient de tomber comme un coup de tonnerre. Voir l'extrême droite représenter 20 % des voix dans notre pays, et son principal candidat affronter celui de la droite au second tour, est un signe très inquiétant pour la France et notre démocratie... » Quelques mots ensuite sur la fierté du travail gouvernemental. « La démagogie de la droite et la dispersion de la gauche ont rendu possible cette situation », et tout de suite la phrase fatale qu'il termine sous les cris de désespoir et les pleurs de nombreux militants présents au milieu des journalistes : « J'assume pleinement la responsabilité de cet échec et j'en tire les conclusions en me retirant de la vie politique, après la fin de l'élection présidentielle. » Lionel Jospin conclut par des remerciements à ceux qui ont voté pour lui et par l'invitation aux socialistes et à la gauche de se mobiliser et de se rassembler. La déclaration n'a duré qu'un peu plus d'une minute mais elle ajoute au traumatisme du peuple de gauche.

Lionel Jospin regagne son bureau. Devant quelques fidèles, dont François Hollande, il passe le relais : « La gauche continue, l'Histoire va s'écrire, c'est votre temps qui est venu... »

Sur les plateaux de télévision, comme il en avait été convenu à l'Atelier, les leaders du PS appellent à faire barrage à l'extrême droite. Mais la tonalité diffère entre Martine Aubry ou Dominique Strauss-Kahn qui annoncent qu'ils voteront Chirac, même si c'est « en se bouchant le nez », précise le second, et Jean-Marc Ayrault qui propose de s'opposer à Le Pen, mais pas encore à voter Chirac.

De retour à l'Atelier, François Hollande annonce qu'il conduira la campagne socialiste pour les législatives, comme c'est le rôle de tout premier secrétaire. Quand il faut partir, le dernier carré — François Hollande, Julien Dray, Gérard Filoche, Harlem Désir — et quelques journalistes décident de prolonger la discussion autour d'un verre. Mais il est tard, les bistros sont fermés : « J'en connais un à côté, j'ai eu l'occasion de le contrôler comme inspecteur du travail ! » propose Gérard Filoche. Le propriétaire les accueille jusqu'à 4 heures du matin. Ségolène Royal les rejoint. « Tu crois que ça va tanguer au PS ? » demande Filoche à Hollande... « J'en ai bien l'impression... »

La nuit est courte. Dès le lendemain matin un Bureau national se réunit à Solférino. Ce sont « les adieux de Fontainebleau » de Jospin aux responsables socialistes et à ses anciens ministres. « Je suis venu vous dire au revoir », commence l'ex-candidat. « L'épreuve est politique et non personnelle. L'échec est d'abord le mien. Nous devons réfléchir à ses causes au-delà des jugements sur la campagne qui sont de peu de poids. » L'ancien Premier ministre pointe trois raisons principales ; d'abord l'illusion du bilan : la baisse du chômage et d'autres succès du gouvernement ont fait oublier les maux d'une société qui a perdu ses repères ; ensuite l'usure du pouvoir face au corporatisme après cinq ans de gouvernement ; enfin les divisions de la gauche plurielle : « Chacun s'est fait du mal à lui-même en faisant du mal à l'ensemble », insiste-t-il. Lionel Jospin évoque l'insécurité sur laquelle « on n'a jamais su faire une synthèse satisfaisante », et il revient sur son retrait de la vie politique : « C'est, dit-il, la seule solution conforme à l'événement et qui me permette d'être en accord avec moi-même… Vous devez vous battre, je vous souhaite une très belle bataille pour les législatives. On a déjà rebondi dans le passé, ça peut se reproduire, la France est très changeante… » Enfin, pour le second tour de la présidentielle, le candidat défait conseille d'y réfléchir, et de ne pas se précipiter : « Essayez d'être dans la réalité, pas dans les mythes. » L'allusion est à peine voilée : Lionel Jospin n'a pas apprécié les appels à voter Chirac, qui, précisera-t-il plus tard, semblent l'exonérer de ses responsabilités. Lionel Jospin achève son propos, qui n'aura duré que quelques minutes, en citant par son prénom son successeur François Hollande, en compagnie duquel il quitte la pièce, une manière de l'adouber devant tous les hiérarques du parti.

Le lendemain à midi, c'est à son équipe de campagne que le Premier ministre fait ses adieux : petit discours à l'Atelier, avec une pointe d'ironie sur ceux à gauche qui hésitaient à voter Jospin au premier tour et qui vont se précipiter pour voter Chirac au second... Puis un déjeuner au restaurant voisin Tulip Inn, avec le premier cercle de la campagne et quelques proches : Jean Glavany, Yves Colmou, Aquilino Morelle, Marie Lavarini... « Il m'a été difficile de me libérer pleinement », lâche Jospin. Personne n'ose évoquer son avenir : « Tu vas pouvoir te mettre au basket professionnel » : la plaisanterie d'un convive tombe à plat... Dans la voiture qui l'a amené à l'Atelier, Pierre Guelman, l'un de ses conseillers à Matignon, reparle au Premier ministre de son retrait politique : « C'est la conclusion logique que l'on tire quand on a été remercié, et c'est le meilleur service que je puisse rendre au parti, explique Jospin.

— C'est peut-être aussi une question d'envie.

— Oui, c'est ça, j'ai été Premier ministre cinq ans, j'ai atteint les limites de ce que je pouvais apporter dans ce type de responsabilité. Je n'ai pas envie d'être député... »

Le lendemain Jack Lang tente de le faire revenir sur sa décision. Matignon est plongé dans une atmosphère étrange : silence pesant, mine défaite des collaborateurs qui font leurs cartons et rangent leurs bureaux. L'ancien professeur de droit argumente : « Tu as pris ta décision, je la comprends, mais tu tiens ta légitimité des élections législatives. Pourquoi ne restes-tu pas Premier ministre jusqu'au renouvellement de l'Assemblée, dans six semaines ?

— Ce qui est décidé est décidé, c'est plus clair », répond le Premier ministre.

Quelques jours plus tard, le 3 mai, c'est un chef de gouvernement presque détaché qui prend la parole devant ses collaborateurs de Matignon — une soixantaine de conseillers et chargés de mission — réunis pour un déjeuner d'adieux. Aucune émotion dans son discours, sur le thème : « Nous pouvons être fiers de ce qui a été accompli... Ma sérénité est totale... » Tout juste se laisse-t-il aller à la métaphore, quand voyant par la fenêtre une éclaircie dans un ciel nuageux, il enjoint les convives de sortir de la morosité : « Pensez au soleil, pensez à l'avenir... » Lionel Jospin repart avec un cadeau : une chaîne stéréo.

Le 24 avril se tient le dernier Conseil des ministres. Simple routine, dans des circonstances pourtant exceptionnelles : décrets, nominations, communications sur la situation internationale. Quelques banalités de Jacques Chirac : « Chacun dans nos fonctions, nous nous sommes efforcés d'assurer le bon fonctionnement de nos institutions au service de la France... » Quelques remerciements non moins classiques de Lionel Jospin à ses ministres « pour le travail accompli pendant cinq ans », et au Président « pour la façon courtoise et simple avec laquelle il a présidé le Conseil des ministres [!] ». Le gouvernement Jospin se retrouve pour déjeuner. Le Premier ministre affecte la décontraction. Il évoque assez rapidement le 21 avril qu'il qualifie d'anomalie. Il préfère retenir le bonheur — il emploie le terme — qui a été le sien cinq ans à Matignon. Rien, en revanche, sur l'attitude à adopter pour le second tour de la présidentielle. Une mise en garde qui accroît la gêne et le trouble : « Les ministres, dit-il, ne doivent pas participer aux manifestations du 1er mai, ce n'est pas leur rôle... » Quelques-uns échangent des regards désapprobateurs. Jean-Luc Mélenchon, malentendant, a l'œil acéré pour lire sur les lèvres et déchiffrer la moindre expression d'un visage. Un talent qui ne lui est guère d'utilité ce jour-là : Lionel Jospin est impénétrable. Aucun de ces signes d'émotion, d'énervement, qui parfois le trahissent : le cou qui devient légèrement violet quand la figure reste blanche, les narines qui se creusent et la bouche qui commence à sauter...

La polémique est pourtant en train de monter sur son refus de se désister pour Jacques Chirac face à la menace Le Pen. Philippe Douste-Blazy trouve choquant ce silence. Ségolène Royal l'appelle à prendre ses responsabilités. Le porte-parole du PS Vincent Peillon fait la même demande au « citoyen » Jospin. Olivier Schrameck, ami autant que directeur de cabinet de Lionel Jospin, et quelques proches finissent par convaincre le Premier ministre. Vendredi soir, Lionel Jospin cède, dans un communiqué de cinq lignes, aux termes soigneusement pesés : « Soucieux de l'avenir de la France et des fondements de notre démocratie », il demande à ses concitoyens « d'exprimer par leur vote à l'élection présidentielle leur refus de l'extrême droite et du danger qu'elle représente pour notre pays et ceux qui y vivent... ». Le message est sans ambiguïté, même si le nom de Jacques Chirac n'est pas prononcé et si Lionel Jospin se déclare « sans illusion sur le choix qui se présente à nos concitoyens le 5 mai ». Une ultime réticence que les socialistes mettent sur le compte de l'orgueil d'un homme meurtri. D'autres néanmoins l'approuvent, comme Marylise Lebranchu : « En ralliant immédiatement Jacques Chirac, nous avons participé à une sorte de déresponsabilisation, de déculpabilisation du vote d'extrême droite... »

Le pays est en plein psychodrame : dès le 21 avril des dizaines de milliers de personnes, en majorité des jeunes, sont descendues dans les rues de Paris et de plusieurs grandes villes de province : lycéens, militants de partis de gauche ou d'associations... Beaucoup découvrent les manifestations. Affiches, mails, appels téléphoniques : la mobilisation enfle. Il s'agit — rien de moins — que de faire rempart au « péril fasciste », et de sauver la République. Le week-end du 27 et 28 avril, ils sont des centaines de milliers à Paris, Marseille ou Grenoble. Arlette Laguiller, qui est la seule à refuser le désistement pour Jacques Chirac, est huée dans le cortège parisien. Les deux ministres Jean-Luc Mélenchon et Yves Cochet ont bravé l'interdiction du chef du gouvernement. Le 1er mai à Paris, sous le soleil, ils sont rejoints par les leaders socialistes : Hollande, Strauss-Kahn au bras d'Anne Sinclair, Aubry, Delanoë, Kouchner, Guigou qui auraient pu croiser les trois sœurs et frère de Lionel Jospin. Les responsables de droite sont absents. « Ce n'est pas dans notre culture », s'excuse François Fillon. Le cortège qui réunit plus de cinq cent mille personnes à Paris — ils sont plus d'un million et demi dans toute la France — fustige Le Pen et l'extrême droite. Les syndicats dénoncent les lourdes menaces pour les droits sociaux des salariés. Mais c'est d'abord les libertés et la démocratie que veulent défendre les manifestants, parfois avec grandiloquence : « Quand je voyais des camarades de section jouer les résistants et entonner le *Chant des Partisans*, j'avais un peu honte, Le Pen n'est quand même pas Hitler, la République n'était pas vraiment en danger… » soupire un conseiller de Matignon. L'urgence de s'opposer à l'extrême droite fait alors l'unanimité et rares sont ceux qui critiquent Jacques Chirac quand il refuse de débattre avec Jean-Marie Le Pen.

Le 5 mai, Jacques Chirac est élu avec un score soviétique de 82,15 % des suffrages, un record sous la Ve République. Comme en témoigne l'abstention, retombée à moins de 20 %, il a bénéficié à plein des voix des électeurs de gauche. Quelques-uns ont symboliquement tenté de voter avec des gants, d'autres se sont défoulés comme ce conseiller de Lionel Jospin qui a écrit rageusement sur son bulletin : « Chirac en prison »… ou ce futur président de région : « Chirac = super-menteur + super-facho ».

Dès le 21 avril, François Hollande a pris la direction des opérations pour les législatives. Avec deux priorités pour limiter les dégâts : d'abord, parvenir à une candidature unique de la gauche dans toutes les circonscriptions où le FN risque de refaire le coup du 21 avril. La menace est réelle : la droite et le centre viennent de s'unir pour ne présenter partout qu'un seul candidat. Bruno Le Roux, secrétaire national chargé des élections, s'en acquitte avec les partenaires de l'ex-gauche plurielle : une trentaine de circonscriptions forment une sorte de cordon sanitaire, inédit dans l'histoire électorale. Seul le pôle républicain de Jean-Pierre Chevènement en est exclu. Deuxième priorité, gauchir le programme des socialistes afin de prendre en compte « les messages et les interpellations » du 21 avril. Martine Aubry ressuscite le groupe de travail qui avait rédigé le projet du candidat Jospin. Miracle : ce qui n'était pas possible en mars l'est en juin. La « Gauche socialiste » (l'aile gauche du parti) y veille, notamment Gérard Filoche qui s'époumone pour faire accepter une protection contre les licenciements abusifs : « Je ne discute plus ici, il n'y a que des gauchistes », ironise François Hollande. La nouvelle plate-forme entérine huit objectifs qui sont autant de marqueurs à gauche : des emplois plus nombreux et mieux rémunérés, la lutte renforcée contre la précarité, le droit à la formation tout au long de la vie, des cotisations calculées sur la valeur ajoutée, des services publics renforcés... en revanche les baisses d'impôts sont devenues taboues, et Bertrand Delanoë est le seul à défendre pour la restauration un taux de TVA de 5,5 % aligné sur les fast-foods. Laurent Fabius et Dominique Strauss-Kahn bataillent ensemble pour freiner les ardeurs radicales de certains camarades. Avec quelques éclats de voix : « Qu'est-ce que c'est que ce programme de merde qui va déclencher la machine à perdre », s'emporte Laurent Fabius, dont le langage est habituellement plus châtié, dans le bureau de François Hollande, la veille de l'adoption du programme par le Conseil national du parti. « Les socialistes sont en train de commettre la même erreur que les travaillistes anglais, qui l'ont payée par dix-sept ans d'opposition », ajoute-t-il. Quelques ultimes ajustements de Martine Aubry et le savoir-faire de François Hollande permettent de rééquilibrer le texte. Le lendemain Laurent Fabius se réjouit d'un compromis satisfaisant : « On ne verse pas dans le gauchisme de gouvernement », se félicite son lieutenant Henri Weber.

La campagne s'engage dans une atmosphère rapidement déprimante. L'espoir d'une revanche du 21 avril, né des grandes manifestations anti-Le Pen, retombe comme un soufflet. Les Français ont logiquement tourné la page de la gauche plurielle. Le Président a été réélu, et de quelle façon ! Il vient de nommer un « gouvernement de mission » avec un nouveau Premier ministre, Jean-Pierre Raffarin, qui est un professionnel de la communication. Ses premières « raffarinades » — « La France d'en bas contre la France d'en haut » — font mouche, même si ce sénateur, issu de la grande bourgeoisie poitevine et fils de ministre, incarne la notabilité provinciale. Le chef du gouvernement et ses principaux ministres sont omniprésents sur les médias : de Luc Ferry, le philosophe aux allures d'éternel étudiant, à l'Éducation, à François Fillon pour l'Emploi et surtout Nicolas Sarkozy qui prend à bras-le-corps la question de l'insécurité. Matin et soir, radios et télévisions rendent compte de ses faits et gestes : descentes dans les quartiers sensibles, virées dans les commissariats, propos guerriers contre les voyous, lancement des premiers GIR (Groupements d'intervention régional, associant policiers, magistrats et douaniers) dans les cités. Les reportages s'enchaînent, la BAC (Brigade anti-criminalité) s'invite dans les 20 heures. Avant le 21 avril, l'insécurité était une angoisse existentielle, depuis le 5 mai c'est la sécurité et la police qui sont à l'honneur. Jacques Chirac surfe sur ce besoin d'autorité des Français. Six jours après sa réélection, il fait un esclandre à la finale de la Coupe de France de football, après que des supporters bastiais ont sifflé *La Marseillaise*. Une colère savamment mise en scène, qui tranche avec la passivité de Lionel Jospin Premier ministre, quand l'hymne national avait été conspué lors d'un match France-Algérie.

Les socialistes sont encore abasourdis, et sans chef. « Mais si on vote pour vous, qui sera Premier ministre ? » Comme tous les candidats du PS, Marisol Touraine a bien du mal à répondre à cette interpellation que lui répètent les électeurs. La droite ne se prive pas d'utiliser à loisir le réquisitoire d'Olivier Schrameck — le directeur de cabinet de Lionel Jospin — contre la cohabitation : « Le pire des régimes », assène-t-il dans son livre *Matignon rive gauche* (Seuil). Les Français, s'ils ne l'ont pas lu, ont entendu le message : selon le sondage IFOP-*L'Express*, ils sont 61 % à être hostiles à une nouvelle cohabitation. Le Parti socialiste en est réduit à ressortir le vieil argument des perdants : « Il ne faut pas donner tous les pouvoirs au même camp. » Au meeting parisien du Cirque d'Hiver le 2 juin, devant quinze cents personnes qui ont ovationné le nom de Lionel Jospin, François Hollande accuse l'UMP de vouloir « capturer tous les pouvoirs ». Laurent Fabius enchaîne sur la menace sociale que ferait peser la droite : « Croyez-vous que pendant cinq ans ils enfileraient des perles ? Eh bien, non, ils remettraient en cause la Sécurité sociale, le Smic et le reste... »

Sur le terrain la campagne est « atone », « introuvable », « silencieuse ». Un sentiment de vide, de « perdu d'avance », que ressentent tous les candidats de gauche. Pas de rejet ou d'agressivité comme en 1993, quand les socialistes étaient usés par le pouvoir et empêtrés dans les affaires, mais de l'indifférence, de la lassitude, du fatalisme. L'idée s'installe que la messe est dite, sur le thème : « Le nouveau gouvernement est en place, voyons ce qu'il va faire, quant à vous, socialistes, ce que vous nous proposez aujourd'hui, pourquoi ne l'avez-vous pas mis en œuvre auparavant ? »... Certains élus ont la tentation de sauver leur peau en jouant de leur équation personnelle. Pour d'autres c'est plus difficile, surtout quand ils découvrent des quartiers ou des communes rurales où un électeur sur trois ou quatre a voté Front national. « Les gens étaient "destroy", se souvient Marie-Noëlle Lienemann, ils avaient envie de changement : "Vous nous avez oubliés, alors on va essayer la droite, et puis peut-être le prochain coup Le Pen..." Et toujours l'insécurité, l'insécurité... »

Le 9 juin, le résultat du premier tour est sans surprise : la droite est assurée d'obtenir une large majorité le dimanche suivant. Le Parti socialiste limite les dégâts : avec 25,6 % des suffrages, il réédite son score des législatives de 1997. Mais avec une différence de taille : grâce au vote utile — le 21 avril est dans tous les esprits — il a « cannibalisé » ses partenaires de la gauche plurielle qui ne totalisent qu'un peu plus de 10 % des voix, 6 points de moins qu'en 1997. Quant à l'extrême gauche, qui avait obtenu 10 % des suffrages à la présidentielle, elle a quasiment disparu du paysage. Seuls deux socialistes sont élus au premier tour, dont le président du groupe sortant à l'Assemblée Jean-Marc Ayrault. D'autres leaders comme Laurent Fabius ou Élisabeth Guigou progressent, mais la plupart reculent : jusqu'à 10 points de moins pour Michel Vauzelle dans les Bouches-du-Rhône. Plusieurs ministres et personnalités comme Martine Aubry, Pierre Moscovici ou Raymond Forni, président de l'Assemblée sortante, sont menacés.

François Hollande est de ceux-là. Conscient de jouer son avenir de premier secrétaire dans sa victoire ou sa défaite à Tulle, il ne rentre pas à Paris pour la soirée électorale et consacre la semaine qui le sépare du second tour à arpenter la centaine de communes de sa circonscription. La droite ne lui fait pas de cadeau : son adversaire, qui a choisi comme slogan « Un Corrézien pour la Corrèze », bénéficie de la visite de Bernadette Chirac. Le premier secrétaire se sait sur la sellette. Beaucoup jugent la campagne timorée et son leader trop en retrait. Laurent Fabius, Jean-Marc Ayrault, Dominique Strauss-Kahn, occupent le terrain et vont soutenir les camarades en difficulté. Bertrand Delanoë, Bernard Kouchner ou Robert Badinter, très populaires à gauche et qui ne sont pas candidats, prêtent main forte dans les circonscriptions les plus menacées. Tous enfoncent le clou du « risque social massif » et du « danger pour la démocratie » que représenterait une large victoire de la droite.

Le second tour du 16 juin confirme le premier : ce n'est pas un raz-de-marée mais une belle vague bleue qui offre 399 députés à la droite, dont 366 à l'UMP — un par jour de l'année, ironise le président de l'UDF François Bayrou —, contre 178 à la gauche, parmi lesquels 141 socialistes, 107 de moins que dans l'Assemblée précédente. Les partenaires de l'ex-gauche plurielle perdent un bon tiers de leurs effectifs : le Parti communiste sauve son groupe avec 21 députés, les Verts ne sont plus que 3, le MDC de Jean-Pierre Chevènement a sombré avec son leader jusque-là sans cesse réélu à Belfort depuis près de trente ans. Six ministres de Lionel Jospin sont au tapis, au premier rang desquels, symbole de la défaite socialiste, Martine Aubry. Pierre Moscovici et Marie-Noëlle Lienemann connaissent le même sort. Si les bastions de la Haute-Garonne, du Pas-de-Calais, de l'Aude ou des Landes ont bien résisté, l'étendue du désastre est impressionnante en Aquitaine — 10 sièges perdus dont celui de Gilbert Mitterrand — en Rhône-Alpes (également 10 de chute), et surtout en Provence-Alpes-Côte d'Azur où la gauche ne conserve que 6 sièges sur 40. Les bons reports à droite des électeurs du Front national expliquent la défaite de nombreux candidats socialistes, comme Michel Vauzelle président de la région PACA.

François Hollande sauve son siège de Corrèze, et peut du même coup espérer conserver son fauteuil de premier secrétaire. Mais il a senti le vent du boulet. Ses rivaux — Laurent Fabius, Dominique Strauss-Kahn, Jack Lang, Henri Emmanuelli — l'ont emporté haut la main. « Je sors de l'enfer », lâche-t-il en rentrant de Tulle à son plus proche collaborateur Stéphane Le Foll, qui ajoute aujourd'hui : « Nous savions que si François perdait en Corrèze, le couperet tomberait. »

CHAPITRE 2

RADIOGRAPHIE D'UNE DÉFAITE

« Par le temps qui court, je ne reconnais qu'une vertu, ni le courage, ni la volonté du martyre, ni l'abnégation, ni l'aveuglement, mais seulement la volonté de comprendre. »

Paul Nizan.

Si la défaite aux législatives est « honorable » — comme l'a qualifiée François Hollande —, ses lendemains sont déprimants pour beaucoup de socialistes. Depuis le séisme du 21 avril, la mobilisation contre Le Pen et la campagne électorale ont occupé les énergies. L'après-législatives les renvoie à la triste réalité : la droite pérore au pouvoir, la gauche est KO ; et à leurs interrogations, obsédantes : « Comment en est-on arrivé là, comment s'est "nouée" *L'Impossible Défaite* — titre du premier ouvrage sur le 21 avril (Denis Pingaud, Le Seuil) —, quelles sont les erreurs, quelles fautes avons-nous commises qui méritent un tel châtiment ? »

Certains préfèrent la fuite. Comme Jospin, parti tout oublier à Palerme ; ou sa collaboratrice Marie Lavarini qui s'est envolée au Maroc. Jean-Pierre Bel, chargé pendant la campagne de rassembler les élus, s'est isolé huit jours dans un hôtel de Cadaquès en Espagne. D'autres se morfondent, ne lisent plus les journaux, évitent de rencontrer leurs camarades. Jean-Luc Mélenchon reconnaît avoir « pété les plombs » : « Avec quelques camarades on se jouait le film du péril fasciste du 6 février 34 : comme j'avais réclamé l'interdiction du Front national, je me préparais déjà à la clandestinité !... » Une fois le danger écarté, l'ancien ministre de la Formation professionnelle part dans sa campagne du Loiret, creuser pendant deux mois un fossé...

À la direction du Parti socialiste, François Hollande s'efforce de maîtriser les débats et d'éviter les règlements de comptes. Au Conseil national du 23 avril, il prévient : « Je n'accepterai pas la moindre dérive. N'ajoutons pas le plus petit désordre à la plus grande de nos déceptions. » Le premier secrétaire, qui pourrait être emporté par la révolte, balise la réflexion. Parmi les causes de l'échec, il évoque l'éclatement de la gauche, mais également les exaspérations sécuritaires, sociales et catégorielles des Français. Henri Emmanuelli réclame des clarifications concernant l'ouverture du capital des entreprises publiques, la défense de la retraite par répartition et le remplacement de la prime pour l'emploi par des hausses de salaires. Martine Aubry met en garde contre « une course à la démagogie », Dominique Strauss-Kahn rappelle que « Keynes a plus apporté à la classe ouvrière que Rosa Luxemburg » et Laurent Fabius prêche la solidarité avec Lionel Jospin et la direction du PS.

La discussion s'engage, dans les mois qui suivent, à un double niveau : « Le parti d'en haut », celui des responsables socialistes, souvent anciens ministres du gouvernement Jospin impliqués dans la catastrophe ; « le parti d'en bas », celui des militants : les réunions dans les sections et les fédérations tournent souvent au psychodrame, voire à l'affrontement, une catharsis inévitable pour soigner le traumatisme et remettre le parti sur les rails.

« En haut », c'est Marie-Noëlle Lienemann, ex-ministre du Logement, qui brise le tabou au cœur de l'été. Elle s'en prend directement à Lionel Jospin, dans son livre *Ma part d'inventaire* écrit avec le journaliste Frédéric Haziza (Ramsay). Le réquisitoire est féroce : la campagne a été calamiteuse, privatisée par un candidat décidant seul de tout, un pessimiste entouré d'autistes : « Serrer des mains, écouter les problèmes, faire don de soi aux électeurs lui sont étrangers… Son adhésion à l'OCI a laissé la marque d'un esprit de système trotskiste. » Bref, un camarade trop « rigide », doté d'un « ego » hypertrophié et donc « manifestement un peu court pour être président ». La formule fait florès. Marie-Noëlle Lienemann veut la retirer : trop tard, l'éditeur l'a déjà imprimée sur la quatrième de couverture. La sortie du livre à la veille des universités de La Rochelle provoque un tollé : « C'est une connerie, le candidat battu ne mérite pas d'être insulté comme cela », juge son camarade de la Gauche socialiste Jean-Luc Mélenchon. « C'est injuste et inélégant », s'offusque Bertrand Delanoë. Pour Pierre Moscovici : « C'est de l'ingratitude de la part de celle qui avait fait des pieds et des mains pour entrer au gouvernement. » À son arrivée dans la salle de l'Encans à La Rochelle, elle fait face crânement aux sifflets. « J'ai écrit ce livre, se justifie-t-elle aujourd'hui, car je voyais monter le discours : "C'est pas la faute de Jospin, c'était perdu d'avance, le rapport de force n'est pas favorable à la gauche, sous-entendu il faut s'ouvrir au centre." Pour le reste, mes critiques reprenaient celles des militants. » Le brûlot a une vertu : les bouches s'ouvrent chez les éléphants. Ce n'est pas encore de grands barrissements, mais des petites phrases en forme d'autocritique dans les discours — à La Rochelle Jean Glavany qualifie d'erreur l'ouverture du capital de France Telecom —, des confidences aux journalistes, des articles et même des livres. Jean-Christophe Cambadélis revient dès la fin septembre sur *L'Étrange Échec*, titre d'une brochure de la Fondation Jean-Jaurès. C'est une « défaite qui vous tire par la manche, elle vous oblige à la contempler dans toute son étendue », avertit l'auteur. Il balaie large dans ses causes : la perte des repères bousculés par Internet, le 11 septembre, la vache folle ou la téléréalité ; l'essoufflement du gouvernement

Jospin en 2000 après le départ de la « Dream Team » ; les doutes sur les désirs profonds de Jospin : « Au moment de se lancer, Jospin s'apercevait peut-être qu'il était l'homme qui ne voulait pas être roi… »

En octobre c'est dans la *Revue socialiste* que quelques leaders se lâchent. François Hollande reconnaît le lent décrochage des classes populaires à l'égard de la gauche. Laurent Fabius tempère : « Il n'est pas convaincant d'invoquer aujourd'hui une prétendue dérive sociale-libérale du gouvernement Jospin après avoir souligné hier qu'il était le gouvernement le plus à gauche d'Europe. » Il pointe en revanche « un projet jugé trop technique et manquant de souffle… ». Jean Glavany revient sur le candidat, « crispé par l'enjeu… je n'ai pas retrouvé dans cette campagne le Lionel que j'aime, au sens presque sportif du terme, lâchant ses coups et conquérant ».

Bernard Kouchner est plus amer dans une interview au *Figaro* puis dans un livre : *Le premier qui dit la vérité…* (R. Laffont). Il a pensé une ou deux fois à démissionner, notamment sur les 35 heures où l'on a « voulu faire le bonheur des gens malgré eux ». « Il n'a pas été heureux » dans le gouvernement Jospin, trop technocratique et à la méthode politique dépassée.

C'est auprès des militants que le débat va prendre toute son ampleur. Le Bureau national du 3 septembre fixe les règles et le calendrier de ce « grand moment de démocratie » qui doit conduire à une refondation du Parti socialiste. Tout est consigné dans un vade-mecum de six pages en forme de questionnaire « ouvert et sans tabou » envoyé aux 3 500 secrétaires de section et consultable sur le site Internet du PS. Six thématiques sont retenues : « comprendre ce qui s'est passé au printemps 2002, en s'interrogeant sur les causes conjoncturelles et plus profondes de la défaite » ; « revenir sur le bilan de la législature 1997-2002 » ; les quatre autres thèmes sont orientés vers l'avenir :

l'état de la société française, l'identité et les priorités des socialistes, militer aujourd'hui au PS et définir une stratégie pour la gauche. Les milliers de réunions de sections, de forums ou de rencontres avec les Français débouchent sur des « états généraux », avec la restitution de cette vaste introspection. C'est l'entourage de François Hollande qui pilote l'opération. « Le choc était considérable, explique Stéphane Le Foll, directeur de cabinet de François Hollande. Nous avons ouvert les portes et les fenêtres tout en fixant quelques points nodaux pour cadrer les débats. Tout le monde avait besoin de s'exprimer, mais il fallait éviter l'éclatement du parti. »

Le débat se déroule à l'automne. Des discussions sérieuses, qui n'échappent pas à l'autoflagellation, au noircissement du bilan du gouvernant Jospin ou au basisme démagogique : « On n'a pas assez écouté les militants, les grands élus sont coupés des réalités... » Comme d'autres, Marisol Touraine est directement prise à partie dans sa section : « Vous avez perdu parce que vous n'êtes pas assez à gauche, vous devez partir, c'est comme au foot, on vire l'entraîneur... » Mais la psychothérapie de groupe fonctionne. Les militants se parlent, libèrent leurs ressentiments, parfois à l'excès : le député André Vallini s'emporte en mars 2003 dans une énième réunion qui s'enlise dans le malheur et les erreurs du passé. « Ça suffit de la délectation morose et de l'autoflagellation collective, passons à autre chose... Surprise, les militants m'ont applaudi, c'était comme la fin d'un deuil. »

En quelques mois, toutes les questions qui taraudent les socialistes sont évoquées. Les comptes rendus, et les témoignages des acteurs de la campagne, permettent aujourd'hui d'établir une radiographie de l'échec du 21 avril. Le premier chapitre concerne l'organisation ou plutôt la désorganisation de la campagne. Tous ceux qui y ont participé, des hauts responsables aux militants de base, tiennent leurs anecdotes. Un lieu symbolise le désordre général : l'Atelier. Façade Art déco, quartier branché, inscription presque trop belle au-dessus de la porte d'entrée : « Société immobilière : l'avenir du prolétariat » : le lieu semble prédestiné. C'est une illusion. Déjà on s'y sent mal pour travailler. Le décloisonnement architectural provoque le cloisonnement des équipes : faute de pouvoir se réunir à l'Atelier dans des salles fermées, chacun se replie sur son territoire. L'équipe Moscovici prépare le programme au Quai d'Orsay, les hiérarques du PS restent à Solférino, l'équipe du Premier ministre à Matignon. Du coup, les « séquestrés de l'Atelier » vivent en vase clos, coupés des réalités. La réunion de campagne démarre tous les matins à 8 h 30, mais les participants sont trop nombreux — une trentaine, souvent dotés d'un ego surdimensionné —, et la discussion part dans tous les sens : organisation, logistique, compte rendu politique, image, air du temps… Un vaste café du commerce peu productif. L'ambiance de l'Atelier est rapidement délétère. Les militants qui proposent leur aide se font envoyer promener, les élus évitent « d'y perdre leur temps ».

L'organisation est défaillante. Elle emprunte autant au Gosplan qu'à l'armée mexicaine. Lionel Jospin n'a pas voulu trancher. Pour ne fâcher personne, et respecter toutes les sensibilités du PS, il a multiplié les instances et les responsables, donc les risques de conflits. Avec un talent particulier pour associer des gens qui se détestent. Jean Glavany est directeur de campagne, Pierre Moscovici responsable d'un pôle « étude, riposte, proposition » : « Je m'occupe du fond, Glavany des avions ! » interprète Moscovici. Jean Glavany, qui a mené les campagnes de François Mitterrand, ne l'entend pas ainsi. Quand Lionel Jospin lui a proposé le poste, lors d'un vol entre Paris et Toulouse, Glavany l'a mis en garde : « Pierre Moscovici veut le job, il ne se contentera pas du projet, il ne sera pas loyal. » « Voyez-vous, parlez-vous, vous êtes de grands garçons », réplique Jospin. La réalité dépassera toutes les espérances : « Du premier au dernier jour de campagne, Mosco m'a saboté le travail, il m'a caché des informations et a multiplié les entourloupes et les croche-pattes. J'ai vingt exemples... » s'emporte aujourd'hui encore Jean Glavany. « C'était affreux, ils ne se supportaient pas, on était en permanence dans le conflit, l'énervement, et Jospin n'intervenait pas », témoigne le trésorier de la campagne Alain Claeys. « Comment voulez-vous faire quand celui qui tient l'agenda ne parle pas à celui qui fait le programme », ajoute Jean-Paul Huchon. Pour compliquer l'organigramme, Laurent Fabius est conseiller spécial, Bertrand Delanoë préside le comité de soutien, Laurence Dumont est chargée de l'animation de l'Atelier (ça ne s'invente pas), Jean-Louis Bianco est mandataire national, et Jean-Marc Ayrault à la fois conseiller et coordinateur des quatorze porte-parole thématiques ! (À ne pas confondre avec les deux porte-parole du candidat, Martine Aubry et Dominique Strauss-Kahn dont la cohabitation au gouvernement avait déjà fait des étincelles !) Pour éviter la cacophonie, chacun des quatorze porte-parole thématiques doit en principe soumettre son intervention à autorisation avant de s'exprimer : ubuesque dans le feu de la campagne, et par conséquent jamais appliqué. François Hollande entend tenir tout son rôle de premier secrétaire, et Jacques Séguéla gérer avec Stéphane Fouks, d'EuroRSCG, l'image du candidat. Chacun agit de son côté, sans coordination et sans se rencontrer.

Lionel Jospin fonctionne en bilatéral, avec toutes les incompréhensions, les frustrations, et les intrigues que cela engendre. La veille du 21 avril, François Hollande a rendez-vous avec Stéphane Fouks pour préparer le second tour. Les discussions s'enveniment, chacun reproche à l'autre la mauvaise campagne qui vient d'être menée, jusqu'à ce que le premier secrétaire avoue n'avoir eu finalement que peu d'occasions de parler avec Lionel Jospin ; Stéphane Fouks n'en a jamais eu depuis le premier jour de campagne ! Une tendance à la « comitologie » vient soviétiser un peu plus le dispositif. Un conseil politique réunit le Bureau national du PS au grand complet, les ministres, les présidents de groupe et quelques personnalités. Ils siègent sous l'œil des caméras de Jérôme Caza qui prépare un documentaire sur la campagne, forcément victorieuse, du candidat Jospin, dans l'esprit des *Yeux dans les Bleus* de la Coupe du monde de football. Chacun se sachant filmé résiste difficilement à la tentation de la posture. Quand Jacques Chirac déclare sa candidature à Avignon, François Hollande organise un tour de table. « Je trouvais, raconte Éric Besson, qu'il avait bien joué avec l'émotion et la symbolique d'une ville remportée par la droite aux municipales. Mais tout le monde lui tombe dessus et cherche la formule qui fera mouche dans le film : "Jospin a montré qu'il était un homme d'État, Jacques Chirac qu'il était un homme dans tous ses états", lance Cambadélis. À la sortie j'en parle avec un copain : "Tu as raison, me dit-il, mais tu ne peux pas dire ça devant les caméras…" »

Jacques Séguéla s'en désespère encore : « François Mitterrand nous avait pourtant appris qu'une campagne c'est une PME, pas une multinationale, quatre ou cinq personnes responsables devant le seul patron qui est le candidat, et non pas une foultitude de gens, de centres de décision, dont un Parti socialiste qui déteste les communicants. » Et le publicitaire de narrer avec nostalgie la campagne présidentielle de 81 : « Un jour, François Mitterrand me demande de présenter aux dirigeants du PS la fameuse affiche de La Force tranquille avec le petit village, que nous avions concoctée et déjà tirée à des milliers d'exemplaires. Ils sont une vingtaine autour de la table. Je sors l'affiche. Paul Quilès organise un vote : 20 voix contre. François Mitterrand revient dans la pièce : "Alors, Séguéla ?

— Ils ont voté contre.

— Oui, mais le vote n'est pas terminé puisque je ne me suis pas prononcé. Nous sommes en démocratie, n'est-ce pas ? Moi, je vote pour et ce sera cette affiche parce que c'est ma campagne." Et l'affaire était réglée… »

Les socialistes en ont autant à dire sur les publicitaires, ces beaux esprits qui, souligne un dirigeant, « traitaient le parti comme un bureau de Poste chargé d'expédier dans les départements les tracts et les affiches ». Et parlons des affiches : une couleur indéterminée — « C'était un joli brun assez mode et moins vulgaire que le rouge socialiste ! » soutient Jacques Séguéla — sur laquelle ne figurait ni le nom du candidat, ni le sigle du poing et la rose du PS — « Tout le monde connaissait sa tête et le slogan "Présider autrement" prenait toute la place », renchérit le publicitaire —, enfin et surtout un format qui ne correspondait pas au panneau officiel et obligeait les militants à les découper aux ciseaux ! Ça n'est pas mieux pour les tracts : les fédérations crient famine quand ceux de Christiane Taubira emplissent les boîtes aux lettres. Jean-Luc Mélenchon s'en plaint un jour devant le Bureau national. Il n'en dispose que de 30 000 pour 1 200 000 habitants dans l'Essonne : « Ils m'ont envoyé péter… tout était tellement extravagant que nous en arrivions à penser que c'était calculé ! » Calculer, le mot est juste, au sens propre : la direction de campagne voulait garder le maximum d'argent pour le second tour. « Attention aux comptes de campagne, limitez les réunions et le matériel » était le leitmotiv adressé à des militants qui sont restés l'arme au pied.

La campagne officielle à la télévision n'est pas plus inspirée, avec un figurant dans le rôle de l'électeur de base qui pose la question à un responsable socialiste, qui lui-même interroge Lionel Jospin assis derrière son bureau. « Ça fait Deschiens votre truc », commente un proche du premier secrétaire. François Hollande en convient, et finit par exploser devant l'équipe de communicants de Stéphane Fouks : « Ça suffit vos conneries, Fouks, je te tiens pour responsable, je veux des affiches dans le sens du panneau, avec Lionel Jospin écrit dessus, et des clips de campagne moins débiles… » Mais on parlait déjà du second tour !

Les visites thématiques du candidat dans le pays sont une autre aberration. Jacques Séguéla en accepte la paternité : selon lui les gens n'écoutent pas les propos généraux. Il faut parler santé aux médecins, éducation aux professeurs, etc. Une vision très contestée : les campagnes victorieuses martèlent et déclinent deux ou trois thèmes : Jacques Chirac et la fracture sociale en 1995, l'insécurité en 2002 ; George Bush et le terrorisme... Et comme toutes les fédérations veulent accueillir le candidat, voilà Lionel Jospin enchaînant les déplacements sur des sujets fixés à l'avance — personnes âgées à Clermont-Ferrand, insécurité à Tours, la mer à Lorient — et qui ne correspondent pas à l'actualité du jour. Le candidat à la présidence lit, comme le ferait un ministre, des discours écrits par des technos devant un public souvent clairsemé — car c'est en milieu de journée — de professionnels ou de pseudo-« vrais Français », choisis par un institut. Louis Mermaz s'en émeut devant le conseil politique : « J'apprends que tu viens en Isère, qu'il n'y aura pas de meeting, que les socialistes ne pourront pas te voir, te parler, te toucher, Lionel ce n'est pas possible. » Les élus sont intarissables sur le fiasco de ces déplacements à thème. Jack Lang et Jean-Luc Mélenchon ont accompagné le candidat deviser sur l'éducation à Charleville-Mézières. Dans l'avion, Lionel Jospin, sérieux comme un pape, réécrit son discours à partir de trois projets. À l'arrivée ils s'entassent à sept dans une Espace. Comme c'est un rituel à chaque déplacement, une corporation a organisé une manifestation, trop heureuse de profiter de l'écho médiatique. Là ce sont des douaniers armés de sifflets. Lionel Jospin doit parlementer pour passer. Puis c'est la réunion devant deux cents enseignants et universitaires : ennuyeuse à mourir. « T'inquiète pas, avait rassuré un conseiller, tout est prévu, on connaît les questions ! » Plus corseté que jamais, Lionel Jospin (qui n'est bon que dans l'improvisation) a l'air totalement absent. Bilan de l'opération : dans les journaux télévisés un « off » de quelques secondes, largement consacré à la manifestation des douaniers, et peu de lignes dans la presse écrite : on avait oublié d'inviter les journalistes de la rubrique éducation.

À quelques jours du premier tour, la direction de campagne change son fusil d'épaule : la rencontre avec des professionnels à Lens est au dernier moment transformée en meeting ; « Mais ils s'y sont pris comme des pignoufs, rugit Marie-Noëlle Lienemann : pas d'affiches, pas de mobilisation, on ne "bourre" pas les cars : résultat, dans le département le plus socialiste de France, seulement huit cents personnes dans un gymnase, c'était triste à pleurer ! »

Le comité de soutien n'est pas mieux utilisé. Bertrand Delanoë, aidé par l'inévitable Jack Lang, a pourtant réuni une liste d'artistes, d'intellectuels, de scientifiques, à faire pâlir les habituels Line Renaud ou Henri Salvador de Jacques Chirac. Mais pour faire quoi ? Quelques-uns se retrouvent entre eux à l'Atelier, histoire de souligner l'élitisme de l'entreprise. Et quand on décide de réunir tout ce beau monde, c'est au théâtre Édouard-VII, « dans une ambiance compassée, vieillotte, ringarde, j'étais accablé », se lamente Jack Lang. C'est un dimanche soir à 20 h 30, trop tard pour que la presse en fasse écho.

La mobilisation des jeunes est du même acabit. Au lieu d'enclencher suffisamment tôt une dynamique qui aurait permis aux jeunes d'influencer leurs parents, la manifestation est organisée en fin de campagne, au prétexte que « les ados n'ont pas de mémoire ! ». Elle se déroule au Café de la Musique près du Zénith de Paris, sous la forme d'un meeting du MJS, où le candidat, encensé, commet sa gaffe habituelle : à un jeune qui lui demande son sentiment d'être dans le « loft » de la campagne avec Robert Hue, il réplique qu'« il a hâte d'en sortir » ! Un cri du cœur qui sera exaucé !

Lionel Jospin a des excuses : il est exténué par un emploi du temps démentiel. « On a mené une vie de romanichel, témoigne son assistante Marie Lavarini, je le prenais à Matignon à

7 heures du matin, il enchaînait réunions, déplacements, prises de parole, conférences de presse. Il rentrait le soir reprendre son costume de Premier ministre. Un matin, il m'a dit : "Quand le réveil a sonné, j'ai cru qu'on me coupait en deux !" » Le nez en permanence dans le guidon, le candidat n'a plus le temps de réfléchir, de discuter, ni même de regarder la télévision ou lire les journaux. Son seul contact avec le monde extérieur est la revue de presse qui lui est faxée à 6 heures du matin. Il finit par s'en plaindre devant son équipe, à quinze jours du premier tour, à l'Atelier : « Je veux vous dire que j'ai extrêmement peu de temps pour réfléchir politiquement à cette campagne. Vous me faites courir, j'ai accepté de courir, je cours, mais les moments où je peux réfléchir à ma propre façon d'argumenter sont extraordinairement réduits. On ne pourra pas faire ça au second tour. » Marie Lavarini remue ciel et terre pour alléger le programme : en vain. La campagne n'a été ni pensée ni préparée, par un Premier ministre surmené et épuisé par quatre années de Matignon. Dans son entourage, quelques-uns ont voulu le convaincre de démissionner plus tôt. Jacques Séguéla lui envoie des notes au printemps 2001 : « Tu as besoin de récupérer physiquement, de prendre de la hauteur, de te construire une sature présidentielle. Tu dois voyager, rencontrer des chefs d'État, écrire un livre pour exposer ton projet aux Français. » « D'un point de vue de communicant tu as sans doute raison, lui répond Jospin, mais je me suis engagé devant les Français à être Premier ministre pendant cinq ans et j'irai jusqu'au bout de mon mandat. »

Pierre Moscovici tente également sa chance avec une trentaine de pages d'argumentation, sans plus de résultat. Le 14 juillet 2001, Jacques Chirac lui offre sur un plateau l'opportunité de claquer la porte. Dans sa traditionnelle interview télévisée, le chef de l'État tire à boulets rouges sur la politique du gouvernement, notamment en matière d'insécurité qui, dit-il, explose. Lionel Jospin assiste à l'agression présidentielle de son bureau de Matignon, entouré de Sylviane, Olivier Schrameck et Yves Colmou. L'idée d'une démission est à peine évoquée, avec son directeur de cabinet et Daniel Vaillant : l'opinion, estime-t-on, ne l'aurait pas comprise ; la droite aurait crié à la manœuvre politicienne ; et le président de la République aurait repris la main : il pouvait choisir un autre chef de gouvernement ou dissoudre l'Assemblée, en renvoyant à Lionel Jospin la responsabilité d'une démission de confort. Un homme voit pourtant immédiatement le coup à jouer. Il prend l'après-midi même l'initiative d'appeler François Hollande : « Qu'attend le Premier ministre pour démissionner, une telle occasion ne se représentera pas… » C'est Valéry Giscard d'Estaing. Il avait — il est vrai — un compte de vingt ans à régler avec Jacques Chirac. Lionel Jospin a peut-être perdu l'élection présidentielle ce 14 juillet 2001… Olivier Schrameck pense, lui, que le Premier ministre aurait dû partir dès l'année 2000, en plein succès et en position de force face au chef de l'État. Demeurer jusqu'au bout à Matignon était injouable : la pression est trop forte, et les critiques s'adressant au gouvernement retombent forcément sur le candidat à la présidentielle, qui se retrouve dans la position du sortant.

Le Premier ministre n'a ni le temps ni le réel désir de se projeter dans l'avenir. Son livre d'entretiens, *Le Temps de répondre* (Stock) — le titre est déjà évocateur —, sort en mars, beaucoup trop tard pour exercer une réelle influence. Surtout il faut l'insistance d'Alain Duhamel, d'Olivier Schrameck et de Pierre Moscovici pour que Jospin accepte d'ajouter aux deux premières parties consacrées à son itinéraire personnel et au bilan de son gouvernement une troisième sur son projet pour la France. Encore est-ce largement du « copier-coller » du programme du PS de Martine Aubry. Lui n'a pas grand-chose à proposer aux Français.

Lionel Jospin est victime de l'enfermement à Matignon, « le syndrome du quetzal dans une cage dorée », selon l'heureuse expression de Claude Allègre. Le Premier ministre y vit le jour et la nuit depuis qu'il a emménagé avec Sylviane. Dans ce palais de la République qui respire, avec ses moulures, ses dorures et son mobilier, l'art de vivre du XVIIIe siècle, les bruits de l'extérieur parviennent assourdis. Le cabinet et l'entourage se gargarisent du « bon bilan du gouvernement » : deux millions d'emplois créés en cinq ans, un million de chômeurs en moins, les 35 heures, la couverture maladie universelle, les grandes réformes de société comme la parité et le Pacs... Qui pourrait contester ces résultats ? Pas un Président vieillissant, politicien assailli par les affaires. C'est en tout cas l'intime conviction de Lionel Jospin qui n'a que mépris pour l'autre tête de l'exécutif. Le dossier des farines animales, où le Président a sommé publiquement le Premier ministre de prendre des mesures qui étaient déjà en préparation, a marqué une cassure. Lionel Jospin est scandalisé par « un Président sans foi ni loi qui utilise le mensonge et la démagogie ». « À la fin il ne prononçait même plus son nom — témoigne l'ancien président de l'Assemblée Raymond Forni — il ne parlait que de “l'autre”, ou par allusion. » En février l'auteur de ce livre et sa consœur Florence Muracciole s'entretiennent librement avec le Premier ministre de la campagne qui n'a pas encore démarré. Ils insistent sur le savoir-faire politique, la stature internationale, la personnalité sympathique du Président, autant d'arguments qui pourraient lui permettre, avec le problème de l'insécurité, de l'emporter une seconde fois. Lionel Jospin s'impatiente. Il rappelle encore et encore son bilan et finit par exploser : « Les Français n'éliront pas quelqu'un qui a échoué depuis sept ans, qui n'est pas un homme d'État et qui est poursuivi par les affaires : ce serait irrationnel et immoral... »

Battre le Président sortant est sa vraie motivation : un combat de gladiateurs qu'il est sûr de remporter. « Lionel Jospin n'a pas maîtrisé sa campagne, il était obsédé par ce face-à-face avec Chirac, persuadé qu'il allait lui flanquer une dégelée », résume le patriarche Pierre Mauroy.

À Matignon comme au Parti socialiste, on ne doute pas de la victoire. Rares sont celles ou ceux qui, comme la conseillère sur les questions intérieures Clotilde Valter, s'inquiètent de cette euphorie : « J'avais été frappée lors des vœux à la presse, en janvier 2002, qui se déroulaient dans les grands salons du Quai d'Orsay. Il y avait un monde fou, des applaudissements, l'idée que l'élection était jouée, que l'on écoutait déjà le prochain Président... » Exactement comme lors de la même cérémonie de 1995 avec Édouard Balladur. Les socialistes ne sont pas les seuls à considérer la campagne déjà jouée. Au centre, on s'interroge. Quinze jours avant le premier tour, Jacques Séguéla, dans le rôle de l'entremetteur qu'il affectionne, organise un dîner chez lui. Invités : François Hollande, et Jean-Louis Borloo qui vide son sac : « Je suis pour l'honnêteté en politique, Jacques Chirac, ce n'est plus possible. » Le principe du ralliement du député centriste à Lionel Jospin au soir du premier tour en échange — au moins implicitement — d'un grand ministère dans le prochain gouvernement est acté. François Hollande et Jean-Louis Borloo se croisent le 21 avril sur les plateaux de télévision. On imagine la contrariété de l'un et la gêne de l'autre.

Premier effet de cet excès de confiance : le développement d'un esprit de courtisanerie autour de Lionel Jospin. Ce n'est pas son genre de beauté, l'orgueil — qui agaçait tant François Mitterrand — lui suffit ! « Il nous avait un peu vassalisés, raconte Claude Bartolone. Un jour qu'il m'avait passé une avoinée en séminaire gouvernemental, parce que je voulais rester maire du Pré-Saint-Gervais, j'avais songé à quitter le gouvernement : "Tu es fou, m'avaient dit mes amis, il va être élu président de la République, tu tires un trait sur ta carrière politique." » Quand la campagne s'engage, beaucoup se sont déjà réparti les postes. Et quand elle dérape, personne n'ose le dire au candidat, y compris au plus haut niveau : « Une fois par semaine, raconte un témoin, Lionel Jospin réunissait les grands stratèges et possibles premiers ministrables : Laurent Fabius, Martine Aubry, Dominique Strauss-Kahn, François Hollande… Ils s'observaient, se marquaient à la culotte, et cherchaient surtout à plaire à celui qui nommerait l'un d'eux demain à Matignon. »

Le démarrage est pourtant déjà chaotique. Sur les conseils des communicants, Lionel Jospin envoie le 20 février de chez lui, rue de Regard, un fax à l'AFP pour annoncer sa candidature. La mise en scène d'EuroRSCG prévoit que Lionel Jospin descende avant le 20 heures dire quelques mots aux télévisions. Quand il ouvre la porte de l'immeuble, la chargée de communication est en train d'échanger des noms d'oiseaux avec LCI qui n'aurait pas dû se joindre à TF1 et France 2. Image surréaliste de Lionel Jospin s'efforçant de calmer son monde avant d'annoncer au peuple qu'il souhaite présider la République. Sa déclaration faite, faute d'avoir été briefé ou accompagné, il s'enfonce dans la nuit, vers nulle part, suivi de toutes les caméras : nouvelle image extravagante. Ce n'est que le premier raté d'une longue série. Le lendemain soir, Lionel Jospin est l'invité du 20 heures de France 2. Le choix du service public divise : « Il aurait eu plus d'audience sur TF1 », bougonne-t-on à Matignon. Déjà crispé pour avoir attendu vingt minutes avant d'entrer sur le plateau, il est cueilli à froid par David Pujadas qui consacre cinq minutes aux affaires, celles concernant Jacques Chirac mais aussi le Parti socialiste et son ancien porte-parole, Jean-Paul Destrade. Lionel Jospin est mal à l'aise. Pour dire son envie de faire campagne, il a d'entrée de jeu ressorti maladroitement une formule inspirée par les communicants et qui figure sur ses fiches : il va « s'ébrouer librement dans le champ de la démocratie ». Infiniment plus grave, la fameuse bourde : « Je suis socialiste d'inspiration, mais le projet que je propose au pays n'est pas socialiste... » Une véritable bombe : « Le standard de la fédération du Nord a failli sauter », raconte son président Marc Dolez. « On ne comprend plus rien, si son projet n'est pas socialiste, on n'a pas besoin de faire campagne, ni de voter pour lui », s'exaspèrent des militants très attachés, dans cette région de vieille tradition ouvrière, à leur identité socialiste. « La dynamique de campagne a immédiatement été cassée », constate Kader Arif, premier fédéral de Haute-Garonne. À peine sorti du studio, le portable de Marie Lavarini sonne. François Hollande hurle au téléphone : « Mon projet n'est pas socialiste, il est quoi alors ? » Lionel Jospin, comme un enfant qui a fait une bêtise : « Ce n'est pas ce que j'ai voulu dire »...

La formule est pour le moins maladroite, mais elle ne vient pas par hasard : l'idée longuement débattue dans la journée avec Pierre Moscovici et Jacques Séguéla était dans la veine de la « France unie » de François Mitterrand en 1988 : une logique de rassemblement et d'appel aux centristes et aux démocrates-chrétiens peu enclins à voter pour Jacques Chirac. Logique cohérente de second tour, mais qui oublie qu'avant de s'ouvrir aux autres il faut rassembler son camp. La veille, Lionel Jospin avait vendu la mèche : devant des parlementaires réunis au musée d'Orsay, il tient son premier discours de candidat pour expliquer qu'il ne fera pas une campagne socialiste. « Je n'ai rien compris, et je n'ai plus écouté après, explique le regretté Jean-Michel Gaillard, ancien conseiller de François Mitterrand aujourd'hui disparu, l'alpha et l'oméga d'une présidentielle c'est de mobiliser son camp au premier tour en annonçant le changement, en faisant vibrer le peuple de gauche autour de ses valeurs et de son socle culturel. Ça ne me plaisait pas, j'ai disjoncté le reste de la campagne. » Le publicitaire Stéphane Fouks — et c'est révélateur — pense le contraire : « Sur cette phrase il a peut-être gagné l'élection », assure-t-il après l'émission.

Dans les premiers jours de campagne, le moral est plutôt bon. Jacques Chirac, habituellement à son aise, apparaît éteint, pataud, sans argument ni pugnacité. Lionel passe en tête dans les sondages et le premier meeting à Lille, le 7 mars, est un succès : douze mille personnes, ambiance de carnaval, ministres et hiérarques socialistes au premier rang, toute la salle qui scande « Lionel Président » : on se croirait déjà à la veille du second tour. Lionel Jospin se déchaîne à la tribune, et franchit déjà la ligne jaune de l'agressivité à l'égard du chef de l'État accusé de cynisme, de manipulation et de mensonge. Curieusement la presse ne le souligne pas, mais ses proches s'en inquiètent : « Il va falloir le retenir », s'alerte Jean Glavany. « Il va nous exploser en vol », s'alarme Stéphane Fouks qui ne croit pas encore si bien dire.

Le lendemain, Lionel Jospin s'envole pour la Réunion. L'accueil y est chaleureux, malgré la fatigue du voyage et le soleil écrasant qui contraint Lionel Jospin à se couvrir le visage d'écran total. Dans l'avion du retour, Marie-Ève Malouines de France Info est l'une des rares journalistes à être en classe affaires avec le candidat. Une coupe de champagne à la main, elle va voir ses confrères qui voyagent en économique. Florence Muracciole du *Journal du dimanche* l'interpelle : « Au lieu de nous narguer, va dire à Jospin que s'il est toujours de gauche, il vienne voir les prolos de la classe éco ! » Le candidat ne peut rester insensible à un tel argument. Une discussion à bâtons rompus s'engage pendant près d'une heure avec une quinzaine de journalistes debout dans l'allée. Vient, au milieu de beaucoup d'autres, la question sur le manque d'allant de Jacques Chirac. Lionel Jospin répond librement. A-t-il réellement prononcé les trois mots « fatigué, vieilli, usé » qui vont faire scandale, on ne le saura jamais puisque les propos ne sont pas enregistrés et que personne ne prend de notes. *Libération* les rapporte sous une forme légèrement différente : passif, usé, vieilli. L'idée est en tout cas bien celle-là. Vers 1 heure du matin

Lionel Jospin retourne à son siège. Les journalistes prennent leur calepin et tentent ensemble de se souvenir des propos du candidat. Une polémique éclate pour savoir si l'on peut les reproduire ou non, s'ils sont « on » ou « off » dans la terminologie journalistique. Yves Colmou, directeur adjoint de campagne, tranche la querelle : « nous sommes en France, en campagne électorale, rien n'est off ». L'avion a à peine atterri à Paris qu'un journaliste appelle la directrice de la communication Marie Lavarini qui n'a pas fait le voyage : « Jospin a pété les plombs dans l'avion. » Marie Lavarini vérifie puis joint sur son portable vers midi le Premier ministre qui se promène à pied du côté du Louvre. Il ne conteste pas les propos qui correspondent à ce que beaucoup de gens pensent, assure que c'était du off mais qu'il va assumer. Radios et télévisions reprennent immédiatement l'information, et le lundi matin la presse écrite se déchaîne : « Jospin s'en prend à l'âge de Chirac », titre *Le Parisien*. Gros malaise. Pourtant lors de la réunion quotidienne du comité de direction, à l'Atelier, Jean Glavany évoque rapidement « un incident comme on en connaîtra d'autres »... Lionel Jospin consulte ses proches avant l'émission en direct dont il est l'invité l'après-midi sur France Info. Il peut faire amende honorable et étouffer la polémique dans l'œuf. Mais il n'en a pas envie : s'excuser publiquement froisserait son orgueil et contredirait son obsession d'en découdre avec Jacques Chirac. Jacques Séguéla estime avec d'autres qu'il faut laisser passer le brouhaha médiatique, et qu'on n'en parlera plus dans quelques jours. Sur France Info, Jospin ne renie rien. Il explique laborieusement « qu'il s'est exprimé en plein ciel, dans un contexte où il ne pensait pas qu'il passerait à l'extérieur »... Jacques Chirac, lui, ne laisse pas filer l'occasion. Le soir même sur France 2, il sort le grand jeu. « J'ai engagé la campagne, j'ai fait des propositions que je croyais utiles sur la sécurité, sur la santé, l'économie, l'emploi, l'environnement et qu'est-ce que j'entends : des propos sur le physique, le mental, la santé. C'est tout de même un peu curieux, c'est une technique qui s'apparente au délit d'opinion, presque au délit de sale gueule, si j'ose dire. » Lionel Jospin qui regarde l'intervention présidentielle de son bureau de l'Atelier fait la moue. Jacques Séguéla ne s'y trompe pas : « Il a été bon. » Le lendemain matin, devant quelques proches, François Hollande laisse tomber : « Il vient sans doute de perdre l'élection. »

Dans les jours qui suivent, l'affaire enfle et la confusion s'installe dans l'entourage du candidat. Gérard Le Gall explique, sondages à l'appui, que toutes les personnes âgées — et elles sont nombreuses et votent ! — ont été blessées. La seule solution est un vrai mea culpa. Sylviane est vent debout contre. Lionel Jospin est tracassé et, comme souvent en pareille situation, l'inconscient parle sous forme d'un lapsus. Lors de la conférence de presse de présentation de son projet, le lundi suivant, il lâche devant les caméras : « Dans l'hypothèse que j'appelle de mes vieux » !

Le lendemain à 17 heures il contacte Jacques Séguéla : « Je vais à 19 heures faire repentance dans le journal d'Élise Lucet sur France 3. » Le publicitaire essaye de l'en dissuader : « C'est du passé, ne remets pas ça sur le tapis.

— Non, écoute, ça m'empêche de dormir. J'ai commis une faute, je dois m'en expliquer devant les Français... »

Séguéla baisse les armes : peu après, il entre dans le bureau de Fouks : « J'ai laissé Lionel aller s'excuser sur France 3, j'ai peut-être commis une erreur. »

Le Premier ministre ajoute à des remords tardifs et embrouillés une dimension psychanalytique : « Ce n'est pas moi, cela ne me ressemble pas », qui provoque inévitablement chez les téléspectateurs l'interrogation : « Si ce n'est pas toi, qui est-ce ? Chirac au moins on le connaît ! »

Ce n'est plus une simple gaffe mais le tournant de la campagne. Le revirement des sondages le confirme. Jacques Chirac, en animal politique, saisit sa chance : lui hier empoté, dans les cordes face aux assauts de son adversaire, redevient mobile et vif, il se remet à boxer et à appuyer ses coups. À l'inverse, Lionel Jospin déstabilisé, exaspéré par les médias, se recroqueville dans son armure. Il ne retrouvera jamais l'énergie des premiers jours.

Dès lors, c'est une campagne « sans souffle, sans flamme, où rien ne se passe », se lamente Jack Lang. Lionel Jospin paraît extérieur à la bataille électorale. Ses discours sont ennuyeux, trop abstraits et rationnels pour susciter de l'émotion et créer de l'adhésion. Son regard est absent derrière des lunettes qui établissent une barrière supplémentaire (« les Français n'ont jamais élu un Président portant des lunettes en dehors de la lecture », souligne un spécialiste de la communication). Il n'a pas non plus les gestes qui créent l'empathie. C'est le mystère Jospin : lui qui dans le privé peut être sympathique et chaleureux devient ce grand personnage coincé, distant et triste dès qu'il est en public. Tous ceux qui l'ont suivi en campagne ont leur anecdote. Un jour, c'est une maman dans la rue qui lui tend son enfant pour que le « futur Président » l'embrasse. Il se contente d'un vague sourire. Et quand Jacques Séguéla s'en étonne, il se fait rabrouer : « Est-ce que toi tu embrasses les gamins des autres dans la rue, ne me demande pas des choses qui ne me correspondent pas. » Une autre fois, c'est une femme immigrée qui lui explique qu'elle vit en France depuis dix ans avec un enfant né ici, et qu'elle n'a toujours pas de papiers. Là où n'importe quel politique aurait passé sa main sur la tête du gosse et demandé à un collaborateur de regarder le dossier, le candidat Jospin lui réplique, les mains dans les poches : « Eh oui, madame, on ne peut pas donner des papiers à tout le monde ! »...

L'épisode des salariés de Lu, devant toutes les télévisions, renforce l'image d'un homme raide et antipathique. Parmi les fameux déplacements thématiques, figure celui sur la recherche. Le choix du génopole d'Evry est déjà malheureux alors qu'un conflit social se déroule dans la commune voisine de Ris-Orangis où Danone veut fermer une usine. À son arrivée un premier groupe l'attend. Des assistantes maternelles. Tout se passe bien, le candidat repart avec un petit cadeau. Au lieu de remonter en voiture pour le génopole, il traverse la rue pour se diriger vers une dizaine de salariés de Lu, et se plante devant le plus agressif qui arbore badge, casquette rouge et tee-shirt revendicatifs. C'est un trotskiste, ancien candidat de la LCR, et qui aime la provocation : « Vous pouvez, vous, vivre avec 4 000 francs par mois ? » Silence de Jospin. La discussion se poursuit, animée : « On se demande si on ne doit pas voter directement pour les patrons puisque ce sont eux qui commandent. » Jospin, qui aime ce genre de confrontation, aurait habituellement répliqué, peut-être sur le même ton, mais en argumentant. Là, il lâche, cassant : « Eh, essayez cette solution », avant de tourner les talons sans serrer la main de son interlocuteur. Qui sait combien de voix ont été perdues ce jour-là auprès des salariés anxieux pour leur emploi et découvrant un candidat incapable de dialoguer avec des ouvriers.

Une attitude qui traduit sans doute une lassitude du candidat face à une campagne qui ne lui convient pas. Les communicants d'EuroRSCG l'avaient conçue de proximité avec deux objectifs : que les Français découvrent et aiment l'homme Jospin, et que lui-même incarne un projet de société dans un pays en perte de repères. Un Jospin sympa et chaleureux ? Il juge ça artificiel ; proche des gens ? C'est démagogique ; visionnaire ? C'est présomptueux, son bilan lui suffit. « Alors qu'on lui demandait de s'occuper des Français et pas de Chirac, lui ne pensait qu'à régler un compte avec un Président déloyal et malhonnête. Ça ne pouvait pas marcher. Peut-être aurions-nous dû le laisser se bugner avec Chirac », constate, philosophe, Stéphane Fouks.

Lionel Jospin vit ce premier tour comme un passage obligé, inconfortable, dans un logiciel — la gauche plurielle qui se déchire — qui n'est pas le sien. D'où le sentiment d'une campagne un peu en roue libre, en attendant la vraie confrontation du second tour avec son seul adversaire, le Président sortant, dans un schéma classique gauche/droite. Un affrontement dont le point d'orgue serait le grand débat télévisé. Une obsession chez Jospin avant son entrée en campagne. À la mi-novembre 2001, au cours d'un des premiers déjeuners de préparation de sa candidature, Lionel Jospin surprend les participants en leur demandant de se concentrer sur le débat du second tour : il faut visionner les cassettes des duels Giscard-Mitterrand et Mitterrand-Chirac et lui faire des notes. « Je vous préviens, lance-t-il, je n'aurai pas de regrets sur ce débat. En 95, j'ai retenu mes coups face à Chirac, cette fois je les lâcherai. » Début avril, alors que la campagne patine, c'est encore ce débat qu'il évoque lors d'un déjeuner à l'Atelier avec les responsables de la campagne : « Il y a d'abord un premier tour à remporter », glisse Laurent Fabius.

Cette idée fixe de l'affrontement avec un homme révèle un manque de réelle motivation pour la plus haute fonction de l'État. Lionel Jospin, comme Pierre Mendès France, Raymond Barre ou Jacques Delors, n'a pas cette obsession névrotique et mégalomane de la conquête du pouvoir suprême, qu'ont pu avoir hier François Mitterrand et Jacques Chirac, et qui est celle aujourd'hui de Nicolas Sarkozy. D'ailleurs Lionel Jospin a longtemps combattu la monarchie présidentielle. « Pendant trente ans, il m'a répété, témoigne Marie Lavarini, que le poste important c'était celui de Premier ministre, dans l'action, à la tête d'une majorité. Pendant la campagne, il a été rattrapé par son inconscient, il n'avait pas vraiment envie du job »…

Voilà pourquoi Lionel Jospin ne parvient pas à sortir de son costume de Premier ministre. Il ne réussit pas — mais le cherche-t-il ? — à construire ce lien direct avec les Français.

Michel Charasse en a eu le pressentiment dès l'automne 1999. Alors qu'il rend compte au chef de l'État, à l'Élysée, d'une mission de contrôle budgétaire, la conversation glisse sur la prochaine élection présidentielle. Lionel Jospin est au firmament des sondages, Jacques Chirac n'est pas sorti du gouffre où l'a plongé la dissolution ratée. Le sénateur se lance : « Vous étiez au premier rang du congrès des maires de France en novembre 1994 quand François Mitterrand a dit que pour être élu par les Français, il faut les aimer et qu'ils aient le sentiment que vous les aimez. Eh bien, les Français ne sentent pas cela de Lionel Jospin, alors qu'ils le sentent de vous, même s'ils vous contestent. Si vous vous représentez, vous serez réélu.

— Vous croyez ça ?

— J'en suis sûr… »

Au fil de la campagne, le malaise s'installe. Chacun le ressent. « Il y avait de moins en moins de monde dans les réunions », se souvient Harlem Désir. « Les permanences ou les ateliers régionaux restaient désespérément vides », ajoute Kader Arif, premier fédéral de Haute-Garonne. « Les gens se détournaient de nous, ne voulaient pas discuter », confirme l'ancienne députée Béatrice Marre.

Une organisation défaillante et un mauvais candidat ne suffisent pas à expliquer l'ampleur de la défaite. Des raisons de fond existent qui touchent à l'absence de projet, à l'implosion de la gauche plurielle et au décrochage de l'électorat populaire, pour partie vers le Front national : autant de thèmes qui sont après le 21 avril au cœur du débat des militants.

Le programme, intitulé « Je m'engage », sous la forme d'un livret de quarante pages, tiré à huit millions d'exemplaires, a comme première caractéristique de faire l'unanimité contre lui. Pas de vision de la société mais un catalogue de mesures regroupées autour de cinq France (active, sûre, juste, moderne et forte) que personne ne retient. Un programme touffu, sans nervure, sans arête, sans fil conducteur. Une sorte de bouillie de chat où figurent pourtant — quand on les retrouve — quelques idées intéressantes comme la formation tout au long de la vie ou le mandat unique pour les élus. L'explication vient de loin : depuis 1997, Lionel Jospin gouverne. À aucun moment il n'a réfléchi au projet qu'il voulait proposer aux Français. Et ce n'est pas le Parti socialiste qui peut y suppléer : plus de groupes d'experts, peu de débats d'idées — ça pourrait faire des vagues — et donc peu de travaux et de réflexions dont aurait pu s'inspirer le Premier ministre. Martine Aubry a bien rédigé une esquisse de projet, mais suffisamment imprécise, afin de ne pas entraver le futur candidat des socialistes. Pierre Moscovici et une escouade de « technos » (Gilles Finchelstein, Marisol Touraine, Alain Bergounioux) n'ont que trois à quatre semaines pour bricoler un programme, sans que le principal intéressé ne s'y implique. « Je travaillais sur les questions de société, témoigne Marisol Touraine, régulièrement je posais la question : "Mais que pense le candidat ?" Je n'obtenais jamais de réponse. » En dehors du petit groupe, la réflexion collective se limite à quatre dîners en janvier à Matignon sur l'éducation, la sécurité, l'emploi, avec Jack Lang, Laurent Fabius, Dominique Strauss-Kahn, Martine Aubry, Hubert Védrine, Alain Richard et Olivier Schrameck. Un peu court pour un programme qui n'a été ni élaboré, ni débattu collectivement, que ce soit au PS ou avec les partenaires sociaux ou la société civile. L'improvisation est telle qu'une proposition aussi essentielle que la couverture logement universelle (un droit au logement pour tous) est retenue, puis abandonnée, puis repêchée in extremis sous une forme rabougrie. Au dernier moment, surgit le « zéro SDF » inspiré de Tony Blair : la mesure, faute d'avoir été suffisamment préparée, apparaît démagogique. La mise en forme du programme, dans la précipitation, tourne à la discussion de marchands de tapis. Laurent Fabius, ministre des Finances, joue les « pères la rigueur » contre les propositions qui coûtent toujours trop cher. Plus grave, faute d'une ligne directrice, et de marqueurs à gauche clairement identifiés, le programme Jospin ne se différencie guère de celui de Chirac. Si les mots changent, les idées de formation tout au long de la vie ou d'autonomie des citoyens sont les mêmes. Jacques Rigaudiat, conseiller social à Matignon, s'en émeut dans une note à Lionel Jospin. Elle reste sans suite. Un sondage de *Libération*-Louis Harris vient cruellement confirmer cette impression : 75 % des Français jugent les deux programmes économiques « pas très différents ou quasiment identiques ».

Le slogan de la campagne « Présider autrement » est également à côté de la plaque. C'est une trouvaille de Jacques Séguéla qui séduit Lionel Jospin : les deux hommes y voient le moyen de conférer une stature présidentielle au Premier ministre. Erreur : le slogan renvoie encore et toujours au duel des deux têtes de l'exécutif, et il se situe à des années-lumière des préoccupations des Français : la sécurité, l'emploi, l'exclusion… François Hollande s'y oppose. Jacques Séguéla admet qu'il serait préférable, au moins au premier tour, de lui adjoindre « une France plus juste ». Mais c'est trop long pour tenir sur le pupitre du candidat. Or c'est ce pupitre qui impose le slogan. Il ne faut que deux mots : ce sera « Présider autrement ».

Programme et slogan seront en fait peu présents dans une campagne submergée par le thème de l'insécurité. La polémique a fait rage au lendemain du 21 avril, et nombre d'électeurs de gauche sont convaincus qu'il y a eu matraquage, voire manipulation de l'opinion par les médias. Les grandes chaînes de télévision ont consacré moins de place à la présidentielle française de 2002 qu'à l'élection américaine de George Bush en 2004. Par rapport au scrutin présidentiel de 1995, les temps de parole de Jacques Chirac et de Lionel Jospin ont été divisés par deux sur TF1, et réduits d'un tiers sur France 2. À l'inverse, selon une étude TNS Média Intelligence citée par le journal *Le Monde*, les chaînes de télévision hertziennes, par câble et satellite ont diffusé, entre le 7 janvier et le second tour de la présidentielle, une moyenne de 987 sujets par semaine sur la délinquance, du jet de pierre au vol de voiture aux agressions et crimes, avec une augmentation de 126 % entre février et mars. Dans le mois qui suit l'élection présidentielle, les chiffres sont réduits de moitié (mais pas la délinquance !). Les journaux télévisés ont ainsi accordé huit fois plus de place à l'insécurité qu'au chômage : délinquance et violences quotidiennes, et une série de faits divers spectaculaires : le meurtre d'un père de famille par les racketteurs de son fils à Évreux, une grenade lancée contre le commissariat de Clichy-La-Garenne, l'attaque du supermarché de Nantes, et surtout la tuerie à l'hôtel de ville de Nanterre, le 26 mars, et l'agression de « Papy Voise » à la veille du premier tour qui est reprise dix-neuf fois ce jour-là dans les bulletins de LCI.

Jacques Chirac avait décidé dès le 14 juillet 2001 de faire de l'insécurité l'axe de sa campagne. Il ne cessera de la marteler sans vergogne, y compris à propos de Nanterre : « L'insécurité, déclare-t-il, ça va de l'incivilité ordinaire au drame que nous avons connu cette nuit. » Un thème judicieusement choisi : traditionnellement favorable à la droite, il correspond à une préoccupation montante des Français : en avril 2001, le baromètre *Figaro Magazine*-Sofres indique que pour la première fois depuis plus de vingt ans la lutte contre la violence et la criminalité passe devant celle contre le chômage comme première priorité des Français, et l'écart ne cessera de s'accroître jusqu'en avril 2002. Les médias, qui répercutent tous les mois la hausse de la délinquance, ne pouvaient rester insensibles à ces sujets émotionnels, donc grand public, et qu'ils avaient sans doute sous-traités précédemment. La surenchère liée à la concurrence entre les chaînes et le phénomène classique d'emballement médiatique ont fait le reste, jusqu'à étouffer les autres sujets, notamment la politique, réputée « ennuyeuse » pour les téléspectateurs.

Lionel Jospin n'a pas su trouver la parade. L'homme qui a fait assumer aux socialistes le thème de la sécurité, aux assises de Villepinte en octobre 1997, reste néanmoins mal à l'aise sur le sujet. Son équipe est divisée, étrangement, entre les hommes — Daniel Vaillant, Julien Dray, Alain Richard, sur une ligne de fermeté — et les femmes, Martine Aubry, Élisabeth Guigou, Marisol Touraine, dans la tradition de la gauche humaniste. Non sans quelques dérapages sur le « sentiment, voire la psychose de l'insécurité », qui reviennent à nier les inquiétudes de millions de Français. Lionel Jospin commence par une gaffe début mars sur TF1. Il admet avoir « péché un peu par naïveté en pensant que si on fait reculer le chômage, on va faire reculer l'insécurité ». Jacques Chirac ne rate pas le tacle : « la naïveté n'est pas une excuse, c'est une faute ». Le Premier ministre s'irrite de voir les journalistes le ramener toujours à ces questions. Au meeting de Dijon, deux jours après la tuerie de Nanterre, il s'indigne : « il ne s'agit tout de même pas d'élire un ministre de l'Intérieur ».

L'action de son gouvernement ne l'aide pas. Il y a certes à son actif les effectifs supplémentaires, la police de proximité, et les contrats locaux de sécurité. Mais sur le terrain, de l'avis même des maires socialistes, ça ne suit pas. « L'îlotage, les policiers ne voulaient pas en faire, témoigne Marie-Noëlle Lienemann à Athis-Mons, il aurait fallu plus de fermeté dans la hiérarchie. Je les ai entendus me dire que le préfet leur demandait d'abord d'éviter le bordel dans le quartier, donc de laisser faire. Le préfet que j'ai contacté a démenti, mais c'est ainsi que les policiers interprétaient les consignes, ça les arrangeait. » Entre une petite délinquance qui empoisonne le quotidien des Français, une politique de prévention dont ils ne voient pas les effets, et les atermoiements sur les mineurs récidivistes, l'idée s'installe d'un laxisme du gouvernement. La loi sur la présomption d'innocence y contribue. Le changement de pied de Jacques Chirac sur la réforme de la justice rompt l'équilibre global. Les policiers se déchaînent contre des mesures qui compliquent leur tâche pour les auditions et les gardes à vue.

Daniel Vaillant a succédé comme ministre à Jean-Pierre Chevènement en septembre 2000. Un choix guère judicieux. Verbe haut et coup de menton, Jean-Pierre Chevènement incarnait la fermeté. « À la République autoritaire succède l'État débonnaire », persifle un hiérarque socialiste. La réalité est plus complexe, mais à ce poste, l'image prime. Daniel Vaillant, trop rond et sympathique pour la fonction, perd de la crédibilité dès ses premières déclarations en assurant qu'il ne sera pas « le premier flic de France », et que « c'est la société qui est violente ». Pourtant, il connaît le dossier de la sécurité et agit davantage que son prédécesseur qui a surtout satisfait les syndicats de policiers en leur accordant l'équivalence de grade avec les gendarmes (ce qui poussera ces derniers à descendre dans la rue). Au printemps 2001, Jacques Séguéla suggère à Lionel Jospin de nommer à l'Intérieur Dominique Strauss-Kahn, relaxé dans ses affaires judiciaires. « La sécurité va vous tuer, insiste-t-il, sa nomination créera l'électrochoc. » « Daniel Vaillant est un ami », lui répond le Premier ministre.

Le gouvernement et les socialistes n'ont pas su répliquer aux attaques de la droite. « Au lieu de rester sur la défensive, nous aurions dû prendre le problème à bras-le-corps et l'englober dans un discours sur la cohésion sociale », regrette le député Bruno Le Roux. Les militants le diront de façon plus brutale à l'automne 2002, dans les réunions de section : « Ce n'est pas en opposant un "droit de l'hommisme" de vierge effarouchée que nous serons efficaces face à l'insécurité », écrit la section de Chenôve, en Côte-d'Or (texte repris dans la synthèse du débat militant).

Au-delà de l'insécurité, Lionel Jospin paye un sentiment général d'impuissance de l'État, de désordre dans le pays. Le changement de gouvernement au printemps 2000 marque une rupture. Les partants — Dominique Strauss-Kahn, Martine Aubry, Claude Allègre, Dominique Voynet — incarnaient le volontarisme ; leurs remplaçants — Laurent Fabius, Jack Lang,

Élisabeth Guigou —, la gestion voire le retour vers le passé. Or, les Français veulent d'abord que le gouvernement agisse. Même les électeurs de droite, les sondages en témoignent, portent un meilleur jugement sur le premier gouvernement Jospin, celui des 35 heures et des emplois jeunes, que sur le second. En remerciant le ministre de l'Éducation et celui des Finances, confrontés l'un aux enseignants, l'autre aux fonctionnaires de Bercy, Lionel Jospin envoie un signal de faiblesse et d'immobilisme : il renonce aux réformes. Au printemps 2000, c'est celle des retraites qui est enterrée. Jacques Rigaudiat, qui suivait le dossier à Matignon, invoque un enchaînement de mauvaises circonstances : échec de la commission Charpin, fonctionnaires dans la rue et pression du Parti socialiste. Le discours de Lionel Jospin de mars 2000 sur le sujet est réécrit sous la dictée de François Hollande et de Jean-Marc Ayrault. Il ne subsiste que le fonds de réserve et la simple évocation des quarante ans de cotisations pour tous. Les Français retiennent que le gouvernement se dérobe devant une réforme difficile mais inévitable. Six mois auparavant, c'est sur l'emploi que le Premier ministre avoue son impuissance : face aux suppressions de postes chez Michelin, il affirme qu'« il ne faut pas tout attendre de l'État et qu'on ne peut pas réguler l'économie par la loi ». L'effet est désastreux auprès de salariés qui se sentent abandonnés. Même inertie sur l'immigration : le gouvernement préfère taire le sujet, quand les Français voient au 20 heures les milliers de réfugiés qui convergent sur Sangatte. Les manifestations de gendarmes poussent à son paroxysme l'idée d'un affaiblissement de l'État. Les électeurs font le lien avec l'insécurité : c'est parce qu'ils n'ont pas le moyen de faire leur travail que les représentants de l'autorité descendent dans la rue.

Cette demande d'autorité, les Français la réclament partout : contre l'insécurité, à l'école, à l'égard des étrangers qui doivent se plier aux lois de la République, mais aussi des chômeurs souvent soupçonnés de ne pas rechercher activement un emploi. Le gouvernement Jospin ne l'entend pas. Une sorte d'autisme qui explique en partie le décrochage des classes populaires. Le 21 avril, une large partie de l'électorat traditionnel des socialistes s'est évaporée dans l'abstention ou s'est tournée vers d'autres candidats, de gauche et même du Front national. (Les élections municipales de 2001 avaient sonné comme une première alerte, incomprise, les victoires de Paris, Lyon et Dijon masquant les quarante autres grandes villes perdues par désertion de l'électorat populaire.)

Le gouvernement socialiste est victime d'une double méprise. D'abord sur ses bons résultats économiques : il a réduit le chômage, écourté le temps de travail, baissé les impôts. Une politique dont ont bénéficié les deux bouts de la chaîne : les plus pauvres avec la couverture maladie universelle et les lois contre l'exclusion, et les couches dites moyennes supérieures grâce à la reprise de l'emploi, les 35 heures et les mesures fiscales. Revers de la médaille : beaucoup de frustrations dans les milieux populaires. Ils ne sont pas assez payés pour régler l'impôt sur le revenu, mais trop pour toucher les minima sociaux ou la CMU (couverture maladie universelle). Ils vivent dans des régions ou des quartiers frappés par la désindustrialisation et le chômage, et ne ressentent pas l'embellie générale. Les 35 heures sont pour eux synonymes de coup de frein sur les salaires et d'amputation des heures supplémentaires, ce petit plus qui assurait le remboursement d'un emprunt pour la voiture, une sortie au restaurant, ou un cadeau aux enfants.

C'est la deuxième méprise des socialistes : la représentation, largement partagée, d'une société française en voie d'homogénéisation, composée d'une immense classe moyenne, où ont quasiment disparu les ouvriers et les petits employés. Erreur grossière : même s'ils sont un peu moins nombreux, si leurs métiers ont évolué, et s'ils ne portent plus la casquette, ils existent toujours ; ils exercent des professions mal rémunérées, dans un statut de subordination ; ils redoutent le déclassement et l'exclusion ; ils subissent le mal-vivre des banlieues. Les socialistes les ont oubliés, ils oublieront de voter pour eux. Seuls 13 % des ouvriers et 12 % des employés ont déposé dans l'urne le bulletin de Lionel Jospin.

Des sonnettes d'alarme ont été tirées. À quelques mois de la présidentielle, Lionel Jospin dîne avec le sociologue Emmanuel Todd. Celui qui a vendu, avec Marcel Gauchet, à Jacques Chirac en 1995 la fameuse « fracture sociale » donne trois conseils : ne pas croire les sondages (les classes populaires y sont invisibles) ; ne pas imaginer gagner l'élection sans rassembler une grande partie du vote ouvrier dès le premier tour, comme le faisait François Mitterrand ; enfin pour rallier cet électorat, commencer symboliquement la campagne par l'est de la France, région frappée par la crise et la désindustrialisation. En pleine campagne, devant le conseil politique, le 20 mars à l'Atelier, Pierre Mauroy tempête : « Lionel, ton programme, on a l'impression que c'est un programme médiatique, qui s'adresse aux jeunes, aux femmes… mais je cherche l'ouvrier, le travailleur… » Il enfonce le clou dans *Le Parisien* : « Le mot ouvrier ne doit pas être laissé à Arlette Laguiller, ce n'est pas un gros mot… » Aujourd'hui, il persiste : « Avec leur socialisme très modéré, ils faisaient assaut de modernité. Ils étaient persuadés que l'élection se jouerait dans les classes moyennes, chez les "bobos". Ils se trompaient lourdement, d'autant que le Parti communiste ne tient plus sa place auprès des ouvriers. » Quelques jours plus tard, Jean-Marc Ayrault fait le même constat dans une note : « Beaucoup d'ouvriers et d'employés ont le sentiment que la gauche de gouvernement ne parle plus d'eux ; ce qui les conduit à se réfugier dans le vote protestataire… » Les socialistes ne trouvent plus les mots, les accents, la chaleur pour s'adresser au monde du travail. Et ce n'est pas chez les fonctionnaires, autre gros bataillon électoral, que Lionel Jospin peut se rattraper. Aucun accord sur les salaires ou les 35 heures n'a été signé. Beaucoup d'enseignants sont encore traumatisés par

Claude Allègre. Ils voteront Jean-Pierre Chevènement pour l'autorité, Olivier Besancenot pour la protestation, Christiane Taubira pour le droit à la différence ou Noël Mamère pour se faire plaisir.

Et voilà la dernière explication du naufrage : la dispersion de la gauche avec un record de sept candidats, dont six réservent leurs coups les plus durs au septième, chef de gouvernement sortant et quasi assuré, les sondages le répètent depuis des mois, d'être en lice au second tour. Une fragmentation de la gauche dans laquelle Lionel Jospin a une responsabilité. Au congrès de Grenoble en novembre 2000, il met ses partenaires devant le fait accompli de l'inversion du calendrier entre les élections législatives et présidentielle. Robert Hue, qui l'apprend le jour même au cours du déjeuner, le met solennellement en garde : la majorité plurielle est en danger car l'inversion pousse chaque formation à se différencier et à présenter un candidat à la présidentielle pour être en position de force aux législatives. « C'est un fusil à un coup, ajoute le radical de gauche Jean-Michel Baylet, si l'on perd la présidentielle, on est tous dans le lac. » Les deux prédictions vont se réaliser. Jean-Pierre Chevènement donne le *la* d'une campagne qui met sur le même plan Lionel Jospin et Jacques Chirac : c'est le « pareil au même », ou le « chirospin », « une idée qui m'a été soufflée par le communicant de Bill Clinton », raconte avec son sourire d'adolescent le « miraculé de la République ». Quand la candidature de l'ancien ministre de l'Intérieur s'est précisée, quelques-uns ont suggéré à Jospin de le rattraper. Haussement d'épaules du chef du gouvernement : « Il fera 1 %... » Péché d'orgueil. Sûr de lui, Lionel Jospin n'imagine pas être absent du second tour. Mais aussi calcul politique : la gauche doit ratisser large au premier tour. Des maires socialistes donnent leurs signatures, avec l'accord de la direction du parti, à la candidature d'Olivier Besancenot : « On savait que, contrairement à Arlette Laguiller, lui ne ferait pas la politique du pire au second tour... » reconnaît Bruno Le Roux, responsable des élections au PS. Jean-Michel Baylet n'était pas très chaud pour une candidature des radicaux de gauche. Il a longtemps plaidé pour un candidat unique, PS-PRG, si possible avec une troisième formation. De guerre lasse, le PRG investit à l'automne Christiane Taubira. Il sera toujours temps de la retirer : en 1995, Daniel Vaillant s'était chargé de stopper l'aventure Jean-François Hory. Le scénario semble devoir se reproduire en 2002. En janvier, Stéphane Le Foll et Jean-Christophe Cambadélis se retrouvent autour d'une bonne table avec Yvon Colin, bras droit de Baylet. On se met d'accord sur le retrait, moyennant remboursement par le PS des frais de campagne du PRG, un poste de porte-parole pour Taubira, et la reprise d'une partie de son programme. Cambadélis fait une note à Lionel Jospin qui répond que ce n'est pas à lui de faire la demande. Le 2 mars, Jean-Michel Baylet déjeune à Matignon avant d'accompagner le Premier ministre au match de rugby France-Angleterre au Stade de France. Lionel Jospin évoque vaguement le sujet, sans conviction. Denier acte à trois semaines seulement du scrutin. Bernard Tapie, qui a l'oreille de Christiane Taubira, appelle Jacques Séguéla : « Je peux obtenir qu'elle arrête et se range derrière Jospin. » Une rencontre est organisée un soir chez le publicitaire. François Hollande est là, Bernard Tapie arrive avec Christiane Taubira. Coupes de champagne. On se met d'accord sur les dépenses engagées par le PRG et sur « la participation aux responsabilités » de l'ex-candidate, une fois la victoire acquise. Lionel Jospin est informé. C'est à lui d'appeler Christiane Taubira. Malgré plusieurs relances de Séguéla, il ne le fera pas. Tous ceux, comme Jack Lang, qui soulèvent la question, obtiennent la même réponse : « Les Verts et le PC ont leurs candidats, pourquoi je l'interdirais aux radicaux qui sont nos alliés les plus loyaux ? » Christiane Taubira obtiendra 660 000 voix, alors qu'il en manquera 196 000 à Lionel Jospin pour être qualifié pour le second tour.

Jean-Marie Le Pen a provoqué le séisme que personne n'avait prévu, malgré quelques signes annonciateurs. En octobre 2001, le président du Nord-Pas-de-Calais, Daniel Percheron, commande des sondages confidentiels dans quatre circonscriptions de son département. Stupéfaction : ils enregistrent partout une poussée du candidat du Front national, qui arrive même en tête à Hénin-Beaumont. Daniel Percheron alerte Gérard Le Gall, spécialiste des sondages au PS, qui lui réplique que ces enquêtes ne sont pas significatives. Le lundi 15 avril, à six jours du premier tour, c'est le même Le Gall qui évoque l'impensable lors de la réunion matinale du comité de campagne. Le tour de table traditionnel lui laisse ce jour-là la parole en dernier. Sans livrer de chiffres précis, il évoque les deux dernières enquêtes IFOP et BVA, qui mettent l'une Jospin à 16,5 %, l'autre Le Pen à 14 %. Compte tenu des marges d'erreur, la probabilité existe que les courbes se croisent. Dans l'après-midi, il en informe le directeur du *Monde*, Jean-Marie Colombani. Mais le grand quotidien du soir ne fera sa une sur la menace Le Pen que le mercredi. Le lendemain mardi, après l'introduction de Jean Glavany, qui insiste sur le message à faire passer, du « vote nécessaire, efficace, pour ne pas dire utile », Gérard Le Gall reprend la parole : « Sur les intentions de vote, il y a un fait, en tout cas dans les sondages, c'est la proximité entre le score le plus haut de Le Pen, et le score le plus bas de Lionel, ce qui fait que statistiquement les niveaux se recoupent. Quand on fait 16,5, on sait très bien que ça peut vouloir dire 14,5, et quand on fait 14, ça peut vouloir dire 16. » Jean-Christophe Cambadélis l'interrompt, agacé : « On va dire que le FN peut être devant Lionel, c'est ça ? — C'est ce que j'ai dit hier matin subliminalement, le discours était parfaitement clair pour ceux qui veulent l'entendre. J'ai bien dit statistiquement, politiquement je n'y crois pas, c'est un élément de réflexion, j'ai pas dit qu'il fallait l'utiliser… » La discussion s'engage. Stéphane Fouks rappelle qu'en 1981 Gaston Defferre avait lancé un appel le vendredi précédant le premier tour contre le risque qu'il n'y ait pas de candidat de gauche au second tour. Selon les sondeurs cela avait fait gagner deux points à François Mitterrand. Jean-Marc Ayrault trépigne. Il s'adresse à Le Gall : « On ne doit pas laisser le moindre espace à cet argument. C'est un argument de perdant, je vous déconseille de l'utiliser et même d'en parler. » Brouhaha ! On en reste là.

Le lendemain lors d'une conférence de presse à l'Atelier, Martine Aubry, un peu péremptoire, assure que le risque n'existe pas. « Avancer ce genre d'argument c'est prendre les Français pour des imbéciles », assène Noël Mamère dans son meeting parisien. Paul Quilès suggère le même jour, lors du comité de campagne, de mobiliser sur le vote utile face à la montée de Jean-Marie Le Pen : « Tu t'inquiètes inutilement, lui réplique Lionel Jospin, le premier tour est joué, maintenant il faut s'intéresser au second. » Au même moment, Michel Charasse, dans son bureau du Sénat, et son ami Philippe Massoni, ancien préfet de Paris et conseiller de Jacques Chirac à l'Élysée, s'échangent par téléphone leurs petits pronostics électoraux, nés de calculs subtils. Ils sont d'accord : Le Pen devance Jospin. Michel Charasse en informe l'Atelier qui ne s'émeut pas outre mesure… Même sérénité à Matignon quand le vendredi Daniel Vaillant répercute les rapports alarmistes des préfets. Il est vrai qu'aucun politologue ou expert en sondages — beaucoup interviennent dans les médias le vendredi — n'accorde de crédit à l'hypothèse qui devient la réalité politique le dimanche soir : l'élimination de la gauche au profit de l'extrême droite, le plus gros séisme électoral de la Ve République.

CHAPITRE 3

RADICALITÉ OU RÉFORME : LE CONGRÈS DES DUPES

« Il vaudrait mieux, pour l'avenir du parti, nous diviser sur des formules nettes, que nous confondre dans des formules obscures. »

Jean Jaurès, *L'Esprit du socialisme.*

« C'est une révolte ? — Non, Sire, une révolution. » Le célèbre dialogue entre Louis XVI et le duc de Liancourt aurait pu resservir, mais en inversant les termes, en 2002 au Parti socialiste. L'ampleur du séisme du 21 avril appelait une révolution au PS, associant une mise au clair idéologique et un changement profond de son fonctionnement. La révolte a bien eu lieu mais elle n'a pas débouché sur un aggiornamento.

Le Parti socialiste échappe au jeu de massacre qui après les échecs aux législatives de 1993 et aux européennes de 1994 avait emporté deux premiers secrétaires : Laurent Fabius et Michel Rocard. Contrairement à eux, François Hollande a été élu par les militants. Il est l'un de ceux qui ont tiré les sonnettes d'alarme quand la campagne partait en vrille, et Lionel Jospin est venu le conforter devant le Bureau national le 22 avril. Le lendemain, devant un Conseil national (le parlement du parti),

François Hollande a appelé les socialistes à sortir collectivement de l'épreuve. Quelques camarades ont bien envisagé un putsch : « J'étais au courant des intrigues des adeptes du socialisme de la peau de banane, mais aucun n'a osé franchir le parapet, et j'ai usé de mon poids pour soutenir François Hollande », assure Pierre Mauroy.

Les fabiusiens ont envisagé de prendre le parti. Une douzaine de parlementaires en ont débattu dans le bureau de leur mentor. Paul Quilès était pour, Alain Claeys contre. Mais Laurent Fabius a tranché : l'idée n'était pas bonne. L'ancien ministre des Finances a conscience de symboliser auprès des militants le social-libéralisme, rendu responsable de la défaite. C'est lui qui à Bercy, même si la décision est celle du gouvernement, a baissé les impôts et supprimé la vignette, y compris pour les grosses cylindrées. Et les oreilles des socialistes résonnent encore de ses plaidoyers pour la privation d'EDF et les stock-options. Mieux vaut pour lui jouer la solidarité, se fondre dans la majorité et viser un autre fauteuil qui l'intéresse : celui de la présidence du groupe à l'Assemblée.

Laurent Fabius propose directement à François Hollande une juste répartition des postes : le premier secrétariat pour l'un, le groupe pour l'autre, et s'il advient que Dominique Strauss-Kahn réclame son dû, il pourrait prendre la tête des socialistes pour les européennes. François Hollande semble donner son accord, en tout cas il ne lui dit pas non.

Petit souci : Jean-Marc Ayrault, président de groupe sortant, entend bien le rester. Réélu dès le premier tour, il va soutenir une quinzaine de ses camarades et annonce aux autres son intention de rempiler à la présidence. Julien Dray, qui appartient à la minorité du parti, monte sur ses grands chevaux : « François, si tu cèdes à Fabius, il y aura deux PS : celui de Solférino et celui du groupe. » Daniel Vaillant s'efforce de raisonner Laurent Fabius : « Tu ne peux pas vouloir rassembler le parti et commencer par le diviser. En as-tu au moins parlé à Jean-Marc ?

— Non, je croyais que c'était réglé.

— Eh bien, moi, je te conseille de faire les comptes, tu seras battu. »

Finalement, Dominique Strauss-Kahn et l'ancien ministre de la Défense, Alain Richard, jouent les messieurs bons offices. Ils se rendent dans le bureau du député de Seine-Maritime pour lui annoncer qu'ils ne voteront pas pour lui. Colère de l'intéressé : « C'est un interdit professionnel, c'est scandaleux ! » Les visiteurs lui répliquent que l'on ne peut pas désavouer un président sortant qui a bien fait son travail pendant cinq ans. Et ils proposent une solution : « Il n'y a aucun ostracisme à ton égard, tu dois occuper une fonction éminente, pourquoi ne pas être le porte-parole du parti ? » Laurent Fabius cède à contrecœur. Jean-Marc Ayrault est réélu haut la main face à Arnaud Montebourg. « Le star-system ne doit pas polluer et ne polluera pas le groupe socialiste », lance-t-il, rancunier, dans une interview au *Monde*. « Jean-Marc Ayrault a toujours eu une attitude aimablement hostile à mon égard, tout en protestant du contraire », commente aujourd'hui Laurent Fabius. Mais au PS c'est le tollé contre l'idée que l'ancien ministre « social-libéral » devienne la voix officielle du PS. Vincent Peillon, qui occupe la fonction de porte-parole, s'en étrangle. Pierre Mauroy tonne : « Si Laurent Fabius est porte-parole, le premier secrétaire est fusillé. » Julien Dray, Martine Aubry, Jean Glavany menacent de démissionner de la direction. Marc Dolez, le premier fédéral du Nord, le fait. Les fabiusiens déplorent que le « TSF » (tout sauf Fabius) demeure une valeur sûre au PS. Rencontres, déjeuners, conciliabules : au terme de dix jours de psychodrame, Martine Aubry souffle la solution : une place de numéro deux pour Fabius dans un secrétariat où l'on rajoute quelques chaises pour les éléphants en déshérence — Strauss-Kahn, Vaillant — et pour faire bonne mesure, trois femmes de plus. Claude Bartolone, bras droit de Fabius, le convainc d'accepter : « Porter la parole collective est un piège, là tu t'occuperas des élus, c'est beaucoup plus important pour l'avenir… » « Étrange logique en effet de la part d'Aubry et de Hollande », constate Dominique Strauss-Kahn. Henri Emmanuelli s'emporte contre un secrétariat national transformé en « arche de Noé des anciens ministres ». Deux de ses proches, Alain Vidalies et Christian Bataille, refusent d'y siéger.

La « Gauche socialiste », le courant, comme son nom l'indique, de la gauche du parti, est lui aussi dans tous ses états. Le débat s'y est ouvert dès le 23 avril, au milieu des cartons du ministère de l'Enseignement professionnel de Jean-Luc Mélenchon. Deux lignes s'affrontent. D'un côté Julien Dray et Marie-Noëlle Lienemann veulent réintégrer la majorité du parti pour l'influencer contre le social-libéralisme de Fabius ou de Strauss-Kahn. De l'autre côté Jean-Luc Mélenchon entend saborder le courant pour créer un nouveau pôle d'opposition à la majorité du parti. Derrière la stratégie, affleurent de vieilles rivalités. Jean-Luc Mélenchon comme Julien Dray sont d'anciens trotskistes, mais l'un de l'OCI, l'autre de la Ligue communiste. Tous les deux sont des élus de l'Essonne. Mais Mélenchon est devenu ministre. Touché par la grâce et plein d'espoirs dans un avenir radieux du jospinisme, il s'est battu pour que son courant ne gêne pas le gouvernement, en s'alliant par exemple au remuant Henri Emmanuelli. Quand Jospin est défait, il revient à ses premières amours d'une gauche radicale. Julien Dray fait le chemin inverse : longtemps en conflit avec Lionel Jospin qui lui a refusé un portefeuille ministériel, il entretient des relations d'amitié avec François Hollande. Les deux hommes se sont rencontrés lors de la création de SOS Racisme, ils passent une partie de leurs vacances ensemble, l'un ayant une maison à Vallauris, l'autre à Mougins. À l'automne 2001 le premier secrétaire a réintégré le député de l'Essonne dans le jeu, en lui confiant une mission délicate sur les retouches à la loi « Présomption d'innocence », puis en l'associant au lancement de la campagne présidentielle. Julien Dray brûle de sortir de la marginalité de l'éternel minoritaire. Son objectif est de participer à une majorité renouvelée où la Gauche socialiste remplacerait les sociaux-libéraux Fabius et Strauss-Kahn. Mais François Hollande préfère fédérer le maximum de monde. Et beaucoup de camarades de la Gauche socialiste ne veulent pas jouer les supplétifs du premier secrétaire. Le conflit éclate au grand jour lors de la constitution du nouveau secrétariat national : Jean-Luc Mélenchon prône la démission et le retour dans l'opposition. Julien Dray et Marie-Noëlle Lienemann le rattrapent par le col. Pas pour longtemps. Une assemblée générale de la Gauche socialiste à la Sorbonne cloue le gouvernement Jospin au pilori. Quant à l'avenir du courant, il est décidé qu'il sera tranché à une université d'été fin août à Nantes.

Dans les derniers jours de juillet le sénateur de Haute-Garonne Jean-Pierre Bel tombe par hasard sur son collègue Jean-Luc Mélenchon en pleine déprime, à la terrasse d'un café. Toujours pas remis du 21 avril, il ne sait pas où partir en vacances. Jean-Pierre Bel lui prête quinze jours sa maison à Foix dans l'Ariège. Le 8 août, Mélenchon appelle Bel. « Je t'invite à dîner chez toi, ce sera la fête avec Henri Emmanuelli, Bertrand Auban (sénateur de Haute-Garonne), Henri Nayrou (député de l'Ariège) ! »

La soirée est effectivement bien arrosée. On discute, on rigole sur l'ours des Pyrénées jusqu'à ce que Jean-Luc Mélenchon, très excité, annonce entre deux coups de fil à ses amis qu'il vient avec Henri Emmanuelli de rédiger un appel pour créer un nouveau courant et prendre le pouvoir au Parti socialiste ! Le texte, intitulé *Un autre monde est possible*, préconise, dans une rhétorique mi-marxiste, mi-altermondialiste, « le dépassement du nouvel âge du capitalisme dans lequel nous vivons, de sa tendance spontanée à tout transformer en marchandise et à appauvrir l'activité humaine en la subordonnant au seul critère de l'accumulation, du profit et de la financiarisation »... Il dénonce la duperie du contrepoids à l'hyper-puissance américaine que serait la construction européenne. Bref, « entre Porto Alegre et Davos, il faut choisir activement et sans ambiguïté ! ». Julien Dray s'étrangle et Henri Weber, tête pensante de Laurent Fabius, répond dans *Le Monde* « que ceux qui qualifient de sociale-libéral la politique pratiquée pendant cinq ans par le gouvernement Jospin confondent, sciemment ou non, libéralisme économique et économie de marché ».

Durant trois jours, l'université de la Gauche socialiste à Nantes tourne à l'empoignade. L'ambiance est survoltée, parfois grand-guignolesque. Jean-Luc Mélenchon confirme qu'il va créer un nouveau courant avec Henri Emmanuelli et tous ceux qui s'opposent à la ligne de la direction, responsable du désastre du 21 avril. Julien Dray explique au contraire que pour sauver la gauche et le PS, il faut arracher François Hollande à l'emprise des sociaux-libéraux. Le tout dans les cris, les invectives et les larmes. « Marie-Noëlle Lienemann pleurait à la tribune, hoquetant et se mouchant entre deux sanglots, raconte Jean-Luc Mélenchon, on ne comprenait plus rien, les militants déchaînés se jetaient du Marx et du Trotski à la figure, une vraie maison de fous... » Gérard Filoche plaide pour la paix et la fraternité. Il rédige un compromis assurant la survie de la Gauche socialiste qui s'ouvrirait aussi bien à Henri Emmanuelli qu'à une partie de la majorité du PS. Tout le monde paraît d'accord, le rapport est ovationné, et adopté à l'unanimité... Mais le lendemain aux universités du PS de La Rochelle, chacun l'interprète comme il l'entend : Jean-Luc Mélenchon n'en retient que « la création d'un pôle de résistance avec Emmanuelli », et Julien Dray l'idée « d'un courant à vocation majoritaire ». Le premier démissionne du secrétariat national, le second s'y maintient avec Marie-Noëlle Lienemann.

À la mi-septembre chacun réunit son Conseil national de la même Gauche socialiste. Mais le 27 septembre à Argelès, Jean-Luc Mélenchon et Henri Emmanuelli fusionnent leurs troupes sans Julien Dray qui n'a pas fait le voyage, trop occupé à prendre langue avec Vincent Peillon et Arnaud Montebourg.

« La GS est morte, vive le Nouveau Monde ! » : l'appel d'Argelès affiche sa radicalité : il condamne la social-démocratie et le socialisme d'accompagnement sanctionné le 21 avril. Il leur oppose une « contestation sans équivoque de la mondialisation libérale » et prône une série de clarifications sur l'Europe, les privatisations, les retraites par répartition ou les 35 heures pour tous. Jean-Luc Mélenchon se déchaîne à la tribune. Il brocarde François Hollande, « supplétif du libéralisme, champion du ni-ni, du naf-naf, du nouf-nouf, qui comme les trois petits cochons va d'une cabane à l'autre », et conclut par un appel au front unique, et à « faire feu sur les quartiers généraux ». Trotski, nous voilà ! Les huit cents militants exultent. Certains arborent des tee-shirts « Pourquoi ont-ils tué Jaurès ? » et tous applaudissent le président de la fondation Copernic, Yves Salesse, qui accuse le gouvernement Jospin d'hostilité aux mouvements populaires, et fait siffler les 35 heures. François Hollande a beau jeu quelques jours plus tard de fustiger le langage « militaro-militariste de ceux qui considèrent comme adversaires d'autres camarades ».

Nouveau Monde prend son envol non sans quelques tiraillements. Sa composition est hétéroclite. Il y a les troupes d'Henri Emmanuelli, en Dordogne par exemple, les camarades de Jean-Luc Mélenchon dans le Calvados ou l'Essonne, les anciens poperenistes d'Alain Vidalies dans l'Aisne, les compagnons de Gérard Filoche, qui, en bon trotskiste, a réparti ses forces moitié à Nouveau Monde, moitié au Nouveau Parti socialiste de Montebourg. Les relations sont conflictuelles — le mot est faible — entre Emmanuelli et Mélenchon. Les deux hommes ont un caractère bien trempé, ombrageux chez l'un, et égotiste chez l'autre. Leurs cultures politiques sont différentes : pour Jean-Luc Mélenchon, formé par l'OCI trotskiste, un courant doit être organisé, avec des réunions régulières, des rapports, un journal et même son logo : une rose stylisée qui fleurit sur les affiches en novembre et dans laquelle la direction socialiste perçoit un risque de scission. Henri Emmanuelli a une conception plus traditionnelle et plus souple du courant : il rassemble sans véritable structure des militants qui partagent les mêmes analyses. Rapidement les débats tournent à la confrontation, puis à des « engueulades mémorables » où les deux leaders charismatiques s'invectivent violemment. Alain Vidalies doit jouer les casques bleus au congrès de Dijon pour éviter que les protagonistes n'en viennent aux mains quand sont désignés les représentants du courant dans les instances dirigeantes du parti. Nouveau Monde survivra néanmoins cahin-caha jusqu'à son explosion en 2005, après la victoire du non au référendum sur la Constitution européenne.

Si Nouveau Monde appelle à un socialisme radical, d'autres s'activent à une refondation du Parti socialiste. Le soir de la défaite des législatives, Arnaud Montebourg réélu en Saône-et-Loire converse par téléphone avec son voisin de la Nièvre Christian Paul, ministre de Jospin. Tous les deux en conviennent, le PS a besoin d'un électrochoc, d'un « nouvel Épinay » pour rénover sa ligne politique et son fonctionnement. Trois jours plus tard, face à Jean-Marc Ayrault, Arnaud Montebourg place sa candidature pour la présidence du groupe à l'assemblée sous le signe de « la résistance au système des éléphants ». Il recueille trente-cinq voix, soit nettement plus que ses amis de la convention pour la VIe République. Le mercredi suivant, une quinzaine de députés commencent à réfléchir aux causes du 21 avril, aux institutions, à l'Europe et à la mondialisation. Il y a là Christian Paul, Manuel Valls, ex-porte-parole de Lionel Jospin, Pascal Terrasse, député de l'Ardèche, mais aussi le maire de

Ris-Orangis Thierry Mandon, ou le conseiller de Paris et ancien leader étudiant, David Assouline.

Les partisans de cette « réinvention du socialisme » cherchent du renfort. Des discussions s'engagent début juillet avec François Rebsamen (maire de Dijon et proche du premier secrétaire) qui est prêt à les rejoindre si François Hollande ne bouge pas, ainsi qu'avec Julien Dray ou Vincent Peillon. Ça tombe bien, le porte-parole du PS réfléchit lui aussi à une transformation du Parti socialiste.

L'été se passe en coups de fil, rencontres, tractations. À La Rochelle, aux universités d'été du PS, Montebourg et ses amis (Paul, Mandon, Assouline) réunissent 250 personnes dans une salle de la mairie. Le même jour *Le Monde* publie une tribune signée Vincent Peillon, François Rebsamen et Manuel Valls qui analysent le 21 avril. « L'histoire frappe à notre porte, écrivent-ils, un nouveau cycle politique commence qui suppose, pour la gauche, la volonté de rompre avec les vieilles habitudes, les vieux clivages, les vieilles pratiques et peut-être même les formes d'organisation actuelles... l'avenir ne pourra s'enfanter dans les synthèses molles et les équilibres d'opportunité. » Sémillants et ambitieux quadras, Arnaud Montebourg et Vincent Peillon se rejoignent pour bousculer la vieille maison socialiste. Ils se connaissent bien : ils ont « commis » un rapport remarqué sur les paradis fiscaux, et ont passé des vacances ensemble.

Si quelque chose bouge au PS, Julien Dray doit en être ! Et Juju ne se déplace jamais sans ses copains : Gérard Filoche, Harlem Désir, Delphine Batho, rescapés de feu la Gauche socialiste, sont partants ! Encore plus fort : il convie Benoît Hamon à les rejoindre. Rocardien, jospino-aubryste (!), c'est l'animateur du mouvement Nouvelle Gauche, sorte de sas entre le Mouvement des jeunes socialistes (MJS) et le PS. Au total quatre à cinq mille jeunes dont beaucoup de cadres du MJS passés par les cabinets ministériels et de responsables de syndicats et de mutuelles des lycéens et des étudiants (UNEF, UNL, MNEF). Des réseaux organisés et un vivier de militants certes un peu gauchistes (!) mais fort utiles pour construire un nouveau courant et, comme le souligne Julien Dray, pour rééquilibrer les troupes de la convention pour la VIe République d'Arnaud Montebourg.

Début octobre, Montebourg et Dray ont rendez-vous au domicile de Vincent Peillon pour rédiger l'acte de naissance du Nouveau Parti socialiste (NPS). Les trois signataires réclament dans une tribune à *Libération* un congrès constituant donnant la parole aux militants. Ils mettent en garde contre le malaise, la crise de confiance et l'apathie qui menacent le parti et ils appellent à une refondation du contrat démocratique, de l'Europe et de l'égalité républicaine.

Le 26 octobre un millier de militants remplissent le grand amphithéâtre Richelieu de la Sorbonne. « Nous ne voulons pas donner seulement un petit coup de Ripolin sur la façade ni sur les poutres, dont certaines sont d'ailleurs passablement vermoulues », s'enflamme Montebourg. « Ce que nous voulons construire, c'est une économie avec marché, mais où le marché est discipliné et limité », ajoute Peillon.

Le jeune courant a le vent en poupe. L'effet générationnel joue à plein : les jeunes, souvent des nouveaux adhérents, viennent aux réunions. « Il souffle un peu d'air frais à l'intérieur du Parti socialiste », se réjouit Adeline Hazan, secrétaire nationale et proche de Martine Aubry. « Un fonctionnement plus démocratique du parti, un projet et des idées en phase avec la société : le NPS pose les bonnes questions », admet le fabiusien Gaëtan Gorce.

Pourtant les ferments de la discorde apparaissent. Le NPS s'est construit sur un quiproquo : dans l'esprit de Julien Dray, le nouveau courant n'a pas vocation à végéter dans la minorité du parti, mais à servir d'aiguillon dans la majorité. « C'est un mouvement jeune, moderne, qui ringardise l'opération Emmanuelli-

Mélenchon », explique-t-il. Pour les deux autres compères, l'alliance avec François Hollande est inenvisageable, parce que le désaccord est fondamental sur la question démocratique, la mondialisation et l'Europe : « ni rustine, ni rafistole », lance Arnaud Montebourg.

Divergence de fond et affrontement des ego. Arnaud Montebourg joue de sa séduction et de ses talents d'orateur pour tirer la couverture médiatique à lui. Il ne se déplace pas en meeting sans ses fans : peu expérimentés politiquement, grisés par la posture protestataire de la minorité, ils sont persuadés que leur héros sera bientôt président de la République. Montebourg affiche une quarantaine juvénile, quand Julien Dray approche la cinquantaine. Le député de l'Essonne en conçoit quelque amertume. « Une blessure narcissique », ose Vincent Peillon.

À partir de décembre les relations se tendent. La contribution du NPS s'écrit dans la douleur. Dray s'exaspère d'un Montebourg qui « raconte tout et son contraire ». Gérard Filoche en profite pour gauchir le texte sur les retraites, les 35 heures, le contrôle des licenciements. Dernière blessure d'amour-propre : Dray n'est que le troisième signataire du texte derrière Montebourg et Peillon. Or c'est le moment où François Hollande reprend contact avec lui : « Comme tu le voulais, j'ai rédigé seul ma contribution pour le congrès de Dijon, sans Fabius ou Strauss-Kahn qui devront entériner mes positions sur EDF, les services publics ou l'Europe sociale. Le temps est venu pour le NPS de nous rejoindre… » Dray fait passer le message à Peillon. C'est une fin de non-recevoir : « Hollande n'a rien repris de nos idées sur les institutions, la fiscalité, l'Europe. Nous ne sommes pas dans la conciliation mais dans l'affrontement. » Le député de l'Essonne n'est qu'à moitié surpris : depuis quelque temps, il ne lui a pas échappé que Peillon profite des meetings du NPS pour faire campagne auprès des militants. Dans le TGV qui les ramène de Grenoble, fin décembre, il pose directement la question à son camarade : « Tu ne serais pas en train de préparer ta candidature comme premier secrétaire contre Hollande ?

— Et pourquoi pas ? » répond tout à trac Peillon.

Le non-dit au NPS débouche sur deux stratégies opposées : l'une (Dray) veut rejoindre la majorité, l'autre (Montebourg et Peillon) veut la renverser. La rupture se concrétise début février quand François Hollande convoque les différentes contributions (la vingtaine de textes qui dans la perspective du congrès fixent la ligne du parti) pour rechercher les voies d'une motion commune qui sera soumise au vote des militants. Julien Dray qui a de la suite dans les idées est partant : « Nous pourrons, dit-il, cliver autour de nos thèmes, et en nous alliant à Martine Aubry ou Jean Glavany, former une nouvelle majorité autour de François Hollande, sans Strauss-Kahn, ni Fabius. » « Nous ne sommes pas des bouées de sauvetage du premier secrétaire », cingle Peillon. Plus emphatique, Montebourg brocarde « les éléphants menacés de devenir ces mammouths congelés sur la banquise de l'immobilisme » !

Le départ de Julien Dray est dès lors programmé. Jean-Michel Apathie l'annonce sur France Inter. Joint par téléphone par Peillon, Julien dément avec la dernière énergie. Quelques jours plus tard le trio affiche son unité de façade, le temps d'un déjeuner de presse au restaurant Le Bistro de Paris. Vincent Peillon part le 14 février, l'esprit tranquille, en vacances dans sa maison d'Uzès. Mais dans le TGV il tombe sur une interview de Julien Dray à *Libération*. « Je suis, déclare-t-il, dans une logique de peser sur la direction du parti, pas de me retrouver dans une minorité de témoignage. » Furieux, Peillon prend son portable et appelle Dray. Le train est bondé, et au milieu d'enfants qui piaillent, il s'égosille : « Tu es vraiment un enfoiré, ton feuilleton un pied dedans un pied dehors, ça a assez duré ! » Dès qu'il arrive chez lui, Peillon joint Montebourg puis l'AFP pour annoncer que Julien Dray a quitté le NPS. « J'ai été viré dans la tradition stalinienne », proteste le banni. « Il nous a trahis », répliquent les autres.

Instruit par une longue pratique des inconvénients d'une scission, David Assouline confisque depuis deux mois les fichiers d'adhérents afin d'empêcher le député de l'Essonne d'entraîner trop de militants avec lui. Julien Dray repart comme il était venu, avec sa petite bande : Harlem Désir, Delphine Batho, Laurence Rossignol, mais sans Gérard Filoche. Il rejoint François Hollande, mais n'est plus en position de force : il cohabitera dans une majorité de rassemblement avec Strauss-Kahn et Fabius. Il parvient néanmoins à glisser dans la motion du premier secrétaire un nouveau concept : la coalition arc-en-ciel, inspiré du modèle italien de l'Olivier, qui vise à une large alliance allant du Parti communiste à certains centristes et englobant le mouvement social et syndical. « J'ai abandonné le discours de la rupture et je me suis libéré d'une logorrhée pseudo-révolutionnaire et rassurante à laquelle je ne croyais plus », explique l'ancien responsable de la Gauche socialiste.

Au NPS on ne pleure pas le départ de Juju. C'est presque du « bon débarras ». Mais le courant ne parvient pas à attirer des responsables qui pèsent dans le parti. François Rebsamen et Manuel Valls sont rentrés dans le rang hollandais. Martine Aubry aurait pu être cette locomotive. Hostile à un replâtrage de la majorité qui remettrait Laurent Fabius en selle, elle est très affectée par son échec à Lille, notamment dans les quartiers populaires. Elle campe résolument à la gauche du parti. Certains de ses proches, membres de son club « Réforme » comme Adeline Hazan ou François Lamy (député de l'Essonne) la poussent à rallier le NPS. Benoît Hamon, qui a été l'un de ses conseillers au ministère des Affaires sociales, joue les sergents recruteurs lors du déjeuner des aubrystes du mardi. Martine résiste. Elle rencontre pourtant Vincent Peillon et Arnaud Montebourg. Le courant ne passe pas : le député de Saône-et-Loire l'exaspère : trop démagogue, superficiel et anti-européen ! Lui n'entend pas se laisser impressionner par une « énarque *has been* ». Un banquet républicain dans la banlieue du Creusot, un mois plus tard, ne suffit pas à les rabibocher. Les oreilles de Laurent Fabius et de Dominique Strauss-Kahn sifflent quand elle dénonce la « pseudo-modernité qui enfourche les idées libérales » comme les baisses d'impôt, la privatisation d'EDF, ou l'allègement fiscal des stock-options. Durant l'automne, la maire de Lille reste sur son Aventin à égale distance du NPS et des hollandais. Début 2003, c'est Benoît Hamon qui est à son tour l'objet d'une tentative de débauchage. Julien Dray est à la manœuvre : pourquoi ne quitterait-il pas cette aventure sans lendemain qu'est le NPS pour constituer un pôle de gauche de la majorité ? Fin février, c'est Martine Aubry qui tente de « décrocher » son ancien collaborateur, lors d'un déjeuner à La Coupole : « Avec Jean Glavany, on pose des exigences à François Hollande. Si vous les signez avec nous, nous aurons plus de poids dans la nouvelle majorité »... Benoît Hamon fait la moue. À peine est-il sorti du restaurant que Julien Dray l'appelle sur son portable : « Comment s'est passé le déjeuner avec Martine ? » Sacré Julien ! Il espérait encore apporter comme cadeau à François Hollande les forces vives du NPS.

Jean Glavany est également tenté par l'aventure rénovatrice. Fin novembre il participe à une réunion dans l'amphithéâtre de l'hôpital Lariboisière à Paris avec le NPS et Nouvelle Gauche de Benoît Hamon... Mais ça n'ira pas plus loin.

Jack Lang aurait pu être la figure de proue du NPS. L'ancien ministre de la Culture est à l'affût de la nouveauté. Héros des sondages, il fait au Parti socialiste figure d'électron libre, sans poids dans l'appareil. Voilà l'occasion rêvée de s'y constituer une assise, dans un courant qui incarne la jeunesse et le mouvement. Arnaud Montebourg l'intéresse : brillant, sympa, et passionné par le droit et les institutions. Quelques amis de Jack s'activent pendant l'été. Parmi eux Éric Ghebali, un ancien de SOS Racisme et voisin de Vincent Peillon à Uzès. Il fait régulièrement le point de ses conversations avec Jack Lang, qui a sa maison de l'autre côté du Rhône, dans le Luberon. « Éric, j'ai pas le temps », commence imperturbablement Jack, et la discussion dure une heure. Car le ministre est bavard, surtout quand son interlocuteur lui fait miroiter que le NPS n'a pas de présidentiable crédible pour 2007. À la rentrée, Jack Lang rencontre Montebourg, Peillon et Dray. Le contact est bon même si les deux premiers du trio ne témoignent pas d'un enthousiasme excessif : l'ancien ministre mitterrandolâtre ne va-t-il pas leur faire trop d'ombre et brouiller l'image de régénérescence du parti ? Comme c'est son habitude et sa faiblesse, Jack Lang hésite. Daniel Percheron, le puissant président du Nord-Pas-de-Calais qui lui a assuré un bon atterrissage lors de son parachutage à Boulogne, le lui déconseille fortement, car le PS a d'abord besoin d'unité. Et puis Jack Lang ne veut pas prendre le risque d'être dans la minorité. François Hollande lui fait au moment opportun le petit signe attendu. Jack Lang renonce à l'aventure NPS. Non sans quelques regrets : au soir du congrès de Dijon, c'est avec Arnaud Montebourg qu'il passe sa soirée dans les bars branchés de la ville.

D'autres figures du PS sont tentées par le pôle rénovateur, avant d'y renoncer. La personnalité d'Arnaud Montebourg n'y est pas étrangère. Intelligent, séducteur, il alterne avec brio l'emphase oratoire et la formule assassine. L'ancien avocat a le ton du procureur. Contre l'adversaire Jacques Chirac : certains lui reprochent de l'avoir victimisé en 2002. Mais aussi contre ses propres camarades. Une outrance qui heurte dans un parti où la fraternité n'est pourtant pas toujours la règle. Il n'empêche : Michel Rocard et Henri Emmanuelli s'affrontent sur des idées depuis trente ans, mais se respectent et s'estiment. Avec Montebourg la confrontation vire facilement à l'attaque personnelle et au jugement moral. Or Montebourg, selon un cacique, c'est « l'ego avant les principes ». Quelques mauvais camarades ne se gênent pas pour rappeler qu'en conférence du barreau, il avait disserté avec fougue sur la supériorité d'Edgar Faure sur Pierre Mendès France, l'adaptation primant sur les règles morales... « C'était un simple exercice de style », se défend Montebourg à qui l'on reproche également un opportunisme forcené. En février 2002, le jour où Lionel Jospin vient pour la dernière fois rencontrer les députés socialistes salle Colbert et leur annoncer sa candidature, raconte un collègue, Arnaud Montebourg est le plus enthousiaste, lançant de sa voix forte « Faites chauffer la colle, faites chauffer la colle », pour être bien entendu par le Premier ministre et apparaître comme son plus fervent partisan. Après la défaite, il devient son censeur le plus sévère.

Arnaud Montebourg est incontrôlable dès qu'un micro ou une caméra passe dans son champ de vision. En 2000, ses déclarations intempestives avaient eu raison du groupe Raco, des jeunes députés socialistes qui tentaient déjà de rénover les idées du PS. Au moins autant que du talent, et il n'en manque pas, Montebourg a de l'ambition. Comme Vincent Peillon, lui aussi jeune, et médiatique. Et ils ne s'en cachent pas, quitte à apparaître cyniques. Au lendemain des législatives perdues de 2002, Vincent Peillon raccompagne en voiture un ex-ministre jospinien. Il se lâche : « Ni Fabius, ni Strauss-Kahn, ni aucun autre ne s'impose pour la présidentielle de 2007. Mais ce n'est pas un problème, c'est l'échéance de 2012 qu'il faut préparer avec une autre génération et un autre parti... » Un discours souvent repris dans les tête-à-tête : « Notre génération, disent les rénovateurs, a été plombée par les anciens ministres de Mitterrand qui continuent à occuper la scène politique et l'espace médiatique. Une nouvelle défaite aurait le mérite de nous débarrasser de cette génération... » Les Rastignac du NPS rechercheraient-ils d'abord les places ? Le procès est excessif : certaines idées sont, c'est vrai, de simples recyclages de l'ex-Gauche socialiste, sur la globalisation libérale par exemple. Les innovations dans le domaine économique et social sont limitées : un grand impôt progressif, des pénalités contre la précarité. Les critiques sur l'Europe, le refus de son élargissement font bondir les défenseurs de l'Union (même si la fameuse formule *La Bourgogne avant la Pologne* ne figure pas dans un texte du NPS mais, par dérision, dans un bloc-notes de Jacques Attali). Le NPS est en revanche novateur sur les institutions et la démocratie : la VIe République, le mandat unique, la transformation du Sénat, la suppression d'un échelon de territorialité. Et il est difficile de ne pas le suivre dans ses propositions de modernisation du fonctionnement et des pratiques du PS. Le Parti socialiste est une belle machine électorale pour désigner les candidats et faire campagne. Mais c'est un parti vieillissant : la moyenne d'âge dépasse les cinquante ans. « Les réunions de section ressemblent souvent à un club du troisième âge », ironise Arnaud Montebourg. Le problème est ancien : « Y a-t-il jamais eu de jeunes au PS ? Je n'en ai jamais connu », assure Jack Lang. Les femmes ne représentent que 22 % des effectifs. La sociologie est éloignée de la société française : essentiellement des élus, des fonctionnaires et seulement 6 % d'ouvriers. « Le Parti socialiste c'est pour une moitié des élus et pour l'autre les familles des élus, les salariés des élus (les communaux) et les familles des salariés d'élus », s'amuse la sénatrice Bariza Khiari. Rien d'étonnant à ce qu'on y vive en vase clos. Malek Boutih témoigne : « J'ai découvert un parti endormi, coupé de la société. On y vit entre soi. Les débats existent mais sans imagination. Ils reproduisent à l'échelon local les guerres de courants et les enjeux de pouvoir du sommet. » Au début des années 90, Bariza Khiari devient secrétaire de section dans le XVIe arrondissement. Elle réalise que le premier fédéral Jean-Marie Le Guen l'a classée parmi les fabiusiens : « Mais je ne le suis pas. — Peu importe, tes amis le sont, les électrons libres ça n'existe pas ! »

Du coup elle le deviendra !

Les nouvelles recrues ne sont pas forcément bienvenues : « Quand j'ai adhéré à Tullins dans l'Isère, raconte André Vallini, aujourd'hui secrétaire national, le responsable de section a tout fait pour me décourager ! Il m'a conseillé de m'inscrire dans la ville voisine de Voiron. Il gérait tranquillement ses vingt cartes et craignait que je prenne un jour sa place ! » Les rénovateurs dénoncent un parti verrouillé avec des premiers fédéraux « tenant » leur département, faisant voter des militants comme un seul homme. Image caricaturale mais pas totalement fausse.

Le 21 avril provoque un afflux de trente mille nouveaux adhérents plus représentatifs de la société française : davantage de jeunes, de femmes, d'habitants de grandes villes, de salariés du privé et de Français d'origine étrangère. Le PS assure que pas plus d'un tiers d'entre eux n'est reparti, lassé des querelles internes. Depuis sa création il y a un siècle, le Parti socialiste a toujours, sauf sous le Front populaire et à la Libération, comptabilisé environ cent mille adhérents : une misère comparé aux grands partis sociaux-démocrates européens. L'individualisme des Français et l'indépendance syndicale sont des explications, mais la routine et le peu d'empressement des responsables à s'ouvrir sur l'extérieur sont au moins aussi déterminants. Le NPS a donc multiplié les propositions d'innovation : retour au « parti militant » avec droit de pétitions, développement de la formation, redynamisation du secteur entreprise. La direction a essayé d'y répondre, en créant les « adhérents du projet » : ils participent au débat d'orientation, sans avoir les contraintes du militantisme, et s'acquittent d'une cotisation allégée, mais ils ne votent pas pour la désignation des candidats ou pour les instances du parti. Deux ans plus tard, le bilan est médiocre : cinq mille nouveaux adhérents à comparer aux cent mille recrues affichées par l'UMP… Le PS s'est davantage consacré aux élections du printemps 2004 et aux référendums sur l'Europe qu'à l'élaboration de son projet.

À côté du Nouveau Monde et des quadras du NPS, se lève une troisième fronde : celle des premiers fédéraux. La révolte girondine naît lors du Conseil national qui suit la défaite des législatives. Kader Arif, patron de la Haute-Garonne, prend la parole au nom de plusieurs de ses collègues comme Robert Navarro de l'Hérault, Christian Manric du Tarn-et-Garonne, Jean-Claude Darmengeat de Corrèze, Guy Bono des Bouches-du-Rhône. Le ton est agressif, l'inspiration « basiste » : « La défaite est celle des énarques, des “Parisiens” qui n'ont pas écouté les militants et qui nous considèrent comme de simples colleurs d'affiches. » Le Parti socialiste doit changer ses méthodes, réorienter sa politique et faire entendre une autre voix que celle des cercles parisiens des VIe et VIIe arrondissements. Le discours est applaudi. D'autres premiers fédéraux rejoignent le mouvement, comme Marc Dolez, patron de la fédération du Nord. Aux universités d'été de La Rochelle, fin août, ils se réunissent à une trentaine pour adopter le principe d'une contribution, afin de faire entendre au congrès de Dijon la voix des militants. Début octobre les conjurés lancent un appel à la refondation du parti : « Mettre fin au centralisme démocratique, aux lamentables manœuvres d'appareil, à la confiscation de la parole des militants »...

C'est dans le Nord que la contestation est la plus vive. Dans cette vieille terre socialiste, Lionel Jospin a perdu le tiers de ses électeurs, et est arrivé trois points derrière Le Pen. Au cours de réunions enfiévrées, élus et militants lancent l'idée d'une régénération du parti. Les sections en débattent. Les députés Bernard Roman, Hubert Derozier, Yves Durand et Marc Dolez y travaillent tous les mercredis midi au restaurant Thoumieux près de l'Assemblée. Le 23 novembre un millier de socialistes acclament dans une belle unanimité l'idée d'une contribution des militants. Mais le consensus n'est qu'apparent. Pour la plupart des élus du Nord, la contribution appellera à la reconstruction du Parti socialiste derrière François Hollande. Marc Dolez a une tout autre ambition : aller à la motion, c'est-à-dire se compter et créer un nouveau courant opposé à la direction. Car, dit-il, « il n'est pas possible de prendre les mêmes et de recommencer ». Rapidement les esprits s'échauffent. Marc Dolez est accusé d'entourloupe, avec le risque de casser le parti. Ses collègues députés fustigent la dérive populiste d'un apparatchik qui a mystifié les militants et se venge d'avoir été sous-estimé par les caciques de la région. « Il est entré dans une logique folle, un peu nihiliste, s'enflamme Pierre Mauroy, aucune pensée construite, aucune idéologie, mais une contestation radicale du bilan de Jospin, de tout ce que la gauche a fait depuis 81, des dirigeants du PS, des partis sociaux-démocrates, de l'Europe… Il a fait le tour des sections, et dans le sud du département, ces ballots-là l'ont suivi… »

Le Nord se coupe en deux : l'agglomération lilloise, le Dunkerquois et les secteurs qui s'en sortent économiquement restent fidèles au mauroyisme. Le Valenciennois, l'Avesnois, Maubeuge et les régions du bassin minier, les plus durement touchés par la crise et le chômage, votent pour Dolez et contre « les puissants » de Lille et de Paris. Les affrontements sont rudes. Dans une réunion de section, le député de Denain, Patrick Roy, vitupère : « Ces gens de Paris ne vivent pas comme nous, ils ont de grosses voitures, ils mangent dans des grands restaurants ! » Son collègue Yves Durand l'interrompt : « Eh Patrick ! C'est ensemble qu'on déjeune dans ces restaurants… » La fédération du Nord est sens dessus dessous. Pierre Mauroy est débordé. En conseil fédéral, le 27 janvier, il en appelle au rassemblement derrière François Hollande. C'est un grand classique chez lui, mais cette fois il recourt à la métaphore pour mettre en garde contre les aventures : « Attention, on s'envole, on s'envole, déclame-t-il en mimant avec ses bras une montgolfière qui s'élève, mais il faut savoir atterrir, sinon on s'écrase. » Applaudissements des uns, mouvements divers des autres. D'habitude personne ne s'exprime derrière la statue du commandeur. Mais sacrilège, Marc Dolez remonte à la tribune pour contredire « Gros Quinquin » : « Atterrir c'est tirer toutes les leçons du 21 avril », les militants l'ovationnent. Le congrès fédéral à Ronchin dans la banlieue lilloise, huit jours avant Dijon, tourne au mini-congrès de Rennes : invectives, chahuts, sifflets n'épargnent pas un Pierre Mauroy qui, les larmes aux yeux, conjure Marc Dolez de rejoindre la majorité. Peine perdue : celui-ci annonce qu'il refuse les diktats et qu'il ira au bout de sa motion. Grâce à un accord avec le NPS, il est réélu premier secrétaire fédéral.

En revanche, Marc Dolez perd en route le soutien des autres premiers fédéraux. Face à la jacquerie, la Rue de Solférino déclenche la contre-offensive. François Hollande et François Rebsamen reçoivent les rebelles, les écoutent et les retournent au prix de quelques concessions : une dizaine de secrétaires fédéraux siégeront désormais au Bureau national ; François Rebsamen les consultera davantage ; cerise sur le gâteau, ils ne seront plus écartés des mandats électifs : Kader Arif et Robert Navarro se retrouveront dix-huit mois plus tard députés européens. « Ils les ont achetés », peste Marc Dolez qui ne rassemble plus que onze secrétaires fédéraux signataires de sa contribution. Et quand il opte pour la motion, seul Christian Manric le suit. La révolte est matée.

Quand François Hollande annonce la tenue d'un congrès pour le printemps 2003 à Dijon, son objectif est clair : prendre la tête d'un axe majoritaire. Il est premier secrétaire sortant, il est moins impliqué que d'autres dans la défaite, il a limité les dégâts aux législatives et lancé un grand débat interne. Surtout, il représente au niveau des idées le point moyen du parti. Qui mieux que lui peut assurer le rassemblement d'un PS menacé d'explosion, après avoir été balayé du pouvoir ? À ceux, comme Julien Dray, qui le poussent dès le soir du 21 avril à rompre avec les sociaux-libéraux Fabius et Strauss-Kahn, il répond qu'il veut réunir, sans exclusive, sur une ligne de gauche et un langage de vérité qui tient en une formule : ne rien promettre qu'on ne puisse tenir. Seulement Hollande n'entend pas être réduit au rôle du plus petit commun dénominateur, « le bourricot qui tire la carriole dans laquelle les caciques sont confortablement assis, jusqu'au moment où ils le renverront à l'écurie », ironise Daniel Percheron. C'est lui, François Hollande, qui écrira seul sa contribution, à laquelle tous ceux qui le souhaitent pourront se rallier : plutôt Henri IV et son « Que ceux qui m'aiment me suivent » que Napoléon III, « le crétin qu'on mènera », comme certains l'imaginaient à tort.

Dans son discours de clôture des universités de La Rochelle, il tourne la page du jospinisme — « Son retrait de la vie politique nous oblige à agir désormais sans lui » — et il multiplie l'usage du « je », pour conduire la rénovation du parti et proposer aux militants « une ligne claire, cohérente, dynamique, en phase avec la société, sans consensus factice »... Deux mois plus tard, au Conseil national du 19 octobre, le premier secrétaire sort de sa manche le « réformisme de gauche », formule empruntée à Dominique Strauss-Kahn. Elle est suffisamment floue pour rassembler une large majorité de socialistes. « Le réformisme de gauche, c'est être à gauche autant qu'il est souhaitable et réformiste autant qu'il est possible. » « Encore heureux que le réformiste soit de gauche », raille Henri Emmanuelli. François Hollande prend un minimum de risques pour donner du contenu à son nouveau concept. On y trouve l'internationalisme, l'Europe (avec l'annonce d'un référendum sur la Constitution), le service public, l'éducation tout au long de la vie, la solidarité, et l'évolution des institutions. Il cible pourtant ses adversaires : Ceux — c'est le Nouveau Monde — qui prônent la rupture, « une rhétorique qui ne résiste guère à l'épreuve du pouvoir, la première rupture à laquelle on procède est souvent celle avec ses propres engagements »... Dans une tribune publiée le même jour, Jean-Marc Ayrault, Bertrand Delanoë et

Daniel Vaillant enfoncent le clou : « Évitons d'abord l'erreur qui nous guette à chacun de nos échecs : nous jouer la grande scène du “plus à gauche que moi tu meurs”, quitte à puiser dans une dialectique révolutionnaire plutôt navrante. » Laurent Fabius n'est pas en reste : il refuse la pente du « gaucho-populisme »...

Le numéro deux a tout intérêt à se cacher derrière le premier secrétaire. Comme les autres ministres, mais davantage qu'eux, l'ancien locataire de Bercy porte le sombrero de la défaite. Mieux vaut pour lui se mélanger à la majorité que d'aller au casse-pipe sur une motion qui à l'évidence obtiendrait moins que les 29 % du congrès de Rennes, dernier étalonnage du courant fabiusien. Mais Laurent Fabius n'entend pas non plus être traité en paria. Il sait que Martine Aubry, Jean Glavany et quelques autres font pression sur François Hollande. Il n'est pas invité au premier dîner de travail où s'organise le nouvel axe majoritaire. « Je n'ai jamais considéré que dans les initiales PS, le S voulait dire sectaire », s'offusque-t-il dans les couloirs de l'Assemblée. Cette lutte pour exister est l'occasion d'un premier affrontement direct avec François Hollande. La scène se passe dans le huis clos du bureau du premier secrétaire, le 19 novembre. François Hollande, Laurent Fabius et Dominique Strauss-Kahn sont venus avec leurs gardes rapprochées. Ils sont douze au total. Ordre du jour : la contribution de l'axe majoritaire. Le matin même les hollandais ont décidé en petit comité que le premier secrétaire déposerait seul son texte. Éric Besson, qui n'est pas au courant, défend l'idée de plusieurs contributions pour que chaque sensibilité s'exprime. Dominique Strauss-Kahn abonde dans son sens. François Hollande les interrompt : « J'ai pris ma décision, je dépose seul ma contribution.

— Il n'en est pas question », réplique dans une colère froide Laurent Fabius, qui explique qu'il faut jouer collectif.

François Hollande reprend la parole : « Laurent, tu ne m'as pas bien compris, je ne t'ai pas dit ce que tu allais faire, mais ce que moi j'allais faire. Je dépose seul ma contribution. Maintenant tu es libre, tu fais ce que tu veux. Si tu souhaites qu'on se compte, on se comptera… » Silence… Chacun est surpris par le ton de François Hollande. Laurent Fabius encaisse. On change de sujet. Puis Fabius reprend la parole. On s'attend à ce qu'il relève le défi, mais non : « J'ai bien pris acte de ta décision, tu déposes seul ta contribution, que se passe-t-il après, quel est le calendrier ? » Laurent Fabius, qui a la réputation de ne rien lâcher, vient de céder.

Dominique Strauss-Kahn hésite avant de renoncer à sa motion. Les jospino-rocardiens qui l'entourent sont divisés et l'argument du rassemblement autour de François Hollande, pour que le PS conserve sa culture de gouvernement, l'emporte. Ce qui ne l'empêche pas de prodiguer ses recommandations et même ses critiques sur le texte du premier secrétaire qu'il juge trop timoré.

Le ralliement de Martine Aubry est plus tardif et plus laborieux. La maire de Lille et ses amis de « Réformer » n'en démordent pas : ils se refusent à un consensus mou et militent pour une majorité recentrée sur la gauche, sans Laurent Fabius. Mais François Hollande tient bon : « Laurent peut être un jour notre candidat », explique-t-il à Martine Aubry. « Il peut aussi un jour te causer de sérieux problèmes », lui répond-elle. L'ancienne ministre des Affaires sociales est isolée : Benoît Hamon l'a quittée pour NPS, Julien Dray fait ses allers-retours entre les rénovateurs et les hollandais, et, dans son département du Nord, Marc Dolez est en train de l'emporter. Ses atermoiements agacent. Jean-Christophe Cambadélis dénonce les « postures et impostures de certains dirigeants ». Martine Aubry réplique vertement à ceux « qui n'ont pas le courage de défendre leur opinion ». Dans une lettre cosignée par Jean Glavany, elle pose les conditions d'un ralliement au premier secrétaire : l'application des 35 heures pour tous, la réforme des cotisations patronales assises sur la valeur ajoutée, l'approfondissement de la démocratie, y compris au PS. François Hollande accepte de les intégrer dans son texte et Martine Aubry renonce à sa motion. Marylise Lebranchu le regrette aujourd'hui : « Nous aurions pu attirer des adhérents qui sont allés au NPS et qui se sont retrouvés plus tard sur le non à la Constitution européenne. »

La « petite entreprise » Hollande progresse. Les éléphants l'ont rejoint avec plus ou moins d'enthousiasme. Le Nouveau Monde est renvoyé dans sa radicalité. Pour casser la dynamique du NPS, François Hollande dépêche quelques sous-marins générationnels. Une dizaine de députés, « des bébés Jospin » — André Vallini, Gaëtan Gorce, Patrick Bloche —, rédigent la contribution « Innover » favorable à l'élaboration d'une charte de la rénovation. Anne Hidalgo, première adjointe au maire de Paris, lance une opération quadras : une vingtaine de secrétaires fédéraux, âgés de trente à quarante-cinq ans, écrivent la contribution du 17 novembre qui fixe comme objectif le doublement des effectifs du PS, le renouvellement du tiers des instances dirigeantes à chaque congrès, et l'organisation d'une conférence militante annuelle pour trancher les débats majeurs. Heureux hasard ! François Hollande a justement les mêmes idées qu'il inscrit dans sa motion.

Le congrès est loin d'être gagné. Nouveau Monde et NPS ont l'espoir, avec le renfort de Marc Dolez, de constituer une majorité alternative. « Personne n'est à l'abri d'un 21 avril interne », avertit le fabiusien Henri Weber, avec les conséquences que cela aurait sur la culture de gouvernement du Parti socialiste. Mi-février 2003, les hollandais et leurs alliés constituent des groupes de travail pour dégager des idées que le premier secrétaire pourrait reprendre dans sa motion. Les dix-huit contributions générales sont épluchées, du blairiste Jean-Marie Bockel, le maire de Mulhouse prêt à privatiser certains services publics, à Martine Aubry, Jean Glavany, ou Pierre Larrouturou, défenseur de la semaine de quatre jours.

Un congrès socialiste se gagnant à gauche, François Hollande leste sa motion de quelques marqueurs rose vif : pas d'ouverture du capital d'EDF, maintien de la retraite à soixante ans, impôt mondial sur les flux financiers, droit de vote des étrangers aux élections locales.

Il reste à faire campagne dans le parti contre les opposants qui ont pris de l'avance. Le Nouveau Monde propose un projet alternatif qui fleure bon le socialisme de 1981 : plan de relance massif et immédiat, augmentation du Smic et des minima sociaux, recrutement de fonctionnaires, politique de grands travaux, veto social contre les licenciements boursiers. Le NPS milite — comme c'est sa première raison d'être — pour un nouveau Parti socialiste plus démocratique et ouvert à la société. Mais il propose également une stratégie de résistance à la mondialisation libérale, avec des protections et des sanctions commerciales au niveau européen, et défend un big-bang fiscal avec un seul impôt, universel, transparent et progressif.

La motion militante de Marc Dolez qui, selon son auteur, émerge des profondeurs du parti, appelle à un partage des pouvoirs entre élus et militants, et à une authentique révolution fiscale. Utopia préconise « un idéal de société en rupture avec la logique capitaliste, et libérée de l'emprise du travail ».

Face au danger, les équipes hollandaises, strauss-kahniennes et fabiusiennes font front commun. « On y va et on mouille la chemise », a dit sans détour Laurent Fabius à Claude Bartolone qu'il a délégué auprès de François Rebsamen et Stéphane Le Foll, les deux hommes de confiance du premier secrétaire, pour diriger la campagne. À 8 h 30 le lundi matin, les trois organisateurs fixent des objectifs, coordonnent des réunions, et pointent département par département les rapports de force. Le trio fonctionne bien : « C'était une belle période, avec une dynamique, une envie de gagner », se souvient Stéphane Le Foll. Les argumentaires sont rédigés par une équipe représentant les différentes familles de la motion : Clotilde Valter pour les hollandais, Henri Weber et Guillaume Bachelay pour les fabiusiens, Alain Bergounioux ou Christophe Borgel pour les strauss-kahniens. La quasi-totalité des éléphants et des anciens ministres du gouvernement Jospin, ainsi que les trois quarts des premiers fédéraux, qui soutiennent les hollandais, sont mobilisés pour aller prêcher la bonne parole dans les sections et les départements.

À quelques semaines du vote des militants, l'issue paraît encore incertaine. La presse spécule sur un premier secrétaire menacé de se retrouver minoritaire. Arnaud Montebourg prédit une réplique possible du 21 avril. La direction multiplie les appels au vote utile. Mais dans le secret de son bureau, François Rebsamen, qui connaît mieux que tout autre le PS, est beaucoup plus confiant : il pronostique une majorité d'environ 55 % pour François Hollande.

Près de 90 000 militants (sur les 109 000 inscrits) votent entre le 28 avril et le 6 mai. L'avance du premier secrétaire est plus ample que prévu. Près de 62 % des voix. C'est une belle victoire, même si la majorité a perdu 11 points et demi par rapport au congrès de Grenoble. Le NPS réussit une percée : avec 16,7 % des suffrages, il s'impose en six mois, et sans grand leader, comme le deuxième courant du PS. Nouveau Monde le talonne avec 16,4 %. Marc Dolez ne parvient pas à franchir la barre des 5 % qui assure une représentation dans les instances dirigeantes. Utopia obtient 1 %. La peur de l'éclatement du PS a joué en faveur du premier secrétaire. « Dans les débats, les militants parlent comme Montebourg puis ils votent pour Hollande », constate l'ancien ministre et député de Loire-Atlantique Jacques Floch. « Le Parti socialiste est d'abord un parti d'élus. Sa vocation est d'exercer le pouvoir, de la mairie à l'Élysée. Au-delà de la logomachie révolutionnaire, les adhérents ont une nouvelle fois privilégié la culture de gouvernement », résume le regretté Jean-Michel Gaillard.

Dijon n'est pas le congrès de la clarification annoncée. Les ambiguïtés de la motion majoritaire sont encore renforcées par le déroulement du congrès. Après le traumatisme du 21 avril, le risque était réel d'un coup de barre à gauche et d'un repli sur une ligne radicale et protestataire. Le PS a rejeté cette régression. « En langage militaire, analyse Alain Bergounioux, Dijon c'est une bataille d'arrêt : on stoppe une position, on ne recule pas. » Le Parti socialiste ne bazarde pas sa culture de gouvernement. Il défend le bilan de Lionel Jospin en matière d'emploi, d'avancées sociales, de réformes sociétales. Il refuse le retour aux vieilles lunes des années 70 : la sacralisation de l'État et de la dépense publique, la surenchère sociale, la hausse du Smic. Il trace de nouvelles perspectives pour l'Europe face aux tentations souverainistes du NPS. Dijon marque sur tous ces points de vue une nouvelle étape dans le long processus d'affirmation du réformisme. Mais François Hollande ne va pas au bout de la logique d'un réformisme pleinement assumé et renouvelé, en « rupture avec la rupture » d'Épinay. En bon politique, pour capter les voix de gauche du parti, il a rigidifié la ligne idéologique de sa motion en refusant par exemple l'ouverture du capital des entreprises publiques et en acceptant le retrait pur et simple de la loi Fillon. Surtout il donne peu de contenu au réformisme de gauche sur des questions aussi essentielles que la place de l'État, l'école, la fiscalité, l'emploi ou la décentralisation. « L'altermondialisme, constate l'économiste Élie Cohen, a fait des ravages au congrès de Dijon. En témoigne le nouveau triptyque de la pensée socialiste : des services publics (en privilégiant les corporatismes), la Sécurité sociale professionnelle (mais on ne dit pas comment on sauve financièrement l'État-providence) et l'Europe sociale qui est irréaliste. En revanche, les véritables enjeux que sont la création de richesse ou l'économie de la connaissance ne sont pas traités. »

Le premier secrétaire renvoie tout au projet. Les Français devront l'attendre trois ans durant lesquels la droite — et notamment Nicolas Sarkozy — impose ses thèmes et ses idées : nouveau contrat de travail, quotas d'immigration, discrimination positive, etc. « François Hollande a appliqué une stratégie d'évitement et non d'accomplissement car il craignait la gauche du parti, or c'étaient des tigres de papier », explique le strauss-kahnien Jean-Marie Le Guen. Pusillanimité de François Hollande ou calcul politique ? Certains soupçonnent le premier secrétaire d'avoir sacrifié la clarification à son positionnement au centre de gravité du parti, à égale distance, donc à égale compatibilité, entre Henri Emmanuelli à sa gauche et Laurent Fabius à sa droite. Une nouvelle version du « ni-ni » jospinien : ni archéo, ni social-libéral.

Pour Martine Aubry, Dijon est un peu un non-congrès. « Nous ne sommes pas allés au bout de l'analyse, ni sur les raisons du 21 avril, ni sur l'état de la société française ni sur les moyens de la transformer, ni sur la rénovation du Parti socialiste. » Arnaud Montebourg est plus polémique : « Dijon est un congrès du mensonge sur les causes du 21 avril, de l'apparence sur la pseudo-clarification politique, et de la tricherie dans le vote de certaines fédérations ! »

Le déroulement du congrès va brouiller un peu plus le message réformiste du PS. Dijon va consacrer un héros : Bernard Thibault, un champion : Laurent Fabius, et un vainqueur : François Hollande. Le premier secrétaire et son directeur de cabinet Stéphane Le Foll montent l'opération Thibault. François Hollande et le leader de la CGT ont des points communs : même génération, même accession contestée à la tête du premier parti de gauche et de la première organisation syndicale, même volonté de faire bouger les lignes sans déstabiliser les deux vieilles maisons. Le moment est idéal : la CGT incarne, avec les millions de salariés qu'elle a fait descendre dans la rue contre la réforme des retraites, la résistance à la politique libérale du gouvernement. La veille du congrès, elle a refusé de signer l'accord que la CFDT paraphe sous la pression de François Fillon, trop heureux d'envoyer cette pierre dans le jardin socialiste. La CFDT a commis une erreur politique. Ça n'échappe pas aux minoritaires du Nouveau Monde et du NPS : le triomphe qu'ils réservent à Bernard Thibault résonne comme une revanche à leur défaite face aux réformistes. La mise en scène les y aide. Bernard Thibault, accompagné de François Hollande, traverse la salle pendant l'intervention du strauss-kahnien Jean-Christophe Cambadélis. Les militants, entraînés par les minoritaires, l'acclament et chantent *L'Internationale*. L'orateur doit s'interrompre : dommage, il dissertait sur le réformisme !... L'image de la « standing ovation » fera le tour des journaux télévisés.

Le deuxième moment fort du congrès est l'intervention de Laurent Fabius. Elle tranche avec le fiasco d'autres orateurs. Arnaud Montebourg s'égosille dans l'indifférence générale pour la VIe République et contre l'impasse du socialisme gestionnaire. Le discours de Martine Aubry est trop plat pour enflammer la grande salle du congrès. Dominique Strauss-Kahn n'est pas à son aise dans cet exercice. Son intervention a été mal préparée et par malchance elle succède à celle de Jean-Luc Mélenchon qui se taille un succès en appelant à la synthèse avec la rue, et déclenche les rires en comparant, en termes de menaces, les chars russes au vélo du postier Besancenot !

Laurent Fabius fait forte impression. D'un ton ferme, parfois véhément, accompagnant ses propos de son poing qui frappe le pupitre, il brocarde Jacques Chirac, « le grand prometteur », et en appelle à une opposition frontale face à la régression générale. S'arrêtant sur la laïcité, il réclame une loi contre les signes religieux ostentatoires, car « Marianne ne peut être voilée »... Enfin dans une belle métaphore, il compare les socialistes aux tableaux de l'artiste portugaise Viera Da Silva exposés au musée de Dijon : vus de près les tableaux sont composés de figures diverses formant une bigarrure, mais en prenant du recul c'est l'unité qui prévaut, comme pour les militants socialistes du congrès : « Divers, nous le sommes, portant chacun notre part de difficultés, d'expériences, d'espérances, et en même temps c'est l'unité, notre idéal commun, qui fait notre force et qui doit nous donner confiance pour la reconquête. » Tonnerre d'applaudissements. Opposition frontale, laïcité, reconquête : Laurent Fabius vient de frapper les trois coups de son retour sur l'avant-scène du Parti socialiste. L'opposition frontale c'est le mot d'ordre qu'attendaient les militants face à un gouvernement Raffarin qui détricote les réformes de la gauche. C'est aussi l'application du précepte mitterrandien selon lequel l'opposition doit d'abord s'opposer. C'est enfin pour Laurent Fabius une façon de critiquer implicitement l'opposition trop molle de François Hollande : la thématique resservira pour le référendum européen et le congrès du Mans. En enfourchant le cheval de la laïcité, Laurent Fabius gagne sur trois tableaux : il se positionne sur le terrain de la République et de l'autorité ; il préempte le débat sur une loi contre le voile, la kippa et la grande croix ; il évite de traiter des sujets économiques et sociaux délicats pour l'ancien ministre de l'Économie qu'il est. Enfin l'appel au rassemblement pour la reconquête galvanise le congrès. Et comme Georges Pompidou qui prononçait le nom du général de Gaulle quand le public d'un meeting s'assoupissait, Laurent Fabius ne manque pas d'évoquer François Mitterrand « dont la démarche reste juste : d'abord rassembler les nôtres, pour ensuite convaincre et rassembler les autres... ». Là encore le succès est garanti auprès des militants.

Le rassemblement des autres commence pourtant mal à Dijon. Le président du parti radical de gauche Jean-Michel Baylet est reçu comme un chien dans un jeu de quilles quand il plaide devant le congrès pour la constitution d'une grande force, « La Gauche ». Après les ravages de la désunion en 2002, l'idée n'est pourtant pas absurde et plusieurs socialistes, comme Dominique Strauss-Kahn, l'ont bien envisagée face à la création à droite de l'UMP. « Ils m'ont snobé, se désole le président du PRG, un accueil a minima, une place dans un coin, mon discours noyé au milieu de seconds couteaux et dont tout le monde se fichait. Du coup je ne suis même pas resté pour le déjeuner. » C'est dire, quand on connaît la valeur culturelle de la table chez les radicaux !

Fort de sa motion, François Hollande ne cherche pas la synthèse avec les minoritaires et notamment le NPS pourtant prêt à rejoindre la majorité en échange d'un geste sur la VIe République ou la fiscalité. La commission des résolutions n'est qu'un simulacre : « François Hollande n'a même pas fait semblant de vouloir reprendre quelques-unes de nos propositions », regrette Christian Paul. Dans son discours de clôture, le premier secrétaire trouve le ton et les mots pour faire passer un message simple : « les socialistes sont de retour ». Il compare Raffarin à un Guizot revisité, et décrit une France en plans : plans sociaux, plan de rigueur budgétaire, plan d'austérité pour la Sécurité sociale, plan de réduction des emplois publics. La charge est lourde mais elle permet au premier secrétaire d'annoncer le temps de l'offensive sur les retraites, la protection sociale et l'éducation. François Hollande évoque l'identité réformiste du Parti socialiste : parti de la transformation qui a vocation non pas à accompagner mais à changer, et parti de réformes qui procède par étapes, par avancées, par accumulation de progrès. Et il conclut, comme en réponse à Laurent Fabius, sur « des socialistes sortant du congrès de Dijon plus forts, plus unis, et prêts à mener une opposition déterminée, ferme et responsable » pour faire obstacle à la droite.

Le jeudi qui suit le congrès, François Hollande est réélu pour trois ans premier secrétaire avec 90 % des suffrages exprimés : il était le seul candidat. Sur les cent deux fédérations du parti, quatre-vingt-deux sont aux mains de sa majorité contre dix-neuf pour les minoritaires. Il lui reste à composer le secrétariat national, le gouvernement du PS. L'exercice est délicat, chaque sensibilité veut être dignement représentée, les anciens ministres sont attachés à leur rang, et la génération montante réclame le renouvellement ! François Hollande, comme à son habitude, ménage les uns et les autres. Trois éléphants décident de ne pas en être : Jack Lang privilégie la popularité hors du parti aux responsabilités d'un apparatchik ; Martine Aubry a besoin de se concentrer sur Lille après son échec aux législatives et le succès de Marc Dolez ; Dominique Strauss-Kahn choisit de travailler sur les idées et de constituer son courant, plutôt que de se retrouver numéro trois ou quatre du parti derrière François Hollande et Laurent Fabius. Les hollandais évoquent une autre raison, inavouable : ces trois présidentiables préfèrent laisser François Hollande « se planter » tout seul — et mieux encore avec son numéro deux — aux scrutins régional et européen du printemps 2004 qui ne s'annoncent pas sous les meilleurs auspices. Ils casent en revanche leurs protégés : Pierre Moscovici (international), Marisol Touraine (solidarité) et Alain Bergounioux (études) pour Dominique Strauss-Kahn. Adeline Hazan (droits de l'homme), Catherine Genisson (femmes), Yves Durand (éducation) pour Martine Aubry. Laurent Fabius, numéro deux du parti, obtient le poste stratégique des relations avec les élus. Plusieurs de ses fidèles siégeront avec lui : Claude Bartolone (communication), Bariza Khiari (réforme de l'État), Claude Roiron (agriculture), et Alain Claeys (santé). François Hollande ne s'oublie pas : il nomme ses quadras à des postes clés : François Rebsamen aux fédérations (pour surveiller Laurent Fabius), Bruno Le Roux aux élections, André Vallini à la justice, Éric Besson à l'emploi, Annick Lepetit et Julien Dray porte-parole. Ceux qui l'ont aidé sont également récompensés : Kader Arif, premier fédéral de Haute-Garonne, à l'altermondialisation et Anne Hidalgo à la culture. Enfin le premier secrétaire réalise un « coup » avec l'arrivée du très médiatique président de SOS Racisme Malek Boutih aux questions de société. C'est son idée, et c'est Julien Dray qui la concrétise. François Hollande, au nom de la diversité, souhaitait également offrir une place à Fadela Amara de l'association Ni pute ni soumise. Julien Dray l'en dissuade : « Ça tuerait le mouvement social que l'on essaie de construire à côté du PS. » Le président de SOS Racisme, jusque-là adhérent mais non militant du PS, a juste le temps de prévenir Jacques Chirac avec lequel il entretient d'excellentes relations, et de démissionner de la présidence de son association avant d'être intronisé à Dijon. Il lui faut quelques mois pour apprendre à éviter les faux pas politiques : il se prononce pour les quotas en matière d'immigration avant que le PS en ait débattu, et n'hésite pas à dire du bien de Nicolas Sarkozy, qui plus est à l'université du Medef. D'autres militants issus de l'immigration entrent au Conseil national, le parlement du parti.

Un an après le printemps noir de la gauche, le Parti socialiste semble de nouveau en ordre de marche. Il dispose d'une majorité réformiste, il promet de s'atteler à sa rénovation et à l'écriture d'un projet. Il entend s'opposer fermement au gouvernement. Son premier secrétaire s'est affranchi de l'ombre tutélaire des grands barons. Le numéro deux fait figure de candidat naturel à la présidentielle. Et celui qui pourrait être le numéro trois, Dominique Strauss-Kahn, réfléchit à un nouveau dessein pour la gauche. Mais ce bel ordonnancement ne va pas résister aux chocs des réalités et des ambitions.

CHAPITRE 4

LA REVANCHE DE « MONSIEUR PETITE BLAGUE »

« Ce qui dure se construit lentement. »

Proverbe chinois.

S'opposer, c'est la nouvelle et ardente obligation du Parti socialiste, le talisman de la reconquête. La première année du gouvernement Raffarin a montré que la tâche n'est pas aussi évidente qu'il n'y paraît. Pendant plusieurs mois, le Parti socialiste est resté sonné par la défaite. Un changement de majorité et de gouvernement crée traditionnellement un état de grâce : les Français l'ont décidé par leur vote et ils découvrent de nouveaux visages. Les ministres ont à cœur de prouver qu'ils ont des idées et de l'énergie. Quand en plus le chef du gouvernement est un professionnel de la communication, qui veut incarner la France profonde et la modernité, le bon sens et la réforme, l'humanisme et la détermination, dans un profil de « Pompidou du Poitou » selon l'heureuse formule de son premier maître à penser Valéry Giscard d'Estaing, s'opposer devient ardu. Ça l'est encore davantage quand le premier des ministres a la tonicité d'un Nicolas Sarkozy, prenant à bras-le-corps l'insécurité, préoccupation prioritaire de ses concitoyens.

Et ça se transforme en mission quasi impossible quand les élus de l'opposition se replient sur leur parti, avec leurs doutes et leurs divisions.

La rentrée parlementaire est particulièrement morose. Les cent quarante députés socialistes rescapés des législatives déménagent du premier au troisième étage, et pour leurs réunions, de la grande salle Colbert à la salle 6217 au deuxième sous-sol. Dans l'hémicycle, l'effet masse de la majorité est physiquement impressionnant, quand le premier jour les trois cent soixante-six députés de l'UMP se lèvent pour applaudir la déclaration de politique générale du nouveau Premier ministre. Il faut y ajouter la quarantaine d'élus UDF et non inscrits. Une droite ressentie comme arrogante et revancharde par la gauche.

L'humeur est chagrine dans un groupe socialiste cloisonné entre les anciens ministres qui se croient toujours dépositaires de la parole officielle, les élus quadra ou quinqua qui veulent sortir du lot pour obtenir à la prochaine alternance le maroquin qu'ils n'ont pas eu sous Jospin, enfin les députés de base remontés contre leurs chefs de file qu'ils rendent responsables de la défaite. « Tout cela n'était pas très sympathique, se souvient le député du Gers Philippe Martin, nous étions dans des relations de rivalité ou d'ignorance, certains collègues ne m'ont jamais dit bonjour ! » En réunion de groupe ou dans les débats, les anciens ministres monopolisent la parole : Daniel Vaillant pour l'Intérieur, Élisabeth Guigou pour la Sécurité sociale, Marylise Lebranchu pour la Justice. Leurs interventions tournent à la défense de leur action passée : du pain bénit pour la droite qui les renvoie à la sanction des électeurs ou à ce qu'ils n'ont pas fait. Leurs collègues socialistes voudraient bien tourner la page. Ils ne s'en privent pas quand l'occasion leur en est donnée : Élisabeth Guigou est éliminée au profit de Jacques Floch pour siéger à la convention sur l'avenir de l'Europe et Jean Glavany est battu pour la questure. Certains députés restent dans leurs bureaux. Le travail parlementaire s'en ressent.

Face aux socialistes affaiblis en nombre, inaudibles en parole et asséchés sur le plan des idées, le gouvernement va procéder plusieurs mois comme un rouleau compresseur. Nicolas Sarkozy leur inflige un véritable calvaire. « Sa méthode est redoutablement efficace, analyse Alain Bergounioux : il nomme les problèmes, agit, réagit, s'agite, et fait l'événement… » Or, sur la sécurité, les socialistes étalent leur mauvaise conscience et leurs divisions. Les discussions sont vives dans le groupe et en Bureau national dès les mois de juillet. Daniel Vaillant, Julien Dray, Manuel Valls sont accusés de courir derrière la droite. Il faut un acte d'autorité de François Hollande le 16 juillet pour contraindre tous les députés socialistes à voter contre le projet Sarkozy. Daniel Vaillant préférait « une abstention avec des réserves à un vote contre avec des regrets », et Manuel Valls souhaitait un « discours qui corresponde aux attentes de nos concitoyens ». La pression des associations de défense des droits de l'homme accroît le désarroi et la confusion chez les socialistes. Doivent-ils comme les autres forces de gauche signer un appel stigmatisant un gouvernement entré en guerre contre les pauvres, avec sa loi sur les prostituées, les mendiants et les halls d'immeuble ? Le PS finit par s'y résoudre après la suppression d'un paragraphe « trop dur » sur la police. Mais la cacophonie est assourdissante : Daniel Vaillant assure sur RTL que son successeur est dans la continuité et « réalise des choses qu'il aurait sans doute faites », quand Adeline Hazan affirme au *Monde* que le projet Sarkozy n'a rien à voir avec l'action du gouvernement Jospin.

Sur le terrain, nombre de maires socialistes ne mégotent pas leur soutien aux décisions du ministre de l'Intérieur : « Si la gauche avait fait la moitié de la loi Sarkozy, Jospin aurait été élu », proclame Georges Frêche à Montpellier. « Sarkozy a su mobiliser les policiers, les magistrats et les préfets. Tous travaillent ensemble, les partenariats fonctionnent avec les villes ou les écoles, et j'utilise moi-même le discours sarkozien pour mes actions sur le terrain », confesse Jean-Marie Bockel premier magistrat de Mulhouse...

Les socialistes boivent le calice jusqu'à la lie avec les sans-papiers et la double peine. Machiavélique, Nicolas Sarkozy les prend à contre-pied. Il reçoit les étrangers en situation irrégulière et annonce une régularisation de leur situation. Puis il se prononce pour l'abrogation de la double peine, c'est-à-dire l'expulsion de délinquants étrangers après qu'ils ont purgé leur peine de prison. L'Algérien Chérif Bouchelaleg, marié à une Française et père de six enfants, est le premier à en bénéficier. Jack Lang était allé en juillet plaider sa cause auprès de Jacques Chirac. Le cinéaste Bertrand Tavernier, héraut de ce combat, et les associations comme la Ligue des droits de l'homme et le MRAP applaudissent des deux mains une mesure de justice et d'humanité que le gouvernement Jospin n'avait pas prise...

Autre épreuve pour le PS : la fermeture du centre de Sangatte où s'entassaient depuis trois ans des travailleurs clandestins en partance pour la Grande-Bretagne. « J'ai participé à moins de colloques sur les droits de l'homme que Mme Aubry, Mme Guigou et M. Vaillant, mais moi j'ai été deux fois dans l'enfer de Sangatte et eux, les ministres socialistes, n'y sont jamais allés », assène cruellement Nicolas Sarkozy. Il reçoit en retour un « coup de chapeau » de Jack Lang pour avoir traité ce sujet « méthodiquement, efficacement et en associant dans un esprit républicain l'ensemble des élus ».

Le 10 décembre à *Cent minutes pour convaincre* sur France 2 c'est Élisabeth Guigou qui sert de punching-ball à un Nicolas Sarkozy impitoyable. La députée socialiste ayant mis en cause les propos d'un policier de Bondy, le ministre de l'Intérieur se rend sur place la semaine suivante constater « qu'il n'y avait pas de victime, pas de coupable, et qu'heureusement le ridicule ne tuait pas... ». Commentaire de Daniel Vaillant : « Je n'ai pas été invité à l'émission, mais honnêtement j'aurais décliné... »

Il faut plusieurs mois aux socialistes pour reprendre pied face aux initiatives et aux intimidations du ministre de l'Intérieur qui les renvoie à leurs inactions passées, leur angélisme présent, leur manque d'idées pour demain. « Nous étions confrontés, analyse Marylise Lebranchu, à un gouvernement “bruyant” : quand il proclame à tout bout de champ qu'il est contre les violences, les vols, les agressions des vieilles dames, que peut-on lui répondre, ce n'est pas de la politique, c'est de la communication. Elle rend le débat impossible. »

Fort heureusement Nicolas Sarkozy finit par caricaturer Nicolas Sarkozy. Le PS va retrouver quelques arguments pour dénoncer une politique d'esbroufe, de « tout répressif », où les résultats ne sont pas probants : des prostituées hantent toujours les rues, des jeunes les halls d'immeubles et, si la délinquance baisse, les violences aux personnes augmentent.

La réforme de la justice est un autre terrain piégé pour la gauche, soupçonnée de laxisme. Les débats opposent encore les « sécuritaires » (Julien Dray, Delphine Batho) et les droits-de-l'hommiste comme Christine Lazerge ou Adeline Hazan. Les premiers voudraient limiter la critique à certains aspects des lois Perben, inefficaces contre la grande criminalité, mais sans remettre en cause le principe d'une loi. Les seconds l'emportent. Sans trop de conviction, le PS dénonce un texte qui opère un retour en arrière de plus de vingt ans et vide de son sens la loi sur la présomption d'innocence. Le groupe socialiste est plus flottant : il n'est pas facile de combattre l'instauration des centres éducatifs fermés que suggérait pour l'essentiel le projet présidentiel de Lionel Jospin, et il est peu motivant de prêcher dans le désert : ni les médias, ni les avocats ou les magistrats ne se mobilisent contre les juges de proximité et les modifications des conditions de placement et de durée de la détention provisoire. L'opposition se renforce pour la loi Perben 2 qui au printemps 2004 instaure le « plaidé coupable » et renforce les dispositions répressives comme la garde à vue de quatre jours. Dans l'hémicycle, François Hollande pourfend un texte qui institue l'arbitraire judiciaire et place la société sous surveillance. Le gouvernement passe outre. Le Conseil constitutionnel supprime deux articles et Laurent Fabius promet que la gauche abrogera le texte quand elle reviendra au pouvoir.

Le gouvernement peut d'autant plus avancer dans ses réformes que les socialistes sont pauvres dans leur ligne politique, et riches dans la division. Jean-Pierre Raffarin annonce sa décentralisation ? François Hollande fustige un projet « de démantèlement pur et simple de l'État », mais Jean-Paul Huchon affirme que ce serait un comble de s'abstenir sur la sécurité et de voter contre la décentralisation. Jacques Chirac lance l'idée d'un contrat d'intégration pour les immigrés ? Jack Lang et Harlem Désir applaudissent, Adeline Hazan condamne. La droite s'en prend aux 35 heures ? Gaëtan Gorce, ancien rapporteur de la deuxième loi Aubry, est bien seul à se battre contre les assouplissements : de nombreux camarades se plaignent des rigidités et des pertes de salaires provoquées par les 35 heures. Et quand le PS est enfin unanime, c'est pour soutenir le président de la République et son veto contre la guerre en Irak !

C'est sur le terrain social que les socialistes retrouvent un peu d'air à l'automne. En quelques mois Jean-Pierre Raffarin met en pièce la politique de l'emploi du gouvernement Jospin (emploi jeune, dispositif Trace, ou nouveau départ) ; il rabote les 35 heures et casse la loi de modernisation sociale. « Ce gouvernement ne fait pas, il défait, c'est le gouvernement de la défaisance qui confine à la malfaisance », tempête François Hollande. En l'absence de croissance, les conséquences ne tardent pas à se faire sentir : l'économie ne crée plus d'emplois, quand deux millions l'avaient été entre 1997 et 2001, et cent cinquante mille nouveaux chômeurs viennent frapper aux portes de l'ANPE.

C'est dans l'enseignement que se cristallise la première contestation sociale. Un budget étriqué qui rompt avec le plan pluriannuel de recrutement de Jack Lang, la suppression de cinq mille six cents postes de surveillants, et progressivement de deux cent mille aides éducateurs, enfin l'annonce de la décentralisation de cent dix mille personnels techniques : les motifs ne manquent pas de descendre dans la rue. Les enseignants le font massivement à plusieurs reprises à l'automne 2002 et au printemps 2003. Mais le cauchemar Allègre hante encore les professeurs. Pas question que les socialistes « récupèrent » le mouvement : tout juste leur est-il permis de se fondre dans les cortèges, mais pas dans le carré de tête, et sans banderole spécifique.

Cette méfiance, voire cet ostracisme, les socialistes les subissent dans les autres manifestations syndicales. Mais François Hollande n'en démord pas. Le PS doit s'ancrer dans le mouvement social : pour se régénérer dans les luttes, retrouver une virginité, pouvoir transformer demain la colère sociale en sanction électorale contre le gouvernement.

Les élus socialistes sont souvent malmenés, parfois rejetés des cortèges : « Vous n'avez rien à faire ici, si la droite a gagné, et qu'on en subit les effets, c'est de votre faute, quand vous étiez au gouvernement », entendent-ils à longueur de manifestations. Les hospitaliers leur reprochent la mauvaise application des 35 heures, les salariés d'EDF rappellent que Lionel Jospin s'était prononcé pour l'ouverture du capital de l'entreprise. « Mais c'est aussi la position du leader CGT Denis Cohen », fait remarquer un jour l'ancien ministre Jean-Louis Bianco : « Eh bien, on va le virer », réplique un manifestant. Ce qui s'est effectivement produit !

Le 26 novembre, trois anciens ministres, Daniel Vaillant, Ségolène Royal et Élisabeth Guigou sont délégués par François Hollande pour aller saluer Bernard Thibault. Ils se font houspiller par des cégétistes, avant de trouver refuge sous une porte cochère. En Seine-Maritime, en pleine manifestation sur les retraites, Laurent Fabius doit négocier avec les responsables de la CGT et de SUD une petite place avec des banderoles repliées en queue de cortège, derrière des autonomes de l'UNSA... Peu importe ces rebuffades, il faut tenir bon.

Le dossier des retraites est édifiant du flou et des inconséquences de la pensée socialiste. Voilà une réforme de société attendue depuis des années et qui va faire descendre dans la rue des millions de Français. Une semaine avant la présentation du texte à l'Assemblée, François Hollande organise un déjeuner au restaurant Tante Marguerite, à deux pas de l'Assemblée. Douze têtes pensantes, dont Élisabeth Guigou, Gaëtan Gorce et Marisol Touraine y participent. Mais aucune ligne politique n'est fixée, et les textes bricolés se cantonnent dans les généralités et les principes : maintien de la retraite à soixante ans, concertation avec les partenaires sociaux, mais rien sur le financement ou la durée de cotisation que le gouvernement fait passer à quarante annuités pour les fonctionnaires. Au congrès de Dijon, alors que les manifestations se succèdent, la décision est prise de lancer un appel aux Français. Mais pour dire quoi ? Marisol Touraine tente de négocier avec les minoritaires dans les travées du congrès un texte ramassé d'une vingtaine de lignes qui ne se contente pas de demander le retrait du projet Fillon. Las, c'est l'instant précis où à la tribune Laurent Fabius en appelle à une opposition frontale, notamment sur les retraites. Gérard Filoche, du NPS, rédige finalement avec quelques représentants des autres motions un texte qui réclame le retrait pur et simple de la loi Raffarin.

À ces insuffisances sur le dossier des retraites, le PS ajoute ses déchirements sur l'Assurance maladie. Le déficit est abyssal, et le plan gouvernemental contestable. Courageux mais pas téméraire, le PS prépare fin mai quelques pistes, mais pas de plan alternatif, « pour ne pas tomber dans le piège du gouvernement » : augmentation de la CSG et création d'une cotisation sur la valeur ajoutée. Les francs-tireurs du parti ouvrent le feu : « Immobilisme et poudre aux yeux », juge sur Radio J Bernard Kouchner. « Complètement stupide, suicidaire même, renchérit Michel Rocard dans *France-Soir*, les socialistes auraient débouché s'ils avaient été au pouvoir sur un équilibre à peu près équivalent à celui du gouvernement. » Michel Charasse, Jacques Attali, Jacques Delors vont dans le même sens. Même Dominique Strauss-Kahn émet des doutes sur l'augmentation de la CSG. Furieux, une demi-douzaine de parlementaires rédigent une « lettre ouverte aux bons conseilleurs » qui font le jeu des extrêmes en affirmant qu'il n'y a qu'une réforme possible…

Quelques dérapages de Jean-Pierre Raffarin ressoudent les socialistes : le Premier ministre les accuse de préférer leur parti à leur patrie ; un mois plus tard à Strasbourg il fanfaronne que la France n'en est encore qu'au purgatoire puisqu'il reste des socialistes : François Hollande, Laurent Fabius ou Jean-Marc Ayrault s'indignent de « ces paroles d'exclusion d'une époque que l'on ne veut pas revoir ». Jean-Pierre Raffarin finit par exprimer ses regrets. Piqués au vif, les socialistes recouvrent de l'énergie dans la bataille parlementaire : près de sept mille amendements font traîner le débat dix-neuf jours avant le dépôt d'une motion de censure. François Fillon est accusé de proposer des fonds de pensions : il rappelle avec perfidie qu'en leur temps, pas si lointain, Dominique Strauss-Kahn et Laurent Fabius prônaient l'introduction d'un peu de capitalisation ! Peu importe, l'esprit combatif de Dijon souffle sur les bancs socialistes.

Si le PS commence à se rabibocher avec le mouvement social — Jack Lang fait merveille avec les intermittents du spectacle —, ses efforts pour se lier aux altermondialistes tournent au fiasco. Dès novembre 2002 François Hollande fait un aller et retour au Forum social de Florence, rencontre José Bové et le président d'Attac Bernard Cassen. Deux mois plus tard il sacrifie au pèlerinage de Porto Alegre, escorté de Jean-Luc Mélenchon et d'Harlem Désir. Le Nouveau Monde, le NPS, mais aussi une partie de la majorité font du combat contre la mondialisation libérale l'un de leurs paradigmes. Petit problème : les altermondialistes, souvent militants de l'extrême gauche, ne sont guère impressionnés par les brevets de camaraderie que le Président brésilien Lula et son parti des Travailleurs ont décernés aux socialistes français. Ils les considèrent au mieux comme des sociaux-libéraux, au pire comme des sociaux-traîtres. Quand les militants du PS arborant tee-shirts, casquettes et drapeaux siglés « les socialistes pour une autre mondialisation », organisent une table ronde avec François Hollande au forum altermondialiste en marge du G8 d'Évian, en mai 2003, ils sont accueillis par un déluge de projectiles divers, lancés par quatre cents jeunes opposés à cette « récupération ». Les socialistes sont opiniâtres. En plein mois d'août, après avoir apporté leur soutien à José Bové emprisonné pour l'arrachage de plants d'OGM, ils se rendent au rassemblement du Larzac. Rebelote : cette fois ce sont des militants de Droit au logement et d'Agir contre le chômage qui démontent leur stand. Pas de quoi décourager François Hollande : il voit dans le succès du Larzac « une très mauvaise nouvelle pour le gouvernement Raffarin »... Jamais deux sans trois. Les socialistes ne sont pas non plus rancuniers : le maire de Paris finance pour un peu plus d'un million d'euros l'organisation en novembre du Forum social européen en Seine-Saint-Denis. Ça commence plutôt bien. Le PS, parti internationaliste de Jaurès et de Blum, tient un meeting sous haute surveillance à la veille du Forum, et participe à un débat à la Villette. Les choses se gâtent lors de la grande manifestation place de la République : les leaders socialistes présents — Jean-Luc Mélenchon, Jean-Christophe Cambadélis, Kader Arif — sont violemment pris à partie par des autonomes. Insultes, échauffourées, les trois anciens militants d'extrême gauche en ont vu d'autres ! Ils font face stoïquement jusqu'à la fin de la manifestation. De quoi doucher tout de même l'enthousiasme proaltermondialiste de certains socialistes. Bertrand Delanoë rappelle à ceux qui l'auraient oublié que dans l'Histoire, l'extrême gauche n'a conduit qu'à l'impuissance ou au totalitarisme. François Hollande tance dans l'émission *Cent minutes pour convaincre* Arlette Laguiller : « avec des révolutionnaires comme vous, les conservateurs peuvent dormir tranquilles ». Mais la stratégie ne change pas : faire du Parti socialiste le réceptacle politique de toutes les contestations qui pourront s'exprimer dans les urnes aux élections régionales et européennes.

Or le mécontentement grandit dans le pays. Et la météo y participe. La canicule de l'été 2003 et ses quinze mille morts marquent un tournant pour le gouvernement Raffarin. Il fait preuve d'impuissance et de légèreté, à l'image du ministre de la Santé Jean-François Mattéi apparaissant dans un journal de 20 heures en tee-shirt dans le Midi. François Hollande voit la faute : « Est-ce que le gouvernement a pris les bonnes décisions en temps utile ? interroge-t-il. Ma réponse est non… On sait que la responsabilité est forcément politique. » Les Français sont profondément choqués par la catastrophe sanitaire. Elle s'ajoute à une série de mauvaises nouvelles : augmentation du chômage, chute de la croissance, hausse de l'essence et du forfait hospitalier alors que l'impôt sur le revenu baisse pour les plus favorisés, suppression d'un jour férié pour financer la dépendance… Pour le premier secrétaire du PS, le gouvernement est aux abois.

Le Parti socialiste doit encore surmonter ses dissensions sur la laïcité. Si Jack Lang, Laurent Fabius ou Pierre Mauroy sont favorables à une loi interdisant le port des signes religieux, Jean Glavany, Martine Aubry ou Malek Boutih y sont hostiles afin de ne pas stigmatiser la population immigrée. François Hollande plaide pour une simple charte. Mais la droite est également divisée, y compris au gouvernement où François Fillon est pour la loi, et Nicolas Sarkozy plutôt contre. Après une ultime querelle sémantique entre signes ostentatoires, ostensibles ou visibles, l'Assemblée adopte dans un relatif consensus le texte du gouvernement.

Depuis le congrès de Dijon, François Hollande n'a qu'un horizon : les élections régionales, cantonales, européennes du printemps 2004, les dernières avant la présidentielle de 2007. Seule la victoire dans les urnes pourra crédibiliser dans l'opinion le retour des socialistes, et en ce qui le concerne, conforter son autorité sur le PS. Beaucoup en doutent, et s'en cachent à peine. La presse glose sur un parti inaudible et son premier secrétaire sans charisme : François Bayrou lui a encore volé la vedette lors du débat de censure déposée en juillet par les socialistes. *Les Guignols* de Canal Plus le brocardent comme un benêt au sourire niais. La lecture des journaux en sa présence, rue de Solférino, est une épreuve. Mais il endure et en sourit même. Au sein du PS, Manuel Valls fait mine de se désoler des attaques des éditorialistes. Le NPS Thierry Mandon, et il n'est pas le seul, assure à qui veut l'entendre que le parti va se « planter » aux élections parce que sa ligne politique est trop molle.

Le Parti socialiste part de très haut avec des régions comme l'Île-de-France, Provence-Alpes-Côte d'Azur ou l'Aquitaine gagnées de peu grâce au Front national au scrutin précédent. L'effet Sarkozy et le poids des élus de droite après les municipales de 2001 et les législatives de 2002 devraient permettre à l'UMP de les reconquérir. Beaucoup de responsables socialistes s'interrogent. On se voit, on déjeune pour évoquer les conséquences d'une nouvelle défaite. Vincent Peillon s'imagine aisément premier secrétaire d'une nouvelle majorité allant du NPS aux strauss-kahniens. Les hollandais soupçonnent DSK et Fabius d'assurer un service minimum pendant la campagne et de jouer la défaite. Laurent Fabius semble prendre date quand il prononce le 10 mars 2004 devant l'École normale supérieure son grand discours programme sur « les deux France ». « Ils étaient nombreux, se souvient Harlem Désir, à vouloir remettre le petit François dans sa boîte au lendemain d'un échec programmé. » « J'étais un peu seul au début, ensuite tous sont venus », confirme François Hollande. Pour gagner les régionales, il va faire la campagne inverse de celle perdue en 2002 : tirer tout le bénéfice du réseau des élus de terrain, bétonner l'union de la gauche, pilonner un gouvernement de droite impopulaire et lui opposer un programme de mesures concrètes dans les régions.

Dès le mois de septembre le Parti socialiste s'attaque à la constitution de ses listes. Dans certaines régions données perdues, les chefs de file ne se bousculent pas ! En Picardie, les deux pressentis, Vincent Peillon et Jean-Pierre Balligan, jettent l'éponge : « J'ai quatre enfants et une femme à Paris, j'ai été remercié par les Picards en 2002, et je préfère les idées à la gestion, surtout quand c'est avec le communiste Gremetz », se justifie Vincent Peillon. Dans les Pays de Loire, c'est Claude Évin qui cède sa place à Jacques Auxiette maire de La Roche-sur-Yon. « Je me dévoue, c'est pour la forme », lâche désabusé Jean-Pierre Masseret en Lorraine. Et quand à l'approche du scrutin, il accueille Laurent Fabius, venu le soutenir dans un meeting plein à craquer, il ne peut retenir ce cri du cœur : « C'est une catastrophe, on va gagner ! »

Dans les vingt-six régions de métropole et d'outre-mer, ce sont les responsables de terrain qui sont investis. Certains « régionaux de l'étape » sont de parfaits inconnus au niveau national. Or ils affrontent des vedettes de la majorité : Pierre-Joël Bonté, aujourd'hui disparu, face à Valéry Giscard d'Estaing en Auvergne, Claude Gewerc face à Gilles de Robien en Picardie, Victorin Lurel face à Lucette Michaux-Chevry en Guadeloupe, Jacques Auxiette face à François Fillon, ou Jean-Paul Huchon face à Jean-François Copé qui n'appelle son adversaire que d'un méprisant « Jean-Paul H. », pour bien insister sur sa faible notoriété. Mais l'électeur a changé : il veut des élus qui s'occupent vraiment de lui. Le renouvellement s'applique à l'ensemble des listes qui doivent refléter la diversité de la société française en s'ouvrant aux jeunes, aux femmes, aux personnes issues de l'immigration et aux associations. Le tout en respectant les équilibres internes du parti. Les discussions sont particulièrement serrées tant à Paris que dans les régions. Rue de Solférino, ce sont les « poètes » qui s'écharpent. Bruno Le Roux et François Rebsamen pour les hollandais, Christophe Borgel pour les strauss-kahniens, Vincent Peillon et David Assouline pour le NPS, François Lamy pour les aubrystes, Jean Mallot pour Nouveau Monde négocient pour leur clan le maximum de places éligibles dans les différentes régions. Mais c'est François Hollande qui, dans la dernière nuit, assure lui-même les ultimes arbitrages, un peu à la façon d'un joueur de bonneteau. Il retire un NPS ici, en remonte un ailleurs, troque l'un avec l'autre… « Il nous embrouille tous, raconte Benoît Hamon : “Là non, je ne peux pas, tu comprends c'est la région de X…, là-bas c'est eux qui ne veulent pas… Je t'avais dit cela, moi ? Je ne m'en souviens pas…” » Le NPS qui n'a aucun leader régional place beaucoup de jeunes et de femmes. Globalement la parité est respectée et la moyenne d'âge chute avec un tiers de candidats qui n'ont jamais exercé auparavant de mandat électif.

L'engagement avait été pris à Dijon d'assurer une forte représentation des Français d'origine étrangère. Il est tenu. Quelques éléphants comme Laurent Fabius ou Jack Lang y veillent. Le PS a beaucoup de retard : il n'a qu'un seul conseiller régional sortant pour représenter ces populations et le gouvernement Raffarin lui a infligé une humiliante leçon en nommant ministres Tokia Saïfi et Hamlaoui Mekachera. Finalement une trentaine de conseillers régionaux de gauche seront issus de l'immigration, dont vingt-trois pour le PS.

Dans les régions, il n'est pas toujours facile de mettre en œuvre les instructions de la Rue de Solférino. Des leaders locaux s'affrontent. Le Doubs propose une première liste avec huit enseignants pour dix postes ! D'autres départements ne trouvent pas de jeunes d'origine étrangère… Heureusement beaucoup d'élus refusent des places car ils pensent être en position inéligible. Ils s'en mordront les doigts. D'autres en profitent, comme ce maire d'une commune d'une centaine d'habitants de Loire-Atlantique, contrôleur aérien de son état et qui va se retrouver vice-président du conseil régional, chargé du nouvel aéroport de Nantes !

François Hollande n'a cessé de le répéter pendant l'été : le PS sera le parti de l'union de toute la gauche dès le premier tour. Il se charge lui-même de négocier l'accord avec les radicaux de gauche. « C'est à la fois difficile et simple de discuter avec Hollande, témoigne Jean-François Baylet, difficile car il ne lâche pas facilement, mais simple parce qu'il dit clairement ce qu'il peut faire, et le respecte. Alors que Jospin disait non à tout, et que Fabius disait oui à tout mais n'en tenait pas compte après. » Avec les Verts un accord est conclu en décembre. François Hollande le qualifie d'historique. Quelques socialistes craignent que le Parti communiste ne soit plus l'allié privilégié. Le PS fait finalement des listes communes dès le premier tour avec les Verts dans douze régions et avec les communistes dans quatorze. L'ex-gauche plurielle est ressuscitée le temps de quelques meetings auxquels sont invités Robert Hue et Dominique Voynet. En revanche Raymond Forni en Franche-Comté claque la porte à Jean-Pierre Chevènement.

Quelques grands féodaux entendaient mener seuls leurs tambouilles électorales. « Laissez-nous faire, nous connaissons notre région, chacun chez soi et les électeurs seront bien gardés ! » Le premier secrétaire met le holà : il veut au contraire nationaliser le scrutin pour donner aux Français l'occasion de sanctionner un gouvernement impopulaire. Chômage, pouvoir d'achat, retraite, baisse d'impôt pour les plus favorisés, fermeture de bureaux de Poste, et volonté de nombreux électeurs de gauche de se racheter de leur vote d'humeur ou de leur abstention du 21 avril : les motifs pour drainer les bulletins vers les listes socialistes ne manquent pas. « Les Français, affirme Jack

Lang au *Monde*, auront une chance unique d'exprimer leur ras-le-bol par un non franc et clair. » Jean-Pierre Raffarin s'efforce au contraire de nier toute valeur de test national à ces élections : « Les électeurs savent que les régionales c'est pour la région, il sera difficile d'en tirer des leçons nationales », insiste-t-il dans un entretien à *Sud-Ouest*, le 5 janvier... Tout en annonçant la semaine suivante qu'il se rendra dans la quasi-totalité des régions.

Pour conforter la dimension nationale du scrutin et l'idée d'une alternance au niveau local, le PS adopte un « contrat socialiste pour les régions et les départements », avec une série de priorités à mettre en œuvre partout où la gauche l'emportera : cent mille « emplois tremplin », qui rappellent les emplois jeunes du gouvernement Jospin supprimés par la droite, mais que les Français retiennent comme l'une des principales réussites de la gauche ; la gratuité des livres scolaires dans les lycées et de la « boîte à outils » dans les LEP ; la mise à disposition de chaque collégien en classe de troisième d'un ordinateur personnel ; la formation d'aides à domicile ; la création d'un passeport culture ou le financement de la licence sportive ; la mise en place d'une carte régionale des transports. D'autres dispositions, plus générales, concernent des sujets sensibles, comme le logement avec la possibilité de préempter des terrains pour construire des immeubles sociaux, ou les délocalisations avec les aides aux entreprises conditionnées à des engagements précis en matière d'emploi et de formation : un retour aux fondamentaux de la gauche que les candidats vont décliner dans chacune de leurs régions.

Certains, comme Georges Frêche en Languedoc-Roussillon, mènent une campagne très locale, sans leader « parisien ». Ségolène Royal en Poitou-Charentes n'invite que son compagnon de premier secrétaire, François Hollande, qui glisse un conseil personnel aux Picto-Charentais : « Quand on a la chance de rencontrer Ségolène, on la garde ! » Ségolène Royal a lancé dès le printemps 2003 une campagne axée sur la démocratie participative, afin de ramener vers les urnes les abstentionnistes. Envois de questionnaires, organisation de forums dans les villes, les quartiers ou les campagnes, sur l'emploi, l'environnement, l'aménagement du territoire ; restitution des doléances et des propositions sous forme de projets participatifs : la « Parisienne », comme la qualifient les notables de droite qui tiennent les quatre départements, ou la « dame de pique », selon Jean-Pierre Raffarin, laboure son territoire et prépare le dynamitage du fief du Premier ministre. Dans la région voisine des Pays de Loire, le maire de La Roche-sur-Yon, en Vendée, Jacques Auxiette, est bien placé pour savoir qu'en terre de mission il faut serrer les rangs. Il joue l'union de toute la gauche avec une équipe de « syndic des maires » socialistes de la région. Il cible son adversaire, François Fillon, comme le « ministre du chômage et l'insécurité sociale » qui ne pourra pas siéger comme président de la région. En Picardie le maire de Clermont, Claude Gewerc, démarre sa campagne avec un taux de notoriété de 7 %, très loin derrière le leader de la liste communiste Maxime Gremetz et surtout de Gilles de Robien connu de 90 % des électeurs. Mais le ministre — c'est déjà un handicap — se lance très tard dans la bataille, quand son adversaire socialiste « mène une campagne de fou » depuis des mois. Gilles de Robien multiplie les faux pas : il prend sur sa liste l'ex-miss France Élodie Gossuin (on parle d'elle, et plus de lui), il annonce une option chasse au bac, ce qui fait rigoler même les chasseurs de la baie de Somme. En Île-de-France, le discret Jean-Paul Huchon mise sur le quotidien et le terrain. Rencontre des Franciliens sur les quais de gare à 6 heures du matin, interviews aux petits journaux, aux radios locales, à France 3 Régions, quand son adversaire le ministre Copé (surnommé Jean-François coopté !) squatte les médias nationaux et met en avant Nicolas Sarkozy.

Mais, admet le secrétaire aux élections Bruno Le Roux, « le premier moteur de la campagne, c'est de cogner le gouvernement ». Un gouvernement de plus en plus contesté : les avocats manifestent en robe contre la loi Perben 2 ; les intellectuels « acteurs du savoir, de la recherche, de la pensée, du lien social… » lancent le 18 février avec l'hebdomadaire *Les Inrockuptibles* « L'appel contre la guerre à l'intelligence ». Patrick Devedjian peut brocarder les intellectuels qui en France signent des pétitions alors qu'aux États-Unis ils sont prix Nobel, le doute s'installe. Les intermittents du spectacle continuent de perturber les manifestations culturelles, comme les cérémonies des Césars, en direct à la télévision. Plus grave, la révolte des chercheurs. Le collectif Sauvons la recherche recueille des dizaines de milliers de signatures dans tous les laboratoires et les universités. Le 9 mars, 2 000 directeurs démissionnent de leur fonction administrative. Le symbole est ravageur pour le gouvernement : les Français n'attendent peut-être pas de la droite des mesures sociales, mais qu'elle assure au moins l'avenir du pays.

Les leaders socialistes enfoncent le clou : « Seule une défaite électorale du gouvernement Raffarin peut peser sur la politique… L'outil c'est le vote PS », proclame Laurent Fabius. Dans les dernières semaines, le PS multiplie les appels au vote utile. Longtemps le pronostic est resté réservé. La gauche avait des visées sur quatre ou cinq régions : le Languedoc-Roussillon, le Poitou-Charentes, la Bretagne et la Bourgogne. Mais elle risquait de perdre l'Île-de-France, PACA et l'Aquitaine. « Les résultats seront confus et contradictoires, il n'y aura ni gagnant ni perdant », assurait à quelques semaines du scrutin le ministre Patrick Devedjian. Prudent, François Hollande estimait que conquérir une région supplémentaire, en plus des huit déjà gérées par la gauche, serait une victoire. Les sondeurs, en retard d'une élection, annonçaient deux vainqueurs, l'abstention et l'extrême droite, et les journalistes politiques attendaient une surprise des UDF François Bayrou en Aquitaine et André Santini en Île-de-France. Mais au fil des semaines, l'optimisme grandit au PS. Le pointeur François Rebsamen espère à quelques jours du scrutin le gain net de quatre régions. La victoire inattendue du socialiste José-Luis Zapatero en Espagne apparaît comme un heureux présage. « Nous ne sommes plus dans le camp des perdants, ça rejaillit forcément un peu sur nous », se réjouit Jack Lang, tandis que François Hollande se rêve déjà en Zapatero français.

Le premier tour est une divine surprise. François Hollande gagne son pari : « le PS a été l'instrument de la sanction contre le gouvernement ». Le 21 mars 2004 corrige le 21 avril 2002. Avec plus de 40 % des suffrages contre 35 % pour la droite, la gauche dépasse ses scores des précédents scrutins du même type. Elle progresse partout et arrive en tête dans les huit régions qu'elle dirigeait, mais aussi là où personne ne l'attendait : en Lorraine, en Franche-Comté, en Rhône-Alpes, ou dans les Pays de Loire. Les experts entrevoient six ou sept régions prêtes à tomber dans l'escarcelle du PS, qui pourrait en revanche perdre l'Île-de-France.

La gauche a le triomphe modeste. Elle affiche son unité dans la diversité lors d'un déjeuner réunissant à Saint-Ouen les représentants de toutes ses composantes. Mais la photo est écornée en Midi-Pyrénées où Martin Malvy renonce à fusionner sa liste avec les Verts, et en Champagne-Ardenne où Jean-Paul Bachy paraît renoncer à tout espoir de victoire en échouant lui aussi à trouver un accord avec les écologistes.

Le 28 mars est un raz-de-marée, « un 21 avril à l'envers » comme le reconnaît François Fillon sur le plateau de TF1 (Jacques Chirac lui reprochera l'expression qui fait florès). La France se colore en rose. La gauche l'emporte dans toutes les régions, y compris de l'outre-mer, à l'exception de l'Alsace et de la Corse qui, malgré une majorité de gauche, sera gouvernée par la droite. Quinze ans auparavant elle ne dirigeait que deux régions. Entre les deux tours, la gauche a progressé de dix points grâce à trois millions de voix supplémentaires, notamment dans les quartiers, et elle dépasse pour la première fois depuis quinze ans la barre des 50 % des suffrages exprimés. Dans ses fiefs, y compris en PACA, elle arrive avec 10 points d'avance. Il n'y a pas eu d'effet Sarkozy, même en Île-de-France où son nom apparaissait en plus gros sur les bulletins que celui de Jean-François Copé. En Midi-Pyrénées, Martin Malvy devance l'UMP de 27 points… Inimaginables, les victoires en Basse-Normandie, Champagne-Ardenne et Pays de Loire. « L'ambiance à l'hôtel de région de Nantes était incroyable, se souvient un élu, vers 22 heures les caméras et les micros se sont tournés vers nous, mais les journalistes ne nous connaissaient pas, nous demandaient qui on était. En face, les jeunes militants de droite étaient scandalisés : "C'est pas possible, ils ne vont jamais pouvoir gérer"… » Ségolène Royal, rayonnante dans les journaux de 20 heures en direct de Poitiers, incarne la victoire. La « Zapatera » a terrassé chez lui le Premier ministre.

Les élections cantonales viennent parfaire la vague rose, avec le gain de dix départements, comme la Loire-Atlantique, l'Ille-et-Vilaine, l'Oise ou la Seine-et-Marne. Pour la première fois de son histoire, la gauche détient la majorité des conseils généraux. Un maillage territorial aussi important dans la perspective de la présidentielle de 2007 que l'avait été celui des municipales de 1977 pour l'élection de François Mitterrand en 1981.

François Hollande a gagné son bâton de maréchal. Certains de ses rivaux ont du mal, le 28 mars au soir, à cacher leur déception dans une soirée où le champagne coule à flots rue de Solférino : c'est du moins ce qu'affirment les hollandais. Mais le premier secrétaire prépare déjà la deuxième manche avec les élections européennes, souvent peu favorables aux socialistes.

Jacques Chirac donne un coup de main à la gauche en maintenant contre toute attente Jean-Pierre Raffarin à Matignon. « Ce n'est plus une erreur, c'est une faute », constate François Hollande. Laurent Fabius dénonce un chef de l'État « sourd au message clair que lui ont adressé les Français ». Jean-Marc

Ayrault parle même de « bras d'honneur ». Qui est plus est, Jean-Pierre Raffarin est confirmé, et en même temps désavoué et fragilisé par le Président qui annonce la suspension de la réforme de l'allocation spécifique de solidarité pour les chômeurs en fin de droits, le réexamen des revendications des chercheurs, et une révision de la réforme des intermittents. À côté d'une Europe plus sociale, François Hollande tient son deuxième thème de campagne : le départ de Jean-Pierre Raffarin : « Oui à l'Europe sociale, non à Raffarin », schématise Laurent Fabius.

Sur l'Europe, le premier secrétaire se met d'accord avec les minoritaires du Nouveau Monde et du NPS pour que la future Constitution qui divise déjà les socialistes soit laissée de côté. Les chefs d'État et de gouvernement signeront pourtant le texte cinq jours après le scrutin européen, mais on ne parle pas de ce qui fâche ! Pour obtenir ce consensus, François Hollande lâche beaucoup à son opposition. Lors du Conseil national du 17 avril, Gérard Filoche, qui négocie la plate-forme pour le NPS, arrache en commission le Smic européen, une proposition pour le moins audacieuse quand l'écart du salaire minimum est de 1 à 3 entre le Portugal et le Luxembourg. Harlem Désir refuse au nom de la majorité les 35 heures dans toute l'Europe : une majorité des vingt-cinq pays de l'Union y est hostile. Gérard Filoche repose la question en assemblée plénière, soulignant qu'elle figurait déjà dans le programme du PS pour les élections de 1999. Surprise : François Hollande les accepte, contredisant le malheureux Désir. « J'étais obligé de calmer Filoche qui en rajoutait sans cesse, témoigne son chef de file du NPS Vincent Peillon, François Hollande disait oui à tout, trop heureux qu'on ne l'ennuie pas avec la Constitution et qu'il puisse placer ses amis aux postes éligibles. » Le premier secrétaire s'occupe personnellement, jusqu'à 4 heures du matin, de la constitution des listes. Avec maestria ! Michel Rocard passe de l'Île-de-France au grand Sud-Est, Gilles Savary du Sud-

Ouest à l'Île-de-France, Kader Arif, Français issu de l'immigration et proche de Lionel Jospin, conduit la liste dans le grand Sud-Ouest. Deux secrétaires fédéraux qui avaient rejoint la majorité, Robert Navarro et Guy Bono, sont en place éligible. « C'est la méthode Hollande : tu m'as fait premier secrétaire, je te fais député ! » grince Arnaud Montebourg. Le NPS Peillon, le strauss-kahnien Moscovici, le fabiusien Weber sont casés. En revanche, faute de soutien dans le parti, le populaire Bernard Kouchner et l'excellent député sortant Olivier Duhamel restent sur le carreau.

Le NPS, le Nouveau Monde et Marc Dolez ont néanmoins pris date sur leur opposition farouche à la « Constitution Giscard ». Le 10 avril, 1 500 militants réunis à Paris réclament que le prochain Parlement européen soit une assemblée constituante pour renégocier la convention, qualifiée par une oratrice de culture mitterrandienne de « coup d'État libéral permanent ». Gérard Filoche surfe sur l'euphorie du meeting et appelle à la réunion des trois courants minoritaires. Il est longuement ovationné… Mais on en reste là.

La campagne ne semble pas passionner les foules. Les journaux télévisés ne lui consacrent que peu de place. Le PS réussit toutefois quelques beaux meetings à Paris, Toulouse avec la nouvelle star Zapatero, et un final à Rezé dans la banlieue nantaise.

Le 13 juin le Parti socialiste bat, avec près de 29 % des suffrages, un nouveau record, cette fois pour une élection européenne. L'UMP est 12 points derrière et ne précède l'UDF que de 2 points. Jean-Pierre Raffarin se tait, son unique communiqué le dimanche soir félicite l'équipe de France de football qui rencontrait l'Angleterre ! François Hollande s'adresse directement au président de la République pour qu'« il écoute ce que disent les électeurs et qu'il prenne ses responsabilités ». Le Parti socialiste a battu la droite, réduit les Verts qui reculent de

2 points, et renvoyé l'extrême gauche dans sa marginalité : l'alliance LCR-LO ne recueille que 2,5 % des voix, quatre fois moins que les scores de leurs deux candidats le 21 avril. Le PS est redevenu la force motrice de la gauche.

« Je ne sais pas qui a gagné la bataille mais je sais qui l'aurait perdue » : François Hollande pourrait reprendre à son compte la formule du maréchal Joffre. Si nombre d'éléphants attendaient qu'il trébuche sur l'obstacle, lui a eu l'intuition que les élections régionales, cantonales et européennes, étaient gagnables et qu'elles constitueraient le socle d'une situation politique nouvelle. Il a été plus que d'autres en première ligne dans la campagne. Il en récolte les lauriers. Celui que Laurent Fabius appelait avec un peu de mépris « Monsieur petite blague », en référence à son humour, apparaît désormais plus sûr de lui, plus combatif. « Il a changé presque physiquement, témoigne Malek Boutih, les victoires électorales l'ont renouvelé. »

Pourtant les Français connaissent mal François Hollande. Il n'a pas l'autorité que confère le passage dans un grand ministère. Porte-parole puis premier secrétaire du PS, il souffre de l'image négative de l'apparatchik, voire du roquet qui inlassablement dénigre le gouvernement. Réaliste et rationnel, il n'a pas l'emphase et l'aptitude à faire rêver ou à émouvoir, qui valent à d'autres de caracoler en tête des sondages de popularité. Les Français ignorent même la première qualité que tous ceux qui l'ont rencontré lui reconnaissent : François Hollande est éminemment sympathique. Mieux, pour un politique : il est normal ! « Il n'est pas dans la pathologie du pouvoir », affirme Anne Hidalgo. Toujours de bonne humeur, charmant et drôle, les responsabilités ne l'ont pas changé : il est accessible et chaleureux, au point de sembler copain avec tout le monde. Mais sans arrière-pensées. « Il est presque parvenu à introduire au PS des éléments qui lui sont étrangers, la gentillesse et la camaraderie », remarque malicieusement Daniel Percheron.

François Hollande est un incorrigible optimiste, confiant dans sa bonne étoile et dans son talent : il faut le voir écrire au dernier moment son discours sur un bout de table, dans le bruit et l'agitation d'un congrès ! Ses anciens élèves, et aujourd'hui collaborateurs du premier cercle, Éric Besson et Gaëtan Gorce, ont gardé un souvenir ému du jeune maître de conférences d'économie. « Pédagogue et immensément drôle : les étudiants étaient sous le charme », se souvient Éric Besson. Ses amis le confirment : c'est le copain idéal, bon vivant (gourmand comme un chat pour les desserts au chocolat), et fidèle en amitié. Son anniversaire le 12 août est l'occasion d'un gueuleton avec les intimes Jean-Pierre Mignard, avocat, Jean-Pierre Jouyet et Jean-Maurice Ripert, les anciens camarades de l'ENA aujourd'hui diplomates, et Paul Boury, un communicant.

François Hollande s'intéresse aux autres, leur pose des tas de questions, mais lui ne se livre pas et laisse rarement affleurer un état d'âme. « C'est un vrai gentil, il peut être sévère sur les idées ou l'action d'un adversaire, mais je ne l'ai jamais entendu attaquer la personne », assure Jean-Pierre Mignard.

François et Ségolène sont très « famille » : ils passent le dimanche avec leurs quatre enfants à Paris, et les vacances dans leur maison de Mougins, ou quelquefois en voyage : Paul Boury se souvient avoir rencontré par hasard le leader socialiste faisant la queue pour prendre un charter à 6 heures du matin dans la bousculade de l'aéroport de Louxor en Égypte : souriant, blaguant avec les autres touristes…

Le premier secrétaire du PS a les plaisirs de monsieur tout le monde : il adore le sport, notamment le football — il emmène les enfants voir le PSG — et le cyclisme, comme son maître à penser Jacques Delors. Il lit peu de romans, mais des ouvrages d'histoire ou des essais. Il va au cinéma et au théâtre. François Hollande ne recherche pas l'amitié des politiques (sauf Julien Dray qu'il voit tous les étés) mais il rencontre des personnalités du monde de la culture ou de l'économie : du metteur en scène

Bernard Murat au président de la Caisse des dépôts Francis Mayer, en passant par le sociologue Emmanuel Todd. En général le courant passe : François Hollande est curieux. Il s'intéresse à tout... Mais d'abord à la politique. C'est un « accro », un drogué de l'actualité : même en vacances il achète les journaux dès le matin, qu'il dévore ensuite au bord de la piscine. Le reste de l'année il est à l'affût de la moindre dépêche d'agence, qu'il soit en réunion, en Bureau national ou dans sa voiture. François Hollande a été journaliste au *Matin de Paris* dans les années 80. Il en a gardé la passion du « news » et le goût de la réactivité. Parfois avec excès : la pression de l'actualité ne favorise pas la lisibilité de la ligne politique. « On pense au mieux à huit jours avec le BN et les questions au gouvernement, c'est une sorte de zapping qui empêche de regarder l'horizon », regrette le NPS Christian Paul. « On gère dans les vingt-quatre heures, en évitant de prendre des risques », confirme Patrick Bloche.

Le premier secrétaire est doté d'une belle intelligence politique. « Nous l'avons sous-estimé, reconnaît Jean-Luc Mélenchon, il a de l'intuition, il sent les situations, et mesure les rapports de force, comprend au quart de seconde et a comme Lionel Jospin la force de faire des choses simples ! » C'est cette intelligence politique qui lui a permis d'asseoir son autorité sur le parti, alors qu'il n'avait ni la légitimité d'un François Mitterrand, ni le bagage idéologique d'un Lionel Jospin, ni la hargne de Laurent Fabius. François Hollande a souvent un coup d'avance. Dans les années 80 avec quelques amis il crée au PS les « transcourants » qui, horreur, rassemblent des mitterrandistes, des rocardiens et des deloristes. Il agrège ainsi la première et la deuxième gauche, préfigurant le bloc des jospino-rocardiens qui lui assurent aujourd'hui sa majorité. Peu après, lui, le laïc jacobin, devient président du Club Témoin qui réunit les amis de Jacques Delors : il fait sa révolution européenne. Enfin en 1997, quand tous les socialistes trépignent à la porte du gouvernement, il renonce à un ministère pour devenir premier secrétaire du parti, un poste ingrat mais qu'il occupe toujours quand les autres éléphants se sont retrouvés en déshérence le soir du 21 avril. « J'ai conduit Guy Mollet, François Mitterrand, Lionel Jospin et les autres, François Hollande est le meilleur de tous », raconte un jour tout sourire Armand, le chauffeur des premiers secrétaires qui à ce titre en a beaucoup entendu dans la voiture. François Hollande, chacun en convient, est habile. Comme François Mitterrand, il sait donner du temps au temps, repousser les dossiers trop sensibles, et jouer des oppositions et des contradictions des uns et des autres. Redoutable tacticien, il s'appuie tantôt sur Fabius tantôt sur Strauss-Kahn, favorise un jour Lang, l'autre Aubry, et s'arrange pour ne se mettre personne à dos dont il pourra avoir besoin un jour. « Et pourquoi ne serait-il pas habile ? interroge l'avocat Jean-Pierre Mignard, l'un de ses plus proches amis. Comme Pierre Mendès France il pense qu'on ne doit pas mentir en politique en promettant ce qu'on ne peut pas tenir, mais comme François Mitterrand il considère également que l'habileté est utile en politique : on peut être honnête et habile ! »

Habileté suprême ? François Hollande est l'homme du rassemblement, de la synthèse. Il n'a pas à se forcer, le consensus est sa nature profonde. Il n'aime pas les conflits, ne goûte pas les sanctions, et n'est même pas coléreux : c'est son côté « radsoc » que la Corrèze a peut-être renforcé dans un parti où perdure la culture de l'affrontement : « Contrairement à nous, radicaux, explique Jean-Michel Baylet, les socialistes sont au fond d'accord sur tout, mais ils ne s'entendent sur rien ! » François Hollande est celui par qui l'improbable synthèse arrive. « Il a un talent particulier pour débusquer le compromis, explique la secrétaire nationale Béatrice Marre, quand tout le monde s'écharpe sur un texte, il écoute, prend en compte les opinions, jauge les rapports de force, négocie avec les uns et les autres et aboutit, en utilisant les ressources de la langue française, à la formulation, au mot juste, qui fait consensus. » Un travail d'artiste. « On sort toujours très heureux du bureau de François Hollande, avec le sentiment d'avoir gagné… jusqu'à la réunion suivante où l'on s'aperçoit que l'on n'avait pas compris la même chose ! » ajoute le député François Lamy.

« Le PS fait plus de synthèses que de thèses », raille le NPS. Faute de fond, les compromis sont souvent flous et ne tiennent pas la distance. Car François Hollande n'aime pas trancher. Il laisse deux secrétaires nationaux, Adeline Hazan et Malek Boutih, phosphorer chacun de leur côté sur la toxicomanie, plutôt que de décider à qui revient le dossier. Il commande des rapports, sur l'immigration, l'euthanasie, qui dorment sur les étagères pour ne pas susciter de polémiques. Synthèse, compromis, rassemblement : François Hollande serait davantage l'homme du consensus que celui des convictions. « Je travaille avec lui depuis des années, et je ne sais toujours pas ce qu'il pense », dit un secrétaire national. « Il n'est pas très structuré sur les idées, ne cherche pas à comprendre la société », ajoute un second. « François Hollande est un formidable tacticien, intelligent, instinctif, mais ce n'est pas un défricheur, il n'a pas de vision de l'avenir », complète Pierre Moscovici. Le premier secrétaire naviguerait à vue, sans cap véritable sinon pour éviter les écueils, en s'appuyant tantôt sur l'un tantôt sur l'autre. Il ne se dit pas « quel projet je veux faire passer », mais « où est le point d'équilibre entre ceux qui m'entourent », explique Marisol Touraine. Comme d'autres secrétaires nationaux, elle a vécu l'expérience amère d'un lynchage devant le Bureau national. Son texte sur les retraites avait été validé par le premier secrétaire, mais quand Manuel Valls ou Gérard Filoche s'y sont opposés, le même premier secrétaire n'est pas intervenu, et le texte a été remisé.

François Hollande a ses défenseurs qui décrivent un homme authentiquement de gauche, qui croit à la régulation de l'État, à la redistribution par la fiscalité, au rôle des services publics. Fondamentalement un social-démocrate, partisan de l'union de la gauche. « Il n'a aucun éblouissement pour le capitalisme, résume Jean-Pierre Mignard, et se méfie autant des socialistes libéraux qui cèdent trop aux sirènes du marché, que des partisans d'une rupture qui rime avec imposture : "les rupteurs on les connaît, dit-il, ça finit toujours au gouvernement". » Les discours convenus et la logomachie pseudo-révolutionnaire l'agacent au plus haut point. Les débats de fond ne le passionnent pas : « Ce n'est pas un idéologue, il n'a pas de prêt-à-penser », confirme Malek Boutih. François Hollande serait plutôt un pragmatique, mais paradoxalement handicapé par une inclination à la conceptualisation, quand il tente de définir un réformisme de gauche ou une gauche durable.

Le Parti socialiste semble en panne d'idée. *Les Guignols* de Canal Plus brocardent ses dirigeants bronzant sur des chaises longues, lunettes de soleil sur le nez. Incriminer le seul premier secrétaire serait injuste. Mais il porte nécessairement une part de responsabilité. Le secrétariat national et le Bureau national du PS produisent beaucoup de papiers. Peut-être même trop. Pour l'essentiel des réactions à l'actualité, des rapports ou des notes au ton souvent conformiste et qui ne font pas l'objet de véritables débats dans le parti et encore moins dans le pays. Le Bureau national, composé d'une soixantaine de membres représentant toutes les sensibilités du parti, se réunit tous les mardis. Il fonctionne mal. « J'y emporte du courrier pour ne pas perdre mon temps », lâche désabusé un élu. Les jeux de rôles le stérilisent. Chaque courant surveille l'autre et les interventions pourraient souvent être écrites à l'avance tant on connaît les postures. L'examen des questions d'actualité et la vie du parti ne laissent guère de temps pour une discussion approfondie sur les textes que les membres du BN découvrent souvent pendant la réunion. Au mieux peuvent-ils les amender à la marge. Ainsi pour un rapport fouillé sur la formation professionnelle présenté par Clotilde Valter à l'automne 2003. Le sujet est d'importance, mais il tombe un jour de forte actualité, et alors que se négocient les investitures pour les élections européennes dans les Dom-Tom. Le rapport est adopté sans avoir été débattu. Rares sont les confrontations intéressantes. Comme le raconte un élu parisien : « entre Marie-Noëlle Lienemann et Malek Boutih qui interviennent à tout propos, Jean-Christophe Cambadélis qui nous gratifie de ses analyses et ceux qui s'écoutent parler pour figurer dans le compte rendu écrit… Nous n'avons pas vraiment le sentiment d'avancer ».

Le secrétariat national joue le rôle de gouvernement du PS. Comme au BN les débats y sont souvent instrumentalisés, en fonction des courants et des conflits de pouvoir. Chacun travaille dans son coin : Éric Besson, André Vallini, Alain Bergounioux, Claude Roiron… Mais faute d'une réflexion collective, les socialistes ne répondent pas aux interrogations de la société française sur les retraites, le système de santé, l'école, le fonctionnement de l'État, etc. Le PS n'a plus de groupes d'experts. Il n'organise plus de convention sur les grands sujets qui font débat : libéralisme et économie de marché, bienfaits et méfaits de la mondialisation, politique de l'immigration… Résultat : ce travail sur les idées se fait hors du parti, dans les clubs et les cercles des présidentiables, Fabius, Strauss-Kahn, Aubry, Lang.

Le mode de fonctionnement du premier secrétaire ne fait pas l'unanimité. Il a ses défenseurs : Bruno Le Roux perçoit chez lui les trois qualités d'un dirigeant de parti : l'intelligence, le relationnel et le sens politique. « Il a la politique chaleureuse », confirme Éric Besson. Il aime être en groupe, bavarder, rire, et sait mieux que quiconque instaurer une relation de complicité et de cordialité avec ses interlocuteurs. Mais il ne faut pas s'y tromper : il n'accorde pas facilement sa confiance, et fait toujours appel aux mêmes : ceux qu'il juge fiables, travailleurs, et dotés de sens politique. La politique est pour lui un métier et non une affaire d'amateur. Avec les autres, il reste souriant et fuit les confrontations. Elles ne servent à rien, sinon à figer les blessures ou les humiliations. François Hollande ne rompt jamais totalement : ce n'est pas dans son tempérament, et qui sait de quoi demain sera fait… L'humour est l'une de ses armes privilégiées. Il le manie dans toutes ses facettes : la repartie fulgurante, le contre-pied, la litote, la bonne blague. Il s'en sert pour calmer le jeu, faire passer un message ou l'air de rien régler un compte (même s'il ne résiste pas non plus au simple plaisir du bon mot). L'ancien président de Polynésie Gaston Flosse porte plainte en diffamation contre *Le Figaro* et Laurent Fabius puis ne demande qu'au second des dommages et intérêts : « Normal, pouffe François Hollande en présence de son numéro deux, il se tourne vers le plus riche ! » Une façon de signifier que Laurent Fabius ne l'impressionne pas.

Ils sont une dizaine auxquels François Hollande accorde réellement sa confiance. C'est la bande des hollandais, devenus ses préfets au secrétariat national, ce qui en agace plus d'un.

— François Rebsamen, maire de Dijon, est chargé des fédérations depuis le congrès dans sa ville. Physique de séducteur, caractère enjoué, et passé par le trotskisme, c'est l'homme des réseaux et le spécialiste de la carte électorale. « Défroqué » du fabiusisme, il surveille l'action du numéro deux du PS auprès des élus.

— Stéphane Le Foll, directeur de cabinet et responsable de la coordination, est le plus proche collaborateur du premier secrétaire depuis 1997. En 1995, il avait organisé avec Daniel Vaillant la campagne interne qui avait conduit au choix de Lionel Jospin comme candidat à la présidentielle. Depuis il mène toutes les batailles et, selon ses détracteurs, monte tous les coups pour François Hollande.

— Bruno Le Roux est en charge des élections. Comme c'est aussi un grand connaisseur des questions de sécurité, il est un peu le ministre de l'Intérieur du PS.

— Éric Besson : l'ancien élève de François Hollande est devenu l'un de ses plus chauds partisans. Calme, réfléchi, affectif, il travaille sur les dossiers économiques et l'emploi.

— André Vallini, député de l'Isère, dynamique jusqu'à la fougue, s'occupe des institutions et de la justice. Il deviendra président de la commission d'enquête parlementaire sur l'affaire d'Outreau.

— Julien Dray tient un rôle un peu différent. Fondateur et animateur de la Gauche socialiste dans les années 90, il n'a rallié François Hollande qu'au congrès de Dijon. Mais c'est un ami du premier secrétaire auquel il apporte ses idées et sa stratégie, parfois compliquée.

— Malek Boutih est arrivé dans ce premier cercle dans le sillage de Julien Dray. François Hollande l'apprécie pour sa personnalité et ses talents médiatiques.

C'est avec ses « gardes roses » que le premier secrétaire parle politique les mardis matin avant le secrétariat national ou le soir après le BN. C'est à eux qu'il se livre et fait parfois son autocritique avant de conclure par une pirouette : on ne se refait pas...

Un deuxième cercle rassemble des personnalités qui jouent un rôle important dans le fonctionnement du parti. Jean-Marc Ayrault, le président du groupe à l'Assemblée, qui avec son collègue du Sénat Jean-Pierre Bel rencontre le premier secrétaire dans une réunion particulière le mardi matin ; Daniel Vaillant pièce maîtresse dans la préparation des congrès et les relations avec les autres forces de gauche ; Clotilde Valter qui travaille sur les textes et les motions...

François Hollande aime fonctionner avec ses petits cercles qui parfois s'entrecoupent et dont les contours bougent. Il en crée chaque fois que le besoin s'en fait sentir, par exemple pour préparer les universités de La Rochelle.

Depuis l'automne 2003, le premier secrétaire déjeune avec une quinzaine de ses proches au moins un mardi sur deux. Plusieurs, comme Clotilde Valter ou Anne Hidalgo, souhaiteraient que les hollandais s'organisent sinon en courant, du moins en réseaux, avec leurs groupes d'experts et leurs relais structurés dans le parti. Mais François Hollande s'y refuse. Il préfère incarner le rassemblement des socialistes et s'appuyer sur les militants contre les éléphants, ou jouer de leurs rivalités.

Le premier secrétaire respecte les minoritaires, mais ne perd jamais de vue les intérêts de son camp. « Sa gestion du parti, en apparence débonnaire, est en réalité assez implacable et excluante », s'agace le NPS Christian Paul. Quand les fabiusiens partent sur le non au référendum, François Hollande remplace Claude Bartolone comme responsable de l'Hebdo des socialistes par un triumvirat représentant les trois sensibilités de la majorité du oui : Dray pour les hollandais, Cambadélis pour les strauss-kahniens, Lamy pour les aubrystes. Comme toujours le triumvirat s'efface au profit d'un seul homme : c'est Julien Dray.

Les hollandais portent une attention toute particulière aux grosses fédérations, les Bouches-du-Rhône, l'Hérault, le Nord et le Pas-de-Calais, qui avec leurs paquets de mandats font la différence lors des congrès. Le NPS ne se prive pas de dénoncer une gestion « molletiste » du parti. « Hollande, Rebsamen, Le Foll, c'est toute la journée : il faut appeler la fédération de…, la section de…, tel conseiller général… » s'insurge Vincent Peillon. « Absurde, réplique Kader Arif, secrétaire fédéral de la Haute-Garonne. La réalité est que François connaît parfaitement le parti, ses respirations, ses réalités locales, ses rapports de force, et qu'il entretient une relation personnelle avec les militants. » Et ces derniers le lui rendent bien : « Ils le reconnaissent comme l'un des leurs et non pas comme un éléphant », assure Marylise Lebranchu. « Il leur ressemble avec sa simplicité, ses petits costumes foncés et ses chemises blanches », embraye Gérard Le Gall. Il faut avoir suivi François Hollande dans une fête de la Rose, aller au-devant des adhérents et discuter naturellement avec eux, avoir toujours une repartie, ou la petite plaisanterie à glisser. Son discours est apprécié. C'est un opposant dur, qui ne mâche pas ses mots mais qui ne dérape pas. À la tribune, c'est un excellent orateur : il parle clair, sait dialoguer avec une salle ou l'enflammer. En revanche il lui reste des progrès à accomplir à la télévision : sur son look « un peu noceur » selon un conseiller en communication, et son élocution trop rapide, sans la modulation ni la gravité pourtant indispensables pour délivrer un message. Plus généralement son discours est trop institutionnel, et insuffisamment concret. Être trop rationnel fait perdre en capacité d'indignation. « Face à une grande injustice il faut commencer par dire que c'est inacceptable avant d'entrer dans les explications », observe Anne Hidalgo. « Sa pensée est arrondie, il ne sait pas exprimer la hargne des gens », regrette Gérard Filoche. Des défauts qui valent au leader socialiste une image un peu floue ainsi qu'une flopée de surnoms peu flatteurs : « Flanby », « Chamallow », « Hollandou »...

Mais voilà que l'occasion s'offre à lui d'affirmer son autorité. Cinq jours après les élections européennes, les chefs d'État et de gouvernement adoptent un traité constitutionnel. On reproche au premier secrétaire son manque de conviction et son goût immodéré du consensus. Il va prouver le contraire en déclenchant un référendum interne sur un sujet qui engage l'avenir de la France, en prenant la tête du oui alors que le non semble majoritaire, enfin en affichant clairement son ambition présidentielle. C'est un véritable coup de force qu'opère Monsieur petite blague. Il n'est pas sans risque. D'une part la procédure référendaire n'appartient pas à la culture socialiste, où l'on adore débattre et amender les textes pour déboucher sur un compromis plutôt que de répondre de façon binaire par oui ou par non. D'autre part l'Europe divise profondément les socialistes. Maastricht a provoqué la scission des chevènementistes. Dès septembre 2003, Nouveau Monde et le NPS ont réclamé le rejet du projet de Constitution. Au Conseil national du 30 septembre, ils ont voté contre les sept exigences posées par le PS sur le traité, en matière d'harmonisation fiscale, d'extension de la règle de la majorité qualifiée, de coopération renforcée ou de service public.

François Hollande s'est imprudemment engagé sur cette procédure du référendum interne au congrès de Dijon. C'est au départ une demande de Marc Dolez pour « redonner la parole aux militants ». Le premier secrétaire après quelques conversations de couloir l'a reprise et l'a officialisée dans son discours de clôture, comme un geste de rénovation du parti.

Il suffit de 5 000 signatures d'adhérents pour que la consultation soit décrétée. Lors des investitures pour les élections européennes, le NPS et Nouveau Monde l'ont fait figurer dans la résolution du parti. Il est dès lors difficile de faire machine arrière. Comme de refuser aux adhérents socialistes la procédure « démocratique » que leurs responsables ont réclamée sur tous les tons au président de la République, persuadés qu'il ne s'y risquerait pas. Étonnante légèreté quand elle engage l'avenir de l'Europe et met en péril l'unité du parti. Michel Charasse ne s'y est pas trompé : « Dis au Président de faire le référendum, il fera péter le Parti socialiste », conseille-t-il un jour, provocateur, au ministre Dominique Perben. « Nous aurions dû être plus prudents. Nous nous sommes piégés nous-mêmes », confesse aujourd'hui Élisabeth Guigou.

Quitte à devoir organiser une consultation interne, Julien Dray suggère de s'en débarrasser rapidement, avant le 14 juillet 2004. Une sorte de *Blitzkrieg* qui permettrait au PS de se prononcer en toute indépendance avant le chef de l'État, sans laisser le temps aux adversaires du traité de s'organiser. La proposition jette un froid dans la réunion de coordination de la majorité : Manuel Valls ou Claude Bartolone penchent déjà vers le non. Elle est abandonnée, le calendrier étant trop court. Au Bureau national du 22 juin la division des socialistes éclate au grand jour. Quand ils arrivent rue de Solférino, tous ont en main le journal *Le Monde* qui titre : « Laurent Fabius prêt à dire non à la Constitution européenne ». En fait l'ancien Premier ministre se déclare très réticent devant le projet qu'il juge incompatible avec l'Europe sociale. Et il ajoute, pas innocemment, « qu'il ne pense pas qu'il faille toujours voter Chirac ». Lors du déjeuner des chefs de la majorité, Pierre Mauroy joue les prophètes de malheur : « Je voyais les ravages que Dolez faisait dans le Nord, raconte-t-il aujourd'hui, j'interviens sur le risque de coupure avec les couches populaires, et qu'est-ce que je vois : le chœur d'opéra des "ouistes", souvent des énarques, qui veulent un référendum tout de suite. J'étais sidéré. Je les ai mis en garde. Vous recommencez l'élection de 2002, vous allez vous prendre le non en pleine figure. » Moins lyrique, Jean Glavany n'exclut ni l'abstention ni le vote contre. Manuel Valls confirme son opposition, Hubert Védrine et Daniel Percheron leurs doutes. Le Bureau national se réfugie dans une déclaration mi-chèvre mi-chou que refusent de signer les minoritaires : le projet n'est pas à la hauteur des attentes pour une véritable Constitution.

Les partisans du oui commencent à donner de la voix. Bertrand Delanoë et Dominique Strauss-Kahn signent un appel : « il faut ratifier le projet de Constitution européenne ». Les hollandais s'impatientent : « Attention à Laurent Fabius », dit André Vallini qui observe dans son département le fabiusien Didier Migaud. « Il ne faudrait pas se laisser distancer sur le oui par Dominique Strauss-Kahn », renchérit Anne Hidalgo. Marie-Noëlle Lienemann conseille à l'inverse de renvoyer la patate chaude à Jacques Chirac et de prendre le temps d'un vaste débat qui déboucherait sur une synthèse. Lors d'un déjeuner avec Claude Bartolone en juin, Hollande propose au bras droit de Laurent Fabius que l'université de La Rochelle mette entre parenthèses la Constitution européenne et l'élection présidentielle, pour se concentrer sur les propositions socialistes et l'opposition à la politique du gouvernement. C'est en tout cas ce qu'a compris Bartolone qui en fait le rapport à son mentor.

François Rebsamen est de ceux que le référendum inquiète. Il le répète dans les réunions : les partisans du non font campagne depuis plusieurs mois, ils sont majoritaires dans le parti, et les tenants du oui auront du mal à promouvoir une Europe sociale, car la gauche est minoritaire au Parlement de Strasbourg. Le maire de Dijon prend des contacts. Vincent Peillon n'est pas hostile à la recherche d'une alternative au référendum, et Henri Emmanuelli pourrait se laisser convaincre. Le 12 juillet les trois responsables déjeunent avec François Hollande au premier étage du restaurant Tante Marguerite. Hollande et Rebsamen proposent d'abandonner le référendum. Une simple convention ou un Conseil national suffirait pour se prononcer sur un oui sous condition. Henri Emmanuelli s'y oppose : « Vous m'avez déjà fait le coup avec vos sept exigences qui se sont évaporées dans la nature. Les militants doivent voter contre cette Constitution libérale. » Vincent Peillon tente alors de convaincre François Hollande de ne pas s'engager sur le oui pour demeurer le garant du fonctionnement démocratique du parti. Là c'est Hollande qui refuse : « On me reproche déjà de ne pas trancher, tu m'imagines en simple spectateur de vos débats : tout le monde se ficherait de moi. »

Le référendum est inévitable. Et le temps presse. François Hollande a ses antennes. Il sait que des contacts se nouent entre fabiusiens, minoritaires et certains membres de la majorité comme Manuel Valls. Laurent Fabius a rencontré Henri Emmanuelli pour lui confier ses réticences sur la Constitution et son souhait que le parti ne se prononce pas trop vite. Claude Bartolone s'active à envoyer un argumentaire à toutes les fédérations sur les difficultés majeures du traité. François Hollande ne peut plus rester évasif quand la presse l'interroge : Jean-Michel Apathie l'a qualifié de « Monsieur ni oui-ni non ». Or dès le mois de mai le premier secrétaire a confié à ses proches qu'il est européen, donc en faveur du oui, et qu'il entend s'engager pour la Constitution. Le 14 juillet, François Hollande est à Brest. C'est

Stéphane Le Foll qui a organisé un week-end avec quelques copains. Dans sa traditionnelle intervention télévisée à l'Élysée, à l'heure du déjeuner, Jacques Chirac annonce le référendum national. François Hollande réagit : le PS est plutôt sur le oui mais ce n'est pas un oui au Président et l'on attend de connaître la question. Laurent Fabius l'appelle immédiatement : « Pourquoi as-tu dit ça, attention à ne pas nous mettre dans les mains de Chirac. » Le soir, Stéphane Le Foll a prévu un dîner avec une dizaine de camarades : François Cuillandre le maire de Brest, l'ancien ministre Louis Le Pensec, le nouveau président de région Jean-Yves Le Driant. Tous ont signé un texte en faveur de la Constitution. Les fruits de mer et le vin blanc aidant, les discussions s'orientent rapidement sur le référendum. « François, l'interpellent les Bretons, tu dois dire oui à l'Europe et rapidement : Laurent Fabius est en train de nous emmener progressivement vers le non. C'est pour cela qu'il veut que notre consultation soit la plus proche possible du référendum national, il lui sera facile d'assimiler le vote contre l'Europe à un vote contre Chirac. » Le lendemain matin, Stéphane Le Foll, François Rebsamen et François Hollande mettent au point l'offensive. Elle doit être déclenchée avant La Rochelle par un premier appel de dirigeants identifiés comme hollandais, puis par une longue interview du premier secrétaire se posant en leader du oui.

François Hollande en est convaincu. Le non est mortifère pour l'Europe et pour le PS qui risque de se marginaliser en France et au sein des partis socialistes européens, tous favorables au traité. Voilà le grand débat où il montrera qu'il n'est pas « le Petit Chose » que certains imaginent. Il va prendre de vitesse Laurent Fabius qui chemine vers le non, Dominique Strauss-Kahn qui se verrait en héraut du oui et même Lionel Jospin dont on annonce le retour à La Rochelle. C'est dans sa maison de vacances de Mougins que le premier secrétaire tombe le 6 août sur le texte « Européens nous critiquons le oui » signé par sept responsables socialistes, fabiusiens comme Didier Migaud et Paul Quilès ou hollandais comme Manuel Valls ou André Laignel. Coup de fil au voisin Julien Dray dans sa villa de Vallauris : « Migaud, c'est Fabius : il nous prépare quelque chose... »

Deux jours plus tard Élisabeth Guigou et Bernard Kouchner créent un comité de gauche pour le oui à la Constitution. Il est temps que le premier secrétaire intervienne. Julien Dray et Malek Boutih, de passage chez Juju, viennent discuter à Mougins. François Rebsamen et Stéphane Le Foll contactent Daniel Vaillant, Pierre Mauroy, les premiers secrétaires des grosses fédérations des Bouches-du-Rhône, de l'Hérault, de Haute-Garonne et de Paris pour qu'ils cosignent une tribune pour « un oui socialiste » à paraître dans *Libération* le 25 août. « Le non, écrivent-ils, nous conduirait à l'isolement. » Ségolène Royal enfonce le clou dans *Le Monde* du lendemain : « Il faudra conquérir le oui et renverser la tentation qui n'est pas négligeable du non. » François Hollande livre du bord de sa piscine le 19 août sa grande interview à François Bazin du *Nouvel Observateur*. Le titre annonce la couleur, celle du « moi » : « Mes colères, mes choix, mon destin ». François Hollande soutient le traité constitutionnel qui « contient des avancées parfois insuffisantes mais néanmoins réelles », il ne souhaite pas parler de Lionel Jospin mais désigne Nicolas Sarkozy comme l'adversaire principal. Il répond enfin à une dernière question sur sa candidature à la présidentielle : « Je soutiendrai en son temps celui ou celle qui sera le mieux placé pour faire gagner nos idées. Pour le reste y a-t-il d'ailleurs meilleure préparation à l'exercice d'un destin que d'être premier secrétaire, pleinement premier secrétaire ? » Dans la relecture de l'interview, François Hollande remplace le mot destin par celui, moins solennel, de responsabilités. *Le Nouvel Obs* évoque l'élection présidentielle dans son titre, mais ce n'était pas l'intention de François Hollande, comme l'ont cru les fabiusiens. Rebsamen et Le Foll ne trouvent rien à redire aux propos de leur leader. « Il montrait qu'il existait et qu'il fallait compter avec lui, c'est bien le moins, sauf à le transformer en premier secrétaire administratif », justifie François Rebsamen. Le mercredi, veille de la parution du magazine, François Hollande en informe ses proches : « Je prends mes risques sur le référendum, êtes-vous prêts à me suivre ? » Tous répondent positivement, avec des doutes pour Éric Besson, sauf Manuel Valls : il est contre le traité mais jure sa fidélité au premier secrétaire. On évoque la réaction des fabiusiens : « Ils le prendront comme ils voudront, nous n'avons pas à les redouter », lance l'un des participants. François Hollande charge François Rebsamen d'annoncer le lendemain au séminaire de la direction du parti, à La Rochelle, que le référendum interne aura lieu avant la fin de l'année. La surprise est totale. À l'instar de Dominique Strauss-Kahn, les éléphants n'étaient au courant de rien. Laurent Fabius s'en émeut : « Tout cela va trop vite, il faut en parler. » « Non, ce sera avant la fin de l'année », réplique François Hollande. L'ambiance est à couper au couteau. Lors d'une suspension de séance, Laurent Fabius s'approche de Manuel Valls et d'Éric Besson : « Les échéances se précipitent, qu'allez-vous faire ?

— Moi, je suis sur le non, répond Manuel Valls.

— Et moi sur le oui, dit Besson.

— Eh bien, tu as tort », lâche, cassant, Laurent Fabius.

Comme beaucoup, Jean Glavany est ulcéré. « François a commis une faute majeure. Sur une question aussi essentielle, il prend position sans réunir sa majorité, sans avertir personne, au risque de tomber à pieds joints dans le piège de la division tendu par Jacques Chirac. » Le premier secrétaire rétorque qu'il n'a pas le choix : « Je me suis rendu compte que Laurent Fabius était parti, que les comités pour le non ratissaient large et que l'on allait être coincés... — Tu viens de faire une énorme connerie, l'interpelle Arnaud Montebourg, même si le parti dit oui à l'arrachée, le pays dira non. » Les hollandais n'en croient rien.

Julien Dray et Bruno Le Roux narguent leurs camarades : « Laurent Fabius est dans un corner, il fait de l'esbroufe mais sera obligé de rallier le oui car on ne peut pas être présidentiable et contre l'Europe. Et comme Strauss-Kahn n'est pas crédible, ce sera Hollande le candidat. » Henri Emmanuelli, qui a de l'expérience, calme leur enthousiasme : « Vous venez de donner à Laurent le fusil pour vous tirer dans la tête : comme lui, les militants voteront non. »

« François Hollande s'est trompé, analyse Pierre Moscovici, il était persuadé que Laurent Fabius le rejoindrait sur le oui. Mais comme toujours il va retomber sur ses pieds : le oui va l'emporter au PS, mais il aura cassé le parti. » Le premier secrétaire vient de commettre trois erreurs. Il perd une carte maîtresse : celle du rassembleur, du garant de l'unité du parti ; il prend le risque d'ouvrir avec le non un espace de radicalité à l'intérieur du PS ; enfin son ambition présidentielle donne au référendum une coloration plébiscitaire.

Dans l'immédiat, c'est François Hollande superstar. Il se promène dans les rues de La Rochelle main dans la main avec Ségolène Royal, sous l'œil des caméras de France 2 qui tournent un *Envoyé spécial.* Il est à la une des journaux et des magazines : « Hollande-Royal, le couple qui fait peur au PS », titre *Le Point*. Un mois auparavant, c'est *L'Express* qui avait fait du duo socialiste, avec celui de Nicolas et Cécilia Sarkozy, les couples de l'année ! « C'est le socialisme sur papier glacé », raillent les fabiusiens, exaspérés par cet emballement médiatique. Mais François Hollande n'oublie pas de s'opposer. Son discours de clôture de La Rochelle est offensif : contre le Premier ministre qui « contredit en août ses propos de juillet tout en préparant le démenti de septembre… contre Jacques Chirac impavide devant l'échec… contre Nicolas Sarkozy pour qui "agir c'est s'agiter", contre les entreprises qui exigent de leurs salariés de travailler plus pour gagner moins ».

Deux semaines après La Rochelle, Laurent Fabius franchit le Rubicon et se prononce pour le non à la Constitution européenne (voir chapitre suivant). Un soutien de poids pour les minoritaires : porté par l'ancien Premier ministre social-libéral, signataire de tous les traités européens depuis vingt ans, le non ne peut plus être assimilé aux gauchistes et aux anti-Européens. Tout le Parti socialiste se lance dans une intense bataille. Des centaines de réunions pour le oui, le non, ou contradictoires sont organisées dans les sections et les fédérations. « Des beaux moments de démocratie, s'enflamme Jean-Luc Mélenchon, où chaque adhérent vient avec son bréviaire constitutionnel à la main, dont les pages sont cornées et annotées. On s'envoie l'alinéa 4 de l'article 7 contre l'alinéa 3 de l'article 12... Les militants posent plein de questions, apprécient les belles reparties, rient aux bons mots, ils réagissent, applaudissent... »

De fait jamais, hors période de congrès ou d'élection, les socialistes ne se sont autant mobilisés pour un débat. L'issue est incertaine. L'addition des minoritaires de Dijon, des fabiusiens et de quelques membres de la majorité comme Marie-Noëlle Lienemann, Manuel Valls ou André Laignel opposés au traité, porte le non autour de 60 %. Beaucoup hésitent ou changent d'opinion. Pierre Mauroy dans une réunion au Sénat s'oppose au libéralisme à tous crins de la Constitution. Puis il en devient un fervent partisan. Le président du groupe socialiste Jean-Pierre Bel suit la même évolution. Jean Glavany avoue trouver autant de raisons de voter oui que non ou blanc. Il réfute les arguments d'autorité, s'agace en privé de la petite bande des hollandais qui ont monté un coup avec le premier secrétaire, avant d'opter finalement pour un oui de raison. La palme revient à Daniel Percheron. Le président du Nord-Pas-de-Calais explique en fin de campagne dans *Le Point* qu'il est pour le non mais qu'il souhaite la victoire de François Hollande. « Au-delà de son habileté, analyse le député nordiste Yves Durand, il exprimait l'opinion de beaucoup de militants de la région très tentés par le non à cause du chômage et des délocalisations, mais fidèles au premier secrétaire. »

Le camp du oui est tout entier mobilisé. À 8 h 30 le mardi matin, le premier cercle des hollandais se réunit autour de son chef dans le bureau de François Rebsamen. À 11 heures, Jack Lang, les strauss-kahniens Cambadélis et Bergounioux, et quelques autres, se joignent aux premiers pour constituer le comité politique du oui. On organise les déplacements, on travaille les arguments, on mesure les rapports de force fédération par fédération. Assez stressé les premières semaines, François Hollande appelle Rebsamen tous les soirs pour un débriefing.

La première tentation du militant socialiste est de voter non. C'est, pêle-mêle, le refus d'une Europe trop libérale, même quand la majorité des gouvernements était sociale-démocrate, la défense des services publics, l'exaspération devant les injustices, les suppressions d'emplois, la politique du gouvernement ; l'envie d'un coup d'arrêt, d'un coup de pied dans la fourmilière. Le non, c'est l'imprécation, les tripes, quand le oui ne peut relever que de la raison, du cerveau. « Les adhérents arrivaient dans les réunions penchant vers le non, mais en cherchant des arguments pour voter oui », se souvient le député européen Bernard Poignant. Les partisans du traité doivent, document à l'appui, expliquer les améliorations que le traité apporte : l'économie sociale de marché, l'objectif du plein emploi, le renforcement des pouvoirs du Parlement européen, le droit d'initiative populaire. Il faut également démonter les faux arguments de l'adversaire sur les reculs en matière de laïcité, d'avortement, ou sur l'OTAN. À trop vouloir prouver, ces derniers tombent dans l'outrance. « Le traité de Bruxelles menace directement la République et ses principes les plus sacrés », assène Michel Charasse dans *Le Figaro*. Dans le parti internationaliste de Jaurès, le rejet de la Turquie est mal reçu. L'histoire ancienne ou récente du PS plaide pour le oui. Il existe un réflexe européen primaire chez les socialistes. Des vieux militants de la SFIO racontent l'erreur qu'a été le rejet de la Communauté européenne de défense en 1954. François Mitterrand est appelé à la rescousse : l'Europe est une des causes sur lesquelles il n'a jamais dévié, allant jusqu'à mettre sa démission de premier secrétaire dans la balance dans les années 70. À l'inverse, Jean-Pierre Chevènement, le souverainiste, est un repoussoir tout trouvé. L'isolement des socialistes français est stigmatisé : comment pourraient-ils avoir raison contre les syndicats européens, et se couper des autres partis sociaux-démocrates ? « De votre choix dépendra celui de la France, et le sort de l'Europe, lance le député Jacques Floch aux militants, je les voyais se hausser du col... »

Et dire non pour quoi faire ? Les partisans du traité ont beau jeu d'ironiser sur les trois non du Nouveau Monde, du NPS et de Laurent Fabius, qui devront ensuite s'entendre avec Marie-George Buffet et Olivier Besancenot, pour confier à Jacques Chirac une renégociation avec les gouvernements libéraux de l'Union !

Au fil des semaines le climat change dans les réunions. Les tenants du oui qui se faisaient chahuter sont écoutés ; les débats portent moins sur les articles du traité que sur des considérations politiques. La majorité déclenche la grosse artillerie pour alerter sur la crise que le non provoquerait en Europe et au Parti socialiste. « Vont-ils tuer le PS ? » s'interroge *L'Express* en couverture. « Après le succès des régionales, on était sur un boulevard vers le pouvoir, patratras ! Nous voilà dans ce fourbi », tonne Pierre Mauroy... « Vous avez le choix, ou François Hollande avec Jospin, Lang, Aubry que vous aimez, ou Valls comme premier secrétaire et Laurent Fabius comme candidat à présidentielle ! » explique Bernard Poignant. Et l'argument porte. La peur, encore et toujours, du désordre, d'un nouveau 21 avril, et le refus de certains militants de servir de marchepied à Laurent Fabius — plusieurs le disent publiquement dans les réunions — provoquent à trois semaines du scrutin un basculement vers le oui. Le vote des grosses fédérations que l'on sait favorables au traité va l'amplifier. Arnaud Montebourg ou Henri Emmanuelli déclenchent un début de polémique sur l'organisation de vote dans l'Hérault, le Pas-de-Calais ou les Bouches-du-Rhône. François Rebsamen s'en indigne : « J'ai au contraire remis de l'ordre : les Bouches-du-Rhône sont passées de 11 600 adhérents à 6 200. À Châteauneuf-les-Martigues il y avait plus d'adhérents au PS que de suffrages socialistes aux élections ! »

Les divisions sont profondes. Au Parlement de Strasbourg les députés socialistes français ouistes et nonistes s'évitent. Dans beaucoup de sections, les réunions sont coprésidées par un partisan et un adversaire du traité, et les interventions chronométrées. Les fabiusiens de Haute-Garonne se plaignent de ne pas disposer des listings des adhérents. Les hollandais doivent s'adresser au maire centriste de Perpignan pour obtenir une salle que leur refusent les élus socialistes partisans du non. Les argumentaires dérapent : pour Jack Lang, voter non c'est être avec Heider et Le Pen. « Voter oui, c'est voter avec le XVIe arrondissement », réplique l'ancien ministre fabiusien Louis Mexandeau.

Le 1er décembre, 59 % des adhérents du PS approuvent la Constitution, dans un scrutin auquel ont participé quatre-vingt-treize mille des cent vingt mille inscrits. « Une leçon de démocratie pour la France et pour l'Europe », se félicite François Rebsamen. Les perdants préfèrent souligner le poids des dix mille adhérents « invisibles », ceux qui ne participent pas à la vie de la section et qui sont venus voter pour le traité. « Certains s'étonnaient même de ne pas voter à la mairie », raconte le NPS David Assouline. Le oui l'emporte dans soixante-seize fédérations, dont plusieurs fabiusiennes comme la Seine-Saint-Denis de Claude Bartolone ou le Tarn de Paul Quilès. Le département du Nord de Marc Dolez choisit le traité à 56 %, le Pas-de-

Calais de Daniel Percheron à 60 %. Les leaders de la majorité font de gros scores dans leurs bastions. Plus de 80 % pour François Hollande en Corrèze, Jean-Marc Ayrault à Nantes, Dominique Strauss-Kahn à Sarcelles. Le non l'emporte chez les NPS Arnaud Montebourg en Saône-et-Loire, Vincent Peillon dans la Somme, Christian Paul dans la Nièvre, et chez le leader du Nouveau Monde Henri Emmanuelli dans les Landes. Les fabiusiens regrettent un vote légitimiste et même de la peur, de la division et de la crise. « Beaucoup de militants me l'ont confié : j'ai voté oui pour la direction, mais je voterai non au référendum national », assure Claude Gewerc, président de Picardie.

La victoire, François Hollande l'apprend dans ses terres de Corrèze. Vers 18 h 30 quelques camarades lui donnent par téléphone des premières indications. À partir de 22 heures, Stéphane Le Foll, Bruno Le Roux, Jack Lang, Éric Besson et Jean-Pierre Bel, qui ont squatté son bureau de Solférino, lui communiquent les résultats au fur et à mesure qu'ils remontent des fédérations. L'ambiance est euphorique. Daniel Vaillant, qui les a rejoints, imite François Mitterrand : « C'est bon, hein… », avant d'appeler Lionel Jospin…

François Hollande triomphe pour la troisième fois. Et mieux que lors des élections régionales et européennes : il a lancé seul la bataille référendaire, et l'a remportée face à la coalition de ses adversaires de Dijon, alliés à son numéro deux. Il a les mains libres pour remanier la direction du parti. Beaucoup dans la majorité lui réclament la tête de Fabius. Au nom de la cohérence. « Ça a été notre première grosse engueulade », confesse Julien Dray. Martine Aubry en fait un test d'autorité d'un premier secrétaire candidat à l'investiture présidentielle. Dominique Strauss-Kahn propose même de le remplacer dans une direction homogène. D'autres, moins téméraires, espèrent que Fabius partira de lui-même. Mais le député de Seine-Maritime préfère faire allégeance. François Hollande en reste à son schéma premier. « Si le oui l'emporte, avait-il expliqué, je rassemble le parti et je maintiens Fabius numéro deux : ce ne sera pas un signe de faiblesse, mais une preuve de ma force. »

Le chef de file du non conserve son rang, ses responsabilités, et la présence de ses amis dans les instances dirigeantes. Les hollandais passés au non ne bénéficient pas de la même mansuétude : Manuel Valls, Marie-Noëlle Lienemann, André Laignel et Axel Urgin sont remerciés. C'est le retour des éléphants : Daniel Vaillant, Élisabeth Guigou, et surtout le triumvirat Strauss-Kahn-Aubry-Lang chargé du projet : une bonne utilisation des talents, et une façon de neutraliser les trois rivaux pour la présidentielle...

François Hollande demeure seul aux commandes du navire socialiste. Dès le lendemain du référendum, un sondage CSA-*Le Parisien* le propulse en tête des candidats pour l'élection présidentielle. Seul Lionel Jospin le précède. Mystère des sondages, trois jours plus tard l'institut BVA pour *Libération* et France Inter le rétrograde à la quatrième position, derrière le retraité de l'île de Ré, Jack Lang et Dominique Strauss-Kahn ! Selon la même enquête, les Français souhaitent à 55 % contre 26 % la victoire du oui au référendum national. Les médias redécouvrent François Hollande. France 2 l'invite le 9 décembre à *Cent minutes pour convaincre*. Interrogé sur sa candidature, il avoue y penser : « Pour régler un compte personnel avec Jacques Chirac... Il faudra que j'aille à l'étage supérieur. » L'écrivain Denis Tillinac le déstabilise un instant en le décrivant politiquement comme un tueur, et en soulignant qu'il s'adresse à son parti et pas aux Français. Le score de l'émission est modeste (2,7 millions de téléspectateurs). Mais le message est passé : il est dans la course pour l'Élysée. Journaux et magazines versent dans la hollandomania : « Tout roule pour François Hollande », titre *Paris Match* qui explique sur huit pages et avec beaucoup de photos qu'il est devenu présidentiable un jour de décembre. « Hollande, cap sur 2007 », embraye *Le Nouvel Observateur* avant que *Le Point* ne lui consacre sa couverture comme « l'homme de l'année ».

L'ambition présidentielle, François Hollande en parle peu. Quand le sujet est abordé en sa présence, il s'en tire par une pirouette. Mais certains affirment qu'il y pense depuis longtemps. « Je l'ai compris il y a vingt ans : c'était déjà une évidence, témoigne Pierre Moscovici, nous étions tous les deux en 1984 à la Cour des comptes. Nous avons travaillé ensemble : j'ai vu que ce garçon avait une ambition tranquille. Tout ce qu'il a fait depuis vingt ans me l'a confirmé. » « Il a construit sa carrière avec une efficacité remarquable en passant entre les gouttes et sans que personne ne le voie venir », enchaîne Vincent Peillon. En 1988, il est élu député de Corrèze, terre chiraquienne. En 1984, il crée les transcourants et devient en 1995 porte-parole du premier secrétaire Lionel Jospin, puis numéro un du PS en 1997, au nez et à la barbe de nombreux prétendants. Quand survient le 21 avril, il se retrouve capitaine du navire dans la tempête. Le soir du premier tour, en marchant entre l'Atelier et le bar où ils vont finir la soirée, Julien Dray s'efforce de le convaincre : « C'est ton heure, cette défaite c'est ta chance, c'est à toi maintenant de la saisir. » François Hollande ne dit rien. Son objectif est alors de remettre le parti en ordre de marche. Mission accomplie un an après au congrès de Dijon. Comment un premier secrétaire reconduit dans ses fonctions, comme l'ont été avant lui François Mitterrand et Lionel Jospin, pourrait-il ne pas être effleuré par l'idée présidentielle qui obsède tous les grands leaders politiques ? D'autant que l'horizon reste dégagé à gauche : Lionel Jospin est à la retraite, Laurent Fabius s'englue dans l'impopularité, Dominique Strauss-Kahn ne convainc pas, Martine Aubry s'est repliée dans le Nord… De toute façon d'autres y pensent pour lui. Le trio Rebsamen, Le Foll, Dray est accusé de jouer les « pousse-au-crime ». « Ce petit groupe Hollande, comme on disait au temps du Komintern, s'amuse Christian Paul, est forcément ébloui par le jackpot présidentiel : ils sont restés trop longtemps des apparatchiks ou des minoritaires, et ils sont tous les trois des antifabiusiens primaires. » Un mois après Dijon, François Hollande lève un coin du voile sur ses ambitions présidentielles. Quand Olivier Mazerolle sur France 2 lui présente un tableau où figurent, de Karl Marx à François Mitterrand, tous les grands leaders de la gauche, il déclare que l'on peut y rajouter son nom. Et il n'écarte pas l'idée d'affronter Jacques Chirac au plan national. Une phrase en l'air ? Non, l'émission a été soigneusement préparée avec ses proches : « Tu es obligé de dire "pourquoi pas" à l'hypothèse présidentielle, lui a conseillé Stéphane Le Foll, pour te mettre au niveau des autres prétendants. Tu n'es pas un simple premier secrétaire "gentil organisateur". » Le message subliminal de François Hollande est reçu cinq sur cinq : Éric Besson qui est sur le plateau de l'émission sent son voisin Claude Bartolone se crisper. Le hollandais ne résiste pas à l'envie de chambrer le fabiusien : « N'oublie pas de sourire s'il y a un gros plan sur toi, nous pourrons dire tous les deux que nous avons assisté à ce moment historique », lui chuchote-t-il. Claude Bartolone va se plaindre auprès du premier secrétaire du mauvais esprit de son camarade : une façon de transmettre l'agacement de Laurent Fabius. Daniel Vaillant n'est pas non plus d'accord : « Ta force et ta légitimité, c'est d'être premier secrétaire. Si tu dois jouer un autre rôle, ce sera plus tard. »

Au lendemain de la victoire des régionales, Julien Dray va droit au but dans le bureau du premier secrétaire : « Franchement, est-ce que ça t'intéresse d'y aller ? » François Hollande lui retourne la question : « Dis-moi, toi, qui tu vois. » Et à la manière de François Mitterrand en 1987, ou de Lionel Jospin fin 1994, il cite tous les prétendants possibles pour constater ensemble qu'aucun ne s'impose. Il conclut alors faussement de bonne foi : « Si l'un se détachait, mon rôle serait de le soutenir, mais il n'y en a aucun… »

Les élections européennes et le référendum interne confirment qu'il sait remporter les batailles et qu'il domine le Parti socialiste. Depuis le printemps quelques-uns s'activent à constituer, à défaut d'un courant, quelques réseaux. Anne Hidalgo lui organise des rencontres avec des artistes ou des professionnels des milieux culturels. Sofia Otokoré, immigrée somalienne qui a épousé le célèbre footballeur avant de devenir maire adjointe d'Auxerre, fait de même avec les milieux sportifs ; François Rebsamen se charge des élus. Mais François Hollande en reste au « Pensez-y toujours, ne le dites jamais » de MacMahon, agrémenté d'un sourire énigmatique quand ses proches le testent. Comme ce jour où quelqu'un lui fait remarquer, dans le salon d'attente de Solférino, l'affiche du candidat Mitterrand en 1965 : « Un président jeune pour une France moderne » : « Ce serait un bon slogan pour vous », dit le visiteur. « C'est vrai que ce n'est pas mal », convient, guilleret, François Hollande. Il lui arrive pourtant de s'enhardir. Dans le portrait que lui consacre *Libération* le 22 novembre, il lâche à propos de la présidentielle : « Je ne vais pas passer mon tour et dire aux autres : allez-y, les gars, je ne me sens pas prêt. » Au lendemain du référendum interne, devant le secrétariat national il lance à la cantonade : « Bon, il faut maintenant se mettre sur le projet, assez de temps a été perdu... », puis se tournant, ironique, vers Laurent Fabius : « Enfin pas pour tout le monde ! » Lors de la présentation de ses vœux, quand lui est posée la question de la date de désignation du candidat socialiste, il répond, hilare : « Ce n'est pas à moi de décider, on me prêterait des intentions !... » François Hollande plaide pour un congrès du parti en 2006, où la majorité se retrouverait unie sur un projet, et derrière son premier secrétaire... qui ferait figure de candidat naturel. Cinq mois plus tard, le non au référendum remet tout en question...

CHAPITRE 5

LAURENT LE MAL-AIMÉ

« Tout ce qui ne vous tue pas vous renforce. »

Nietzsche.

« Dans Fabius il y a abusif », disait de son fils préféré François Mitterrand. Laurent Fabius est toujours « trop »... Trop intelligent, trop brillant, trop doué, trop séduisant, trop lisse, trop politicien, trop calculateur, trop programmé, trop méthodique, trop hautain, trop arrogant, trop impérieux, trop affecté, trop hypocrite, trop cynique, trop grand bourgeois, trop ancien... en un mot peut-être, trop insincère.

Au lendemain du 21 avril Laurent Fabius a toutes les cartes en mains : des deux héritiers de François Mitterrand, le « rebelle » Jospin vient d'être éliminé. Lui reste. Il a occupé toutes les fonctions, reçu tous les honneurs, subi toutes les épreuves : plus jeune Premier ministre qui ait été donné à la France, numéro deux du gouvernement sortant, premier secrétaire du Parti socialiste, président de l'Assemblée et du groupe socialiste, député et maire l'un des mieux élus de France... Bref « le plus âgé et le plus titré dans le grade le plus élevé », ironisent ses camarades. Il a à sa main le courant le plus structuré du Parti socialiste et dispose pour nourrir sa réflexion d'une galaxie de réseaux et de clubs. Il compte, c'est vrai, des adversaires résolus dans le parti, et sa popularité n'est pas au firmament. Mais qui pourrait lui contester raisonnablement l'ambition de porter en 2007 les couleurs du Parti socialiste ? Et d'en être, même si ce n'est pas de gaieté de cœur pour certains, le candidat naturel ? « D'ailleurs, résume malicieusement Daniel Percheron, comme François Mitterrand Laurent Fabius a toujours considéré qu'il serait un jour président de la République. C'est une affaire de gènes ! »

Mais voilà : en deux ans il va gâcher ses atouts. Par une invraisemblable série de maladresses, d'erreurs et de fautes : « Jupiter rend fou ceux qu'il veut perdre… »

« Je n'ai jamais eu la révélation du pilier de Claudel », s'amuse Laurent Fabius quand on évoque sa candidature à l'élection présidentielle. Avant d'ajouter, en forme de boutade : « Mais comme on m'en parle depuis que j'ai quatre ans et demi, il serait paradoxal que je n'y pense pas. Ça a été un continuum… » Un continuum dont le 21 avril 2002 marque une étape décisive. Le soir même, il confie à un proche qu'une nouvelle époque commence dont l'unique horizon est l'élection de 2007. Devant quelques amis comme Jérôme Clément, le président d'Arte, il fait encore mine de s'interroger : « Tu as un boulevard devant toi et personne à gauche n'a ton expérience et tes compétences », plaide celui-ci. « Tu crois vraiment ? Ça va être dur, je vais être attaqué, je serai moins libre de mon temps pour voyager… » réplique Laurent Fabius. Mais en juillet il rappelle Clément, avant de partir en vacances : « Voilà, j'ai décidé de me mettre en situation. »

En fait, dès le mois de mai, alors que les socialistes tentent de sauver ce qui peut l'être aux législatives, Laurent Fabius prépare l'avenir. Dans son bureau de l'Assemblée — où trône sur la table un euro en chocolat ! — il réunit quelques-uns des siens. « La défaite est encore plus profonde qu'on ne le pense, leur dit-il, notre électorat nous a quittés, il faut tout reconstruire. » Il demande la réactivation de ses réseaux, et confie à Stéphane Israël, normalien, énarque de trente-trois ans, l'une de ses têtes pensantes, l'animation de ses groupes d'experts. Ils devront travailler sur les quatre thèmes qui ont conduit à la défaite du 21 avril : le logement, l'emploi, l'école et la protection sociale. Lui-même montre l'exemple en publiant dans *Le Journal du dimanche* du 16 mai une lettre aux enseignants, pour leur dire « qu'il les aime beaucoup, qu'il leur fait confiance… et que le travail, le mérite, l'effort, la laïcité, l'égalité constituent des références qu'il ne faut jamais perdre de vue ». Un langage du cœur et de la raison pour tous ces professeurs encore traumatisés par l'affrontement avec Claude Allègre. Trois mois plus tard c'est dans *Le Monde*, à la veille des universités d'été de La Rochelle, qu'il définit les « nouveaux marqueurs de la gauche ». La tonalité est très « sociale-libérale » : il plaide pour une solidarité durable avec la réforme des retraites ou le droit à la formation tout au long de la vie, il réclame une clarification du service public qui distingue ceux qui sont non marchands (l'éducation, la santé, la sécurité) et ceux qui doivent concilier service public et logique de marché ; il s'interroge enfin sur l'élargissement de l'Europe et sur les causes du 21 avril : des réformes pas totalement durables et efficaces, le sentiment d'insécurité et de précarité, le projet européen pas assez mobilisateur, explications qu'il préfère au « pseudo-sésame du pas assez à gauche »…

Laurent Fabius n'oublie pas l'action politique. C'est à une douzaine de parlementaires qu'il confie ses projets. Il n'a pas besoin de préciser qu'il est dans une démarche présidentielle : tous le comprennent implicitement. Il insiste en revanche sur la nécessité de s'organiser tout en jouant l'unité sans faille du parti. Le traumatisme est trop profond pour rajouter à la division, et l'ancien ministre de l'Économie fait suffisamment figure d'épouvantail social-libéral pour ne pas éprouver le besoin de se fondre dans le peloton majoritaire, et « sucer la roue » du premier secrétaire. L'échappée viendra après. Encore faut-il rester aux avant-postes et ne pas se faire distancer par un rival. La campagne législative est l'occasion de faire expliquer par ses fidèles équipiers que François Hollande n'a pas plus de droits qu'un autre — suivez mon regard — de postuler au fauteuil de Premier ministre s'il advenait que la gauche l'emporte.

Laurent Fabius jette ensuite son dévolu sur la présidence du groupe socialiste à l'Assemblée, le meilleur poste après celui de premier secrétaire, pour exister politiquement et médiatiquement. Mais il « oublie » d'en avertir Jean-Marc Ayrault qui s'accroche à son fauteuil, et finalement le conserve, on l'a vu. Première rebuffade, aggravée par la jacquerie que suscite l'idée qu'il devienne le porte-parole du PS : « Laurent Fabius n'a toujours pas compris que rien ne lui est dû, et que le décret d'autodésignation n'existe pas au PS », commente un éléphant. Il se console avec le titre de numéro deux du parti.

Fin juillet 2002, lors d'un déjeuner, Claude Bartolone lui livre ses états d'âme : la défaite l'a profondément ébranlé ; il est l'un des rares responsables socialistes issus du peuple à avoir déjà été maire, député, ministre. Le moment est peut-être venu de changer de vie… Laurent Fabius l'interrompt : « Je comprends, mais tu attendras un peu, car j'ai besoin de toi. » « Il n'était pas nécessaire de m'en dire plus, j'avais compris, il venait de me fixer le plus bel objectif à atteindre », sourit aujourd'hui le fidèle d'entre les fidèles.

À la rentrée de septembre, la « maison Fabius » se réveille après plusieurs années de mise en sommeil. La maison Fabius c'est une nébuleuse de cercles, de clubs, de réseaux. Comme François Mitterrand, Laurent Fabius segmente ses relations. Et c'est vers lui personnellement que remontent toutes les notes et les informations. Il lit tout lui-même, très vite, entoure au crayon la formule ou la réflexion qu'il recyclera un jour dans un texte, ou un discours écrit au feutre noir. « C'est l'artisan au sens grec, qui forge ses idées, construit sa pensée à partir de la matière première que nous lui apportons », témoigne Stéphane Israël. Avec ses collaborateurs, les relations sont très professionnelles : peu d'affectif, rarement de coup de gueule, jamais d'explosion : on travaille dans la confiance, le respect et la distance. Réservé et pudique, Laurent Fabius ne mélange guère amis et collaborateurs, même s'il est attentif aux personnes et sait envoyer des signaux, en prononçant par exemple le discours de mariage — forcément brillantissime — de l'un d'entre eux. L'ensemble fonctionne bien, si l'on en juge par le travail fourni et la fidélité de l'entourage, souvent à toute épreuve. Et les épreuves n'ont pas manqué à Laurent Fabius.

Le premier cercle est celui des politiques. Les fabiusiens déjeunent un midi sur deux à la questure de l'Assemblée, chez Didier Migaud député de l'Isère. Ils sont une vingtaine à livrer à leur chef de file le pouls du pays, tel qu'ils le ressentent dans leur région ou leur circonscription, et à balayer les sujets politiques du moment. Laurent Fabius les teste sur certaines idées, un peu comme des *sparring-partners* pour aller au bout du raisonnement. En fin de repas, il donne la ligne dont chacun sera porteur, et informe des propos qu'il tiendra lui-même les jours suivants. Assistent à ses agapes politiques, les anciens ministres Claude Bartolone et Paul Quilès, les députés Alain Claeys et Laurent Cathala, la sénatrice Bariza Khiari, le président de région Claude Gewerc, le premier fédéral et « pointeur » pour les élections Pascal Popelin et quelques proches comme Stéphane Israël, Henri Weber, Marc-Antoine Jamet. Dans ce cercle politique, il faut également inclure Guillaume Bachelay, philosophe et normalien, qui s'occupe des élus, et Florence Ribard chargée de la presse, et qui — dit l'entourage — se ferait tuer pour son grand homme !

Les experts forment un deuxième réseau. Stéphane Israël les pilote avec l'ex-ministre jospinienne Florence Parly et l'ancien secrétaire général de Bercy Bernard Pêcheur (remplacé aujourd'hui par Rémy Rioux de la direction du trésor). Le vivier compte environ deux cents personnes, en majorité des hauts fonctionnaires et quelques cadres d'entreprises répartis dans une dizaine de groupes de travail qui produisent des notes sur le logement, l'école, l'emploi, les délocalisations. Un petit déjeuner tous les quinze jours au café Le Musset dans le Ier arrondissement permet de coordonner l'ensemble.

Autre cercle : les grands dirigeants d'entreprise. Ils ont souvent fait partie des cabinets du ministre de l'Industrie ou de Matignon : Denis Olivennes, patron de la Fnac, anime le club Fraternité où se retrouvent chefs d'entreprise et syndicalistes. Laurent Fabius rencontre également Serge Weinberg (ex-PPR aujourd'hui membre du conseil de surveillance d'Accor), Charles-Henri Filippi (groupe HSBC), Christian Blanckaert (Hermès), Marc-Antoine Jamet (LVMH)... Mais c'est avec Louis Schweitzer, son ancien directeur de cabinet à Matignon et ex-patron de Renault, que les liens sont les plus étroits (même si leurs choix seront opposés sur l'Europe). Ils se connaissent si bien qu'ils se comprennent à demi-mot, et fonctionnent comme deux microprocesseurs, dans un dialogue déroutant pour un intrus : « Tu penses que... — Oui, peut-être que... — Alors il faudra... — Bien évidemment, mais ça va... — C'est immanquable... — Donc on pourra à ce moment-là... — On le fera, dans le délai... — Très bien ! »

Les communicants constituent une autre planète. Un premier groupe d'une douzaine de personnes se réunit tous les deux mois au café François Coppée à Montparnasse. Jérôme Clément, président d'Arte, Emmanuel Hoog, président de l'INA, Joseph Daniel, ancien membre du CSA, réfléchissent à l'image du candidat à la présidentielle. Une deuxième cellule plus restreinte — ils se sont baptisés « les Pieds Nickelés » — se réunit pour préparer les grands rendez-vous médiatiques.

Il faut enfin mentionner le cercle des Normands, sur lequel s'appuie Laurent Fabius dans son fief de Seine-Maritime :

Didier Marie président du conseil général, Alain Le Vern président de région, Marc Bouillon premier fédéral, et Marc Massion sénateur-maire du Grand-Quevilly. Les membres des réseaux fabiusiens appartiennent le plus souvent au club Ensemble qui, en 2002, a succédé à Solidarité moderne. Ils sont deux à trois cents à dîner deux fois par an avec leur champion.

Peu d'hommes politiques bénéficient d'un entourage d'une telle qualité. Peu ont son intelligence, son talent et son expérience. Mais c'est le mystère Fabius : les Français ne l'aiment pas. Il suscite chez eux au mieux de la méfiance, au pire de l'hostilité, parfois de la haine. Ses proches se désolent de cet immense malentendu. Toutes les qualités se transforment chez lui en défauts. Du double visage de Janus qu'ont, peu ou prou, tous les hommes politiques, on ne retient chez lui que le grimaçant. De son expérience d'homme d'État, on ne garde que l'ancienneté dans le paysage politique : les moins de vingt ans n'étaient pas nés qu'il était déjà Premier ministre ! Comme Valéry Giscard d'Estaing dans les années 80, sa précocité le vieillit aujourd'hui. Trente années de carrière politique ne se déroulent pas sans ratés ni épreuves. Mais lui les traîne comme des boulets : c'est l'image de l'arrogance dans le débat télévisé de 1985 — qu'on lui ressort régulièrement — où d'un geste de dédain de la main, il semble congédier Jacques Chirac comme un vulgaire domestique en lui rappelant qu'il parle au Premier ministre de la France ; c'est la caricature de Jacques Faizant du chef du gouvernement abrité sous son parapluie en pleine affaire Greenpeace : peu importe que le chef de l'État l'ait effectivement mené en bateau, l'opinion retient que l'enfant gâté de Mitterrand, né avec une cuiller d'argent dans la bouche, ne prend aucun risque. C'est encore le costume rayé trois pièces du ministre de l'Économie qui, en baissant les impôts et en défendant la rigueur budgétaire, décrédibilise l'homme de gauche, alors que Lionel Jospin en partageait la responsabilité. C'est enfin et surtout l'immense injustice du sang contaminé. Alors qu'il avait été un précurseur dans la lutte contre le sida, il est accusé d'empoisonnement. Pendant dix ans il doit se justifier, subir ainsi que ses enfants les pires attaques. Dix années épouvantables, pendant lesquelles il a le sentiment de « jouer sa peau ». Il commet l'erreur de lâcher ses collègues ministres, avant de demander lui-même « d'être inculpé pour un crime qu'il n'a pas commis ». Il est finalement blanchi en 1999. « Je l'ai revu quelque temps après, raconte un proche, je l'ai trouvé plus grand physiquement, j'ai vérifié discrètement s'il n'avait pas de talonnettes... il s'était redressé de quelques centimètres, comme s'il s'était libéré de deux enclumes qu'il portait sur ses épaules. »

Pour n'importe quel homme politique, une telle tragédie aurait suscité dans l'opinion de la compassion et un élan de sympathie. Pas pour Laurent Fabius : elle a plutôt laissé un sentiment de malaise, et parfois des soupçons. Aux yeux de beaucoup de Français, chez Laurent Fabius, l'intelligence est forcément de l'habileté, et les convictions s'effacent devant l'opportunisme. « Il souffre déjà de son côté premier de la classe, dans un pays où l'on préfère Poulidor à Anquetil », s'amuse Claude Bartolone. Les Français n'aiment pas les crânes d'œuf, de droite comme Juppé, de gauche comme Fabius. Or Fabius est une mécanique intellectuelle impressionnante : « Il suffit de voir sa capacité à décortiquer un sujet complexe pour le rendre compréhensible au plus grand nombre », témoigne le député Philippe Martin.

Une tête bien faite et bien pleine, mais paradoxalement un piètre tacticien. Depuis vingt ans il a accumulé les faux pas avec une constance remarquable : mauvaise querelle face à Lionel Jospin pour diriger la campagne législative de 1986, échec de la conquête du PS en 1988 (« On ne prend pas le parti comme on achète une Aston Martin », lui assène Henri Emmanuelli), lourdes responsabilités dans les déchirements de l'épouvantable congrès de Rennes en 1990, manque de solidarité dans la défaite de 1993, soutien du « mauvais cheval » Henri Emmanuelli pour la candidature à la présidentielle de 1995, puis de Lang contre Delanoë pour la mairie de Paris en 2001... Laurent Fabius serait, selon le hollandais Bruno Le Roux, « un homme de coups qui privilégie les positionnements : un jour la baisse des impôts, l'autre leur augmentation... ». Faux, répond le chœur des fabiusiens qui souligne qu'il n'a par exemple jamais transigé sur les droits de l'homme : il a soutenu Mandela quand bien peu s'en souciaient ; il a refusé d'accueillir à l'Assemblée le numéro un chinois Jiang Zemin ; il s'est opposé à François Mitterrand quand les Serbes attaquaient les Bosniaques. D'autres rappellent qu'il est depuis toujours un éclaireur sur l'école, la recherche, l'environnement, la laïcité... Culturellement et idéologiquement il s'inscrirait dans la lignée de ces intellectuels — Jaurès, Blum, Mitterrand — qui incarnent le socialisme français. « Avec *Le Rivage des Syrtes* de Julien Gracq, son roman culte est *Le Rouge et le Noir*, et c'est l'un des derniers que je connaisse à parler des patrons en roulant les "r" comme Krasucki », témoigne Marc-Antoine Jamet.

Demeure le mystère de son impopularité. « Est-ce son physique, son comportement, le fait qu'on ne perçoit pas l'homme derrière le responsable ? » s'interroge le conseiller d'État Maurice Benassayag. Ses amis en conviennent : Laurent Fabius est assez déroutant. « Il est singulier, admet Jérôme Clément, secret, peu loquace, réfléchissant beaucoup. Comme les surdoués, il semble dans un univers à part. Mais quand il est en confiance, il est très agréable. » Ce caractère un peu « soupe au lait » frappe tous ceux qui l'ont rencontré. Il peut être distant, froid, oublier de dire bonjour et passer quatre heures assis à vos côtés dans un train ou une voiture sans décrocher un mot, comme si vous n'existiez pas. Sans doute de la timidité, de l'introversion, de la pudeur, mais aussi une méfiance instinctive à l'égard des autres, enfin une éducation dont il a conservé une incroyable maîtrise de lui-même. « Un jour que nous quittions ensemble l'Assemblée, raconte Philippe Martin, j'achète deux *Monde* et lui en passe un. Plantu l'avait croqué à la une en malade d'Alzheimer ayant oublié qu'il avait été pro-européen. C'était cruel. J'aurais voulu disparaître. Mais lui n'a pas bronché, peut-être une moue imperceptible des lèvres, et il est passé à autre chose. » Laurent Fabius sait aussi, ses amis en témoignent, être simple, chaleureux et drôle : manger un magret de canard sur un coin de table au milieu de la foule du marché de Vic-Fezensac, passer une heure à choisir un râteau dans un Jardiland, ou pour amuser ses comparses, entrer acheter une paire de bas dans un magasin de lingerie féminine ! Laurent Fabius est un affectif d'une fidélité à toute épreuve. Attentif et disponible avec ses amis qu'il appelle régulièrement : ils savent qu'ils peuvent compter sur lui s'ils ont un problème personnel ou professionnel. Il est aussi attentionné et constant avec tous ceux qui lui sont proches politiquement. Il se fait un devoir de recaser ses collaborateurs. Il garde le contact avec les élus et ne refuse jamais de venir les soutenir dans leur ville ou leur circonscription. De Claude Bartolone à Claude Gewerc, c'est ainsi que beaucoup ont rallié le clan des fabiusiens. En revanche le moindre manquement est assimilé à une trahison.

Il faut enfin évoquer l'élu local dont l'image est bien différente de celle du responsable national. Ouvert, proche des gens, le contact facile. « Vous êtes mieux qu'à la télévision », lui répète-t-on à longueur de rues et de marchés. Le premier adjoint du Grand-Quévilly est apprécié de ses administrés qui le réélisent haut la main depuis vingt ans. Autant pour la rénovation urbaine qu'il a menée, en transformant les cités HLM des années 60 en Skylines redessinées par les architectes Portzamparc ou Wilmotte, que pour l'attention qu'il porte aux problèmes quotidiens des Grand-Quevillais. Le député de Seine-Maritime est un militant de terrain qui rencontre régulièrement les dockers du Havre, soutient la CGT dans les conflits à Renault-

Cléon ou Aventis, et manifeste avec les communistes du cru, pourtant réputés orthodoxes.

À l'automne 2002, une question taraude Laurent Fabius jusqu'à l'obsession : comment retrouver auprès des Français la popularité qui a été la sienne il y a vingt ans, quand il était Premier ministre jeune et moderne, et qui le fuit depuis ? Dans les sondages, à l'automne 2002, il occupe pourtant une position encore honorable : autour de 30 à 40 % d'opinions favorables. Interrogé par *Le Monde* en septembre, Pierre Mauroy le cite en premier comme possible présidentiable. C'est aussi l'avis des Français qui dans une enquête Louis Harris le jugent comme le plus représentatif de la gauche française. Il n'empêche : Laurent Fabius s'agace d'une popularité qui n'est pas à la hauteur de son ambition élyséenne. Durant plus d'un an, il va consacrer de louables efforts à l'améliorer. Jusqu'au pathétique. En homme méthodique, il commence par des assauts d'amabilités auprès de ses camarades du parti. Non sans excès. « Lui qui jusque-là me gratifiait d'une froideur distante, sinon d'une ignorance totale, s'intéresse à moi et me félicite pour mon bronzage », s'étonne un député. Il demande à une autre des nouvelles de ses enfants. « Tu sais, maintenant ils sont mariés ! » lui répond-elle… Il complimente une troisième pour sa nouvelle coiffure. « Ça fait deux ans que j'ai la même »… « Il a discuté vingt minutes avec moi alors qu'il ne m'avait pas adressé la parole pendant vingt ans », raconte ébahie une ancienne collaboratrice de Lionel Jospin. Laurent Fabius déjeune avec tout ce que le parti compte de responsables. Et nouveauté, il fend l'armure, parle de sa nouvelle vie, de son divorce avec Françoise Castro à qui il laisse sa maison du Gers pour s'installer dans une ancienne boulangerie à Carla-Bayle dans l'Ariège. La conversation peut dériver sur l'objectif présidentiel. Comme avec Jean Glavany, qui vide son sac : « Tu es le mieux placé par ton cursus et parce que tu y penses depuis longtemps, commence le député des

Hautes-Pyrénées, avant de poursuivre : Mais pour que tu y parviennes, tu dois lâcher tes coups, assumer tes idées, dire qui tu es, ce que tu penses, ne plus calculer, être enfin sincère et sortir de ton petit cercle de béni-oui-oui pour t'ouvrir et rassembler ! » Deux ans plus tard, Jean Glavany constate : « Il a fait exactement l'inverse, reniant son action au gouvernement, se repliant sur ses fidèles, s'enfermant dans l'insincérité, et les gens le sentent… »

À la rentrée, Christian Blanckaert crée un petit groupe, Image, d'une dizaine de personnes dont la mission est de rendre Laurent Fabius plus humain, d'augmenter non pas son QI mais son QE : quotient émotionnel. « Une quête sans fin ! » ironise l'un des participants au petit déjeuner organisé tous les lundis matin pour faire le point des événements qui peuvent être des gisements de popularité et d'humanité. Denis Olivennes, Stéphane Israël, Nathalie Mercier (EuroRSCG), Philippe Martin (député du Gers) font des propositions : une exposition à visiter, un match à aller voir, une soirée avec des intellectuels. « Et s'il ne faisait que les queues, on le verrait et il pourrait en faire davantage ! » s'amuse un facétieux. Gens du spectacle, artistes, écrivains, Laurent Fabius est partout. Même dans le sport : il suit une étape du Tour de France dans la voiture du médecin Gérard Portes, ou assiste à un entraînement de l'équipe de football de Lyon.

Il ne délaisse pas pour autant la politique. Il rencontre des experts, multiplie les prises de position et les tribunes dans la presse : sur le vote obligatoire, la lutte contre les discriminations, la social-écologie. Il défile en janvier dans Paris avec les trente mille manifestants de Ni pute ni soumise, puis en juillet avec les sept cent mille participants à la parade des fiertés lesbiennes, gays et trans… Il assiste à de nombreux colloques : le séminaire pour réveiller la gauche à l'initiative de Dominique Voynet, le sommet européen de la gauche moderne avec Tony

Blair, les journées des Verts où il affirme son opposition au réacteur nucléaire de troisième génération EPR.

Enfin il engage un tour de France à la rencontre de ses concitoyens : « J'avais besoin de me ressourcer, de sortir des rapports pour aller voir les gens. » Pendant un an, sans les médias, il parcourt la France profonde : « Sa venue chez moi dans les Alpes-de-Haute-Provence s'est très bien passée, se souvient Jean-Louis Bianco, il a débattu de l'Europe avec des étudiants, visité une association d'insertion, rencontré des jeunes patrons innovateurs : il était curieux de tout et donnait unc réelle impression de sincérité et de proximité. »

Laurent Fabius est détendu, bien dans sa peau, en pleine révolution culturelle. Fini les costumes élégants : il déboule aux réunions de Solférino pas rasé, la chemise ouverte, parfois avec un bandana féminin autour du cou ! À table il délaisse l'eau pour un verre de vin. Chercher la femme ? Effectivement, Laurent Fabius vit une sorte d'été indien amoureux. « Aux yeux de sa nouvelle compagne, plus jeune que lui, il est le plus beau, le meilleur, il sera président de la République », témoigne un ami. De quoi être heureux, et avoir envie de le faire savoir. Mais l'embardée n'est pas loin. Laurent Fabius participe à des émissions populaires comme *Les Grosses Têtes* de Philippe Bouvard sur RTL. De son tour de France, il veut faire un livre, celui, écrit-il dans l'introduction, « d'une rencontre, d'une imprégnation physique personnelle avec notre pays et ses habitants » : enseignants dans le Nord, pêcheurs de l'Aude, entrepreneurs nantais, éleveurs de la Meuse, ouvriers du Pas-de-Calais ou simples habitants d'une cité délabrée de Seine-Saint-Denis dont les caves sont pleines de rats. Tout est raconté sous la forme de reportages — les personnes sont appelées par leurs prénoms — entrecoupés de quelques réflexions politiques, ou plus personnelles, voire intimes. Et c'est là que tout dérape. Le livre est une étape dans la longue route vers la présidentielle de 2007. Le but est de montrer un Laurent Fabius humain, proche des Français, qui les aime et partage leurs soucis, leurs joies simples, leurs interrogations. Ainsi, confie-t-il dès les premières pages, son plaisir de rouler à moto, de manger des carottes râpées, de regarder l'émission *Star Academy* (« sorte de conte de fées moderne »), et ses états d'âme quand il découvre à dix-huit ans les débuts de sa calvitie. Le drame se noue quand l'éditeur et sa conseillère en communication Nathalie Mercier décident de privilégier les émissions de divertissement. *Les Fous du roi* de Stéphane Bern sur France Inter et *On ne peut pas plaire à tout le monde* de Marc-Olivier Fogiel sur France 3 tournent à la pantalonnade. Il n'y est question que des carottes, de la moto et de la calvitie, tandis que le malheureux auteur tente désespérément d'aborder des sujets plus sérieux. L'animateur Jean-Pierre Foucault, co-invité chez Fogiel, exécute Laurent Fabius qui raille la politique de communication de Jean-Pierre Raffarin : lui-même ne s'était-il pas fait photographier par *Paris Match* achetant ses croissants en charentaises ?... *Ça commence comme une balade* — titre qui avait été préféré à un *Sans cravate,* encore plus affligeant — se termine dans un fossé quand Éric Fottirino du *Monde* révèle que la fameuse moto, en photo en quatrième de couverture, avait été louée le temps d'un été. L'opération marketing éclate au grand jour. « Pourquoi construire une fausse image de proximité à la Chirac quand Fabius n'avait qu'à cultiver la sienne, celle d'un homme d'État intelligent et sérieux ? » se désole Philippe Martin.

Laurent Fabius jure, mais un peu tard, qu'on ne l'y reprendra plus. « Je suis comme je suis, c'est une erreur de vouloir changer mon image », confie-t-il à quelques proches. Mais le mal est fait : d'une humanisation artificielle ratée, les Français retiennent une fois encore l'insincérité de son auteur.

Quelques mois plus tôt, le congrès de Dijon s'est pourtant bien passé pour Laurent Fabius. Dans un parti traumatisé par la défaite, et à la recherche de boucs émissaires, il a joué la carte du rassemblement, jusqu'à laisser Henri Weber envisager la dissolution des anciens courants du parti. Il participe au combat contre les partisans de la rupture : « Tout le monde veut un parti plus à gauche, mais qu'est-ce que ça signifie ? » interroge-t-il. Il ne manque pas une occasion d'afficher sa loyauté à l'égard du premier secrétaire qui le tient pourtant à distance. Laurent Fabius s'en agace, et finit par se lâcher. Au *Grand Jury* RTL-*Le Monde*, fin novembre, alors qu'on lui demande si le message du premier secrétaire à son égard n'est pas : « Ne sois pas trop visible en ce moment », il répond par la négative, ajoutant : « Au PS il y a pas mal d'éléphants, des éléphanteaux, des éléphantotos, etc., on ne cache pas un éléphant derrière une fraise des bois. » François Hollande rabaissé au rang de fraise des bois : ce n'est plus un simple coup de patte mais l'expression du souverain mépris dans lequel il tient ses concurrents et adversaires. « C'est l'un de ses défauts, avoue l'un de ses conseillers : ceux qui lui font du tort sont nécessairement des cons, des salauds ou des traîtres. » Laurent Fabius ne doute pas d'être le meilleur. Il a, il en est convaincu, une compréhension du monde et une expérience que les autres n'ont pas. Jospin ignore l'économie moderne, Strauss-Kahn manque de sérieux et de vision planétaire, Hollande n'a pas l'étoffe d'un candidat à la présidentielle. Fabius ne peut s'empêcher de l'exprimer en petites phrases assassines ou de se trahir par son arrogance. Un jour que Jean-Marc Ayrault défend une motion de censure contre le gouvernement, Laurent Fabius en réunion de groupe l'interroge sur son discours, puis dans un rapport de maître à l'élève, dispense ses observations et ses critiques devant tous ses collègues. Pendant la campagne référendaire, alors que le Premier ministre espagnol José-Luis Zapatero intervient de façon solennelle devant l'Assemblée nationale, le député de Seine-Maritime trie ostensiblement son courrier avant de quitter l'hémicycle. Toute la presse relève la discourtoisie.

Pour le congrès de Dijon, Laurent Fabius a préparé une intervention sur la mondialisation. Mais la mobilisation contre la réforme des retraites prend de l'ampleur. Il participe à une manifestation et mesure le mécontentement des Français. Son analyse du 21 avril, sur laquelle ont travaillé ses groupes d'experts, s'en trouve confortée : la cohabitation a brouillé le clivage droite-gauche, les catégories populaires ne se reconnaissaient plus dans le discours et la politique du gouvernement Jospin. L'urgence est de revenir à des positions tranchées contre la droite et aux fondamentaux idéologiques de la première gauche : hausse du pouvoir d'achat, défense des acquis sociaux, maintien des services publics. L'opposition frontale sera au cœur du discours de Dijon. Avec en creux une critique du réformisme de gauche de François Hollande qui ne se différencie pas suffisamment du réformisme de droite, et oublie les partenaires de gauche du PS. Deuxième explication du 21 avril : le PS a délaissé la République. Jean-Pierre Chevènement s'en est emparé en martelant les thèmes de l'autorité et de la sécurité face à l'impuissance de l'État. Au printemps 2003, c'est le voile dans les écoles qui soulève la polémique. Laurent Fabius organise à l'Assemblée une réunion avec des enseignants, des élèves et des travailleurs sociaux de quartiers difficiles. « Les témoignages que j'ai entendus m'ont bouleversé. Les politiques se déchargeaient de leurs responsabilités sur le milieu éducatif. Ce n'était plus tenable. » La laïcité devient le second thème de l'intervention de Dijon. « J'ai touché juste, commente aujourd'hui Laurent Fabius, l'accueil du congrès a été bon, sauf chez quelques dirigeants, et cela a débouché sur une loi où notre opposition avec Nicolas Sarkozy est orthogonale. » Le numéro deux du PS gagne sur tous les tableaux : il préempte un thème très public et s'érige en adversaire de Nicolas Sarkozy.

Laurent Fabius obtient à Dijon la responsabilité des élus et des territoires. C'est un poste stratégique pour nouer des liens et promouvoir ses idées : opposition frontale contre la loi Raffarin de décentralisation, soutien des élus aux luttes locales aux côtés des salariés et du mouvement social, union de la gauche dans les municipalités et les départements. Il crée une maison des élus et charge Guillaume Bachelay de « travailler » ses réseaux qui sont la force du Parti socialiste.

Laurent Fabius a marqué des points au congrès. Mais François Hollande s'y est imposé comme le chef du PS, et Fabius voit poindre chez le premier secrétaire un futur rival pour la présidentielle. Il doit accélérer et mettre ses camarades devant le fait accompli de sa candidature qu'il teste auprès de quelques hiérarques comme Daniel Percheron : « Il m'a offert à la rentrée 2003 un Perrier dans un bistro près du Sénat pour me dire qu'il y allait, que c'était son tour. Cela ne m'a pas surpris… » Le président de la région Nord-Pas-de-Calais en profite pour exprimer ses doutes sur la future Constitution européenne, Laurent Fabius lui donne raison. Le 15 octobre, c'est aux Français qu'il fait sa déclaration dans l'émission *Cent minutes pour convaincre.* « Dire que ça ne traverse jamais mon esprit serait hypocrite, et je ne veux pas être hypocrite. » Pendant deux heures, Laurent Fabius s'emploie à démontrer qu'il a changé, mûri. Il rejette l'étiquette de social-libéral puisque « cela veut dire socialiste en peau de lapin ». Il teste un slogan : « Remettre la France en tête », et développe les thèmes qui vont désormais être les siens : le rassemblement de la gauche autour de quelques priorités comme l'éducation, l'emploi, le logement, la Sécurité sociale. Face au député Vert Daniel Cohn-Bendit, il émet des réserves sur les insuffisances du traité européen pour les services publics, l'économique et le social, et son mode de révision. Avant de conclure : « J'aimerais pouvoir le voter, mais je demande qu'il y ait des améliorations. » « Il votera oui, tout le monde le sait », l'interrompt Daniel Cohn-Bendit, habituellement plus perspicace… L'audience de l'émission est décevante : près de deux fois moins de téléspectateurs que pour Dominique Strauss-Kahn. Laurent Fabius n'attire pas. Son ton est pourtant de plus en plus combatif à l'égard du gouvernement, et les formules assez heureuses : « Quand les oiseaux volent bas, c'est qu'il va pleuvoir, quand M. Chirac fait des promesses, c'est qu'il va y avoir des élections », ironise-t-il à trois mois des régionales, avant de commenter les relations tendues entre le Président et Nicolas Sarkozy : « Quand je vois les peignées qu'ils sont en train de se mettre, je me dis que nous, au Parti socialiste, nous sommes des Bisounours ! »

Laurent Fabius participe honorablement aux campagnes pour les régionales et les européennes. Il déserte néanmoins le temps de donner des cours à l'université de Chicago. Sa préoccupation est ailleurs : se doter, dans la perspective de la présidentielle, d'un projet politique.

Il le décline lors d'une conférence devant l'École normale supérieure, reprise dans *Le Monde* sous le titre de : « Réconcilier les deux France ». Le progrès, explique-t-il, ne profite plus à tous, il n'est plus partagé. Il y a aujourd'hui deux France : celle qui envisage son avenir et celui de ses enfants avec confiance, et celle qui est dépossédée de son destin, et comme privée d'espérance. C'est la France des exclus et des sans-droits, des ouvriers, des employés, des petits agriculteurs et d'une partie des classes moyennes, de tous ceux qui se disent que leurs enfants auront une vie plus difficile que la leur. Société bloquée, politiques impuissantes, moteurs du progrès en panne : c'est à la gauche de réconcilier ces deux France. En concentrant son énergie sur quatre priorités : le travail par la création d'emplois, l'école par sa démocratisation, la protection sociale, et le cadre de vie : un logement pour chacun, un droit de cité pour tous. « La France que je souhaite est une France réconciliée et pacifiée, riche de sa diversité mais où vivent des égaux, une France où le progrès profite à tous. » Un texte fondateur qui a tout d'un projet présidentiel, celui-là même qui a tant manqué à Lionel

Jospin. Et pour que personne ne l'ignore, il est adressé aux membres du Bureau national.

Les régionales passées, le moment est venu de jouer cartes sur table. Laurent Fabius commence une tournée des grands-ducs. Il déjeune en avril avec Lionel Jospin. Le retraité de l'île de Ré ne se mouille pas : il n'a aucune opposition de principe à une candidature Fabius, il soutiendra celui qui aura été désigné par le Parti socialiste. Début mai, il tâte le terrain avec François Rebsamen, premier lieutenant de François Hollande et ancien fabiusien :

« Ami, comment vois-tu les choses ?

— Il n'y a pas, je te l'assure, de ligne TSF "Tout sauf Fabius" au Parti socialiste. Ce qui te fait du tort, c'est d'être à la tête d'un courant. Je te le dis depuis sept ans, si tu es toi-même et si tu sors de ton courant, tu recueilleras peut-être une majorité de militants et de sympathisants.

— Et François Hollande ? questionne Fabius.

— À toi d'aller le voir. »

Laurent Fabius s'exécute. Il a déjà rencontré le premier secrétaire en début d'année. Mais les deux hommes, comme souvent les grands fauves de la politique, ont du mal à se comprendre. « Laurent est un peu ambigu, et François ne l'est pas moins », résume Claude Bartolone ! Laurent Fabius redit qu'il est candidat, qu'il est le mieux placé, qu'il en a le plus envie, bref, que c'est son tour. « Et toi, François, envisages-tu de l'être ? » Son interlocuteur élude une fois encore : « Tout dépendra des circonstances, on ne peut dire aujourd'hui qui sera le candidat socialiste. » Fabius explique qu'un arrangement est possible : si le premier secrétaire l'aide pour son élection, il deviendra naturellement son Premier ministre. François Hollande persiste : sa responsabilité de premier secrétaire sera de soutenir celui qui sera le mieux placé, que ce soit Fabius, Strauss-Kahn ou Lang, lui ou un autre… Laurent Fabius sort ébranlé. Il en parle lors du déjeuner des fabiusiens du mardi : « Il s'agirait de savoir ce que veut vraiment François Hollande, je ne le sens pas bien. » Pour en avoir le cœur net, il le rencontre à nouveau début juillet, pour mettre les points sur les *i* : sa détermination est totale, acceptera-t-il, lui François Hollande, d'être son Premier ministre. Stupeur, son interlocuteur lui retourne l'argument. Si lui-même est candidat et est élu, il pourrait bien choisir Laurent Fabius comme chef du gouvernement. Les choses sont claires : « Fabius ne manque pas de culot : il me propose Matignon, mais qui me garantit qu'il tiendra parole : c'est du vent, pour qui me prend-il », s'échauffe François Hollande devant ses proches. Chez les fabiusiens, c'est le choc : « on a toujours su qu'Hollande était drôle, mais là !... » s'esclaffe Guillaume Bachelay. Laurent Fabius ne plaisante plus du tout : « J'ai commencé à comprendre que François Hollande pratiquait un double jeu. Il n'est pas illégitime de sa part d'avoir une ambition présidentielle. Mais on ne peut pas jouer sur les deux tableaux : affirmer partout qu'on se consacre au Parti socialiste, et en même temps tout faire pour être le candidat. Je ne donne pas facilement ma confiance, mais quand je la donne, elle est réelle. Nous faisions équipe ensemble, je l'ai aidé dans toutes les campagnes, on travaillait bien, là j'ai eu le sentiment qu'il me faisait un croche-pied : une petite lumière s'est allumée ! » « Entre Hollande et Fabius, c'était jusque-là "papa pique et maman coud", et ça devient la famille Addams ! » résume à sa façon Jean-Paul Huchon.

Laurent Fabius ne peut pas rester inerte. Depuis des mois, il est encalminé. Le sable lui glisse entre les doigts. Dans le parti, il se marginalise. Dans le pays, sa popularité s'effrite inexorablement. Les opérations de communication pour améliorer son image ont tourné au fiasco. Les concurrents marquent des points. François Hollande est auréolé des victoires du printemps. Il a pris de l'assurance et ne s'interdit plus les plus hautes ambitions. Dominique Strauss-Kahn suit son chemin, celui des idées qu'il allie à son charme personnel. Lionel Jospin est sorti de sa retraite de l'île de Ré et le voilà déjà très haut dans les sondages. Chacune de ses apparitions est un cauchemar pour Laurent Fabius qui voit revenir son ennemi de vingt ans. Le rêve de toute sa vie — la présidence de la République — risque de lui échapper alors qu'il n'avait jamais été aussi près du but. Il faut réagir. Montrer que lui, l'homme au parapluie, sait prendre des risques ; que lui, le politicien, se positionne sur un sujet engageant l'avenir du pays ; et que lui, le social-libéral, peut incarner le refus de la mondialisation et l'opposition à Jacques Chirac. Cet acte politique majeur qu'il cherche à tâtons depuis le 21 avril, il l'entrevoit enfin : la Constitution européenne est l'occasion de « renverser la table » que s'apprêtent à partager dans un consensus mortifère la droite et les socialistes, du moins leurs dirigeants.

Mais sauter le pas n'est pas simple. Laurent Fabius s'interroge. Son entourage est divisé. Dans son bureau de l'Assemblée ou lors des déjeuners du mardi, les discussions sont animées. Henri Weber, Gaëtan Gorce, et Pervenche Béres sont pour le Traité. La députée européenne et membre de la convention fait même figure de « oui-ouiste » forcenée. « Au Bureau national, elle en rajoutait tellement sur l'enjeu européen, comparé à nos petites histoires franco-françaises, que cela devenait horripilant », se souvient Daniel Vaillant. Dans une tribune libre du *Monde* d'octobre 2003, elle stigmatise « ce gauchisme aigre-doux qui dit non à la Constitution européenne ». À l'issue de la dernière séance de la convention, elle a cosigné avec Olivier Duhamel et Jacques Floch un texte soulignant les avancées du traité. Elle s'est même battue pour que la partie trois — qui reprend tous les textes antérieurs et les politiques européennes — soit intégrée à la Constitution, alors que Laurent Fabius en fera l'un des motifs de son rejet. Les fabiusiens partisans du non se font aussi entendre. Paul Quilès mène depuis plusieurs mois un combat déterminé contre la convention. Dès décembre 2003, il demande que le prochain Parlement européen soit proclamé Assemblée constituante. Didier Migaud, qui l'a rejoint, publie avec les députés hollandais Manuel Valls et Jean-Pierre Balligand, dans *Libération* du 2 juillet, un appel contre la règle de l'unanimité des 25, notamment en matière fiscale. Les mêmes lancent le 6 août, avec Paul Quilès, André Laignel et Marie-Noëlle Lienemann, un appel à refuser la ratification du traité constitutionnel. Laurent Fabius reste plus prudent. Il entend les arguments de ceux qui soulignent l'incompatibilité d'une ambition présidentielle et d'un non qui sera interprété comme un refus de l'Europe. Il sait que ses amis du monde économique, Laurent Schweitzer, Denis Olivennes, Serge Weinberg, ne pourront pas le suivre. Lui-même évoque les risques d'isolement de la France et la tradition européenne des socialistes. Mais Claude Bartolone flaire le bon coup politique à jouer : cliver avec la droite. Philippe Martin, député du Gers, et Didier Marie, président du conseil général de Seine-Maritime, deux hommes de terrain, sentent que les Français diront non aux dérives libérales de l'Europe, aux délocalisations et aux fermetures de service public. « Il y a une sorte de vindicte populaire contre l'Europe », expliquent-ils.

Le 22 juin, la réticence de Laurent Fabius face au traité fait la une du *Monde*. « Qu'est-ce qui t'a pris ? » l'interroge au téléphone Jérôme Clément. « La journaliste m'a surpris, ce n'est pas ce que j'ai dit », se défend le numéro deux du PS. Mais il reçoit beaucoup d'autres appels, de félicitations cette fois : « Tu refais de la politique, tu reviens à gauche, on ne peut plus continuer avec cette Europe. » Le créneau qu'il recherchait depuis deux ans pour marquer sa différence, il le trouve sur l'Europe. « Il a jeté un mégot dans une corbeille, et il se rend compte que le feu prend », résume l'un de ses proches. Jean-Marc Ayrault tente un rappel à l'ordre, musclé : « On ne forge pas un destin présidentiel sur une crise de l'Europe », déclare-t-il dans la presse. Son intervention paraît le jour du « pot » de session du groupe socialiste à l'Assemblée. Laurent Fabius s'y rend pour régler publiquement ses comptes avec son camarade : « La vie politique est longue, je m'en souviendrai », l'interpelle-t-il en présence de collègues et de journalistes. Devant deux cents fabiusiens du groupe Ensemble, dans un dîner au Jardin d'acclimatation, il développe ses réticences : l'Europe est trop libérale, elle ne peut pas s'élargir indéfiniment, les pays qui veulent des coopérations renforcées en seront empêchés, l'unanimité indispensable pour réviser la Constitution revient à la figer dans le marbre. Mais il ne se prononce pas encore pour le non.

Les critiques de Laurent Fabius viennent de loin. Il a, c'est vrai, soutenu tous les traités et notamment l'Acte unique, le plus libéral de tous, négocié quand il était à Matignon. En novembre 2002, il signe avec Michel Rocard et Pierre Mauroy une tribune enflammée : « Socialistes de toute l'Europe, unissez-vous ». Mais il a aussi semé depuis vingt ans les petits cailloux de ses doutes qui, selon ses partisans, donnent une cohérence à son rejet du traité. Ministre du Budget en 1983, il fait un temps partie des « Albanais », partisans d'une sortie du franc du système monétaire européen. Le 20 septembre 1992, jour du référendum de Maastricht, on lui annonce vers 19 heures la victoire du non, démentie ensuite. Il confie à Claude Bartolone que l'Europe telle qu'elle s'est construite jusque-là a atteint ses limites, et que les peuples ne la comprennent plus. Deux ans plus tard, il exprime devant le Bureau national du parti son hostilité, sans réforme institutionnelle préalable, à l'intégration de la Suède et de l'Autriche. Dans son livre *Les Blessures de la vérité* (Flammarion) en 1995, il évoque l'erreur de n'avoir pas fait précéder l'élargissement des pays de l'Europe de l'Est d'un engagement communautaire ferme sur l'approfondissement de l'Union. Et il pointe le danger d'une Europe se limitant à une grande zone de libre-échange, Europe technocratique et à vocation exclusivement économico-financière. L'année suivante, il persiste et signe en publiant dans *Le Monde* un

« Plaidoyer pour l'euro-réalisme », dans lequel il réclame d'importantes corrections de trajectoire pour éviter la dilution de l'Europe. En 1999, lors du traité de Nice, au ministre Pierre Moscovici qui fait une présentation très technique de l'accord devant le groupe socialiste, il répond par une mise en garde très politique sur le risque que prend l'Union en s'élargissant sans approfondir son contenu. Son passage au ministère des Finances le conforte sur les dysfonctionnements de l'Europe : la Banque centrale indépendante et irresponsable, le Pacte de stabilité absurde, le temps perdu dans les palabres, l'impossibilité de mener des coopérations renforcées. « J'étais au cœur du système et je me suis aperçu que l'Europe telle qu'on la pratiquait nous menait vers le contraire de ce que je voulais comme européen. »

Survient le 21 avril : l'absence d'Europe dans la campagne, et son rejet par les Français sont pour Laurent Fabius l'une des explications du désastre. Quand en 2003, s'engagent les travaux de la convention, Laurent Fabius réclame que l'approbation des socialistes soit soumise à conditions, et en aucun cas automatique. Aux journées parlementaires, en septembre à l'Institut du Monde arabe, lors du déjeuner avec ses partisans, il tance « l'euro béate », Pervenche Béres : « Que va-t-on exiger, nous socialistes, sur l'harmonisation fiscale et sociale ou sur les coopérations renforcées ? On ne peut pas accepter n'importe quoi. »

Laurent Fabius voit dans l'Europe un autre avantage : celui de se différencier de la droite, et de s'opposer directement au chef de l'État, qui prendra la tête des partisans du traité. Il le pressent dès le lendemain de l'élection présidentielle de 2002. La scène se passe dans le bureau de François Hollande, en juin. Ils sont quelques-uns à regarder Jean-Pierre Raffarin à la télévision. Les commentaires vont bon train sur la prestation médiocre du Premier ministre, quand Laurent Fabius lâche, prémonitoire, et devant ses camarades interloqués : « Le rendez-vous du gouvernement et de Chirac avec le peuple, ce sera le référendum sur l'Europe. » À partir de ce jour, il ne cesse de répéter que les socialistes ne doivent pas se tromper sur l'Europe, et que rien ne serait pire que de se retrouver collés à Jacques Chirac, et coupés des couches populaires.

Au Conseil national d'avril 2004 qui lance la campagne des élections européennes, François Hollande commet l'erreur de jouer la confusion. Auréolé de sa victoire aux régionales, il pouvait imposer aux minoritaires le principe de l'adoption du projet constitutionnel. Gaëtan Gorce le réclame à la tribune. Mais le premier secrétaire préfère mettre entre parenthèses le sujet qui fâche. La campagne se déroule sans que le PS n'aborde la Constitution qui sera pourtant adoptée cinq jours après le scrutin. Laurent Fabius mesure immédiatement le bénéfice qu'il peut tirer du slogan retenu par le PS : « Et maintenant l'Europe sociale ». Le jour où il est présenté, il souffle à Guillaume Bachelay : « L'important, ce n'est pas "l'Europe sociale", c'est "et maintenant" : voilà notre défi, nous ne l'oublierons pas. »

La direction s'est également piégée avec les sept exigences posées pour la ratification. Comme il fallait s'y attendre, plusieurs ne sont pas remplies et la conférence intergouvernementale est en recul sur la convention pour la répression du blanchiment des capitaux mafieux ou les décisions prises à la majorité qualifiée. C'est autant d'arguments pour le non. Laurent Fabius ne les utilise pas tout de suite. Il faut donner du temps au temps pour rendre audible un message compliqué : son non est proeuropéen, il ne se mélange pas à celui des souverainistes, et il n'est qu'en apparence en rupture avec la culture européenne des socialistes. Sans doute hésite-t-il aussi à franchir le pas. Claude Bartolone le nie. De passage le 15 août chez son mentor à Carla-Bayle dans l'Ariège, il a la primeur du livre qu'il est en train de rédiger. La préface est sans ambiguïté, sur la thématique : « Voilà pourquoi je suis contre la Constitution européenne. »

Mais son idée est d'emmener doucement les socialistes vers le non, au rythme de la petite musique qu'il compte faire entendre dans les prochains mois. Rester le plus longtemps possible dans un entre-deux, tout en envoyant des signes aux adversaires du traité. Rien ne presse : François Hollande et Claude Bartolone se sont mis d'accord pour que l'Europe ne vienne pas polluer l'université d'été de La Rochelle. Et Laurent Fabius s'y tient : le 26 août, il publie une page dans *Le Monde* : « La France flotte » (qui rappelle le fameux « La France s'ennuie » de Pierre Viansson-Ponté en 1968). L'Europe n'est évoquée qu'incidemment, sur un ton très modéré. On comprend l'énervement du numéro deux du PS quand il découvre à La Rochelle la tribune des hollandais en faveur de la Constitution, puis sa fureur quand le lendemain François Hollande s'autoproclame chef du oui et candidat à la présidentielle. Pour que le tableau soit complet, il ne manque plus que le retour de Jospin. Et voilà qu'il est annoncé franchissant en héros le pont de l'île de Ré, pour ses grandes retrouvailles avec ses camarades !

Le mercredi 25 août s'ouvre à La Rochelle le séminaire de la direction. Avant que les travaux ne commencent, Laurent Fabius interpelle François Rebsamen sur la tribune de *Libération* parue le matin. « Eh bien, ami, voilà un virage sur l'aile, qu'est-ce que cela signifie, tu aurais pu m'appeler, qui te dit que je n'aurais pas signé ? » François Rebsamen répond, faussement innocent, qu'il n'imaginait pas Laurent Fabius paraphant son texte. Le ton vire à l'aigre : « Je pense, reprend Fabius, que tu fais du sophisme, en affirmant qu'on peut dire oui au traité et non à Chirac, les deux sont intimement liés. Et puis pourquoi avoir fait signer des premiers fédéraux, qu'est-ce que c'est que ce coup ? » « Eh bien, moi, j'ai été surpris par l'appel pour le non de Quilès, Migaud, et les autres, il fallait bien que je rétablisse l'équilibre, et ça ne devrait pas te gêner puisque tu dois être pour le oui [!]…»

Au cours du séminaire, Fabius apprend que le référendum est fixé à l'automne ; puis par une dépêche de l'AFP, l'interview de François Hollande au *Nouvel Observateur* : « Mes colères, mes choix, mon destin… ». Il appelle le premier secrétaire sur son portable, qui minimise ses propos. Puis il passe ses nerfs, à la fin de la réunion, sur François Rebsamen. Une colère froide : « J'aime pas ta façon de faire, François, j'aime pas tes arguments » et dans un élan de franchise : « Tu sais, une seule chose m'intéresse, c'est l'élection présidentielle, et ma détermination est totale. » « J'avais cru le comprendre », répond impavide le secrétaire aux fédérations.

Laurent Fabius est ulcéré par le coup de force du premier secrétaire. Qu'il n'ait pas informé son numéro deux est déloyal. Mais qu'une décision aussi lourde qu'un référendum ait été prise sans consultation des instances dirigeantes du parti relève du pronunciamiento. Laurent Fabius a beau être un politique rompu à toutes les manœuvres, il reste attaché aux procédures, même pour la forme, comme François Mitterrand ou Lionel Jospin qui ne manquaient jamais de convoquer le Bureau national ou un Conseil national sur un sujet important. Dans le TGV qui le ramène à Paris, quatre jours plus tard, il prend encore à témoin ceux qu'il croise : « Tu as vu, ce qui vient de se passer est scandaleux. — Ben oui, mais il est premier secrétaire, se risque un camarade. — Pas du tout, on n'agit pas comme ça, ce type est incroyable, il se croit tout permis !... »

Quand François Hollande débarque à La Rochelle, son lieutenant le met en garde : le rapport de force est incertain, il serait prudent de conserver Laurent Fabius avec soi. François Hollande est serein, il l'a répété à plusieurs interlocuteurs, dont Vincent Peillon. Fabius fait durer le suspense, mais il finira par rallier le oui. François Rebsamen est néanmoins chargé de tester Claude Bartolone. Les deux hommes déjeunent ensemble. Ils se connaissent suffisamment pour aller à l'essentiel. « Je crains qu'il soit presque trop tard pour que nous nous retrouvions sur le oui », prévient « Barto ». Et d'expliquer froidement : « Pour la présidentielle, c'est le tour de Laurent. Or les Français diront non au référendum, parce qu'ils diront non à Chirac. Pour être élu, Laurent ne peut pas être contre les Français ». En clair,

Laurent Fabius aurait décidé de faire campagne contre le traité pour être en phase avec l'opinion publique, notamment de gauche. François Rebsamen tente de convaincre son interlocuteur qu'il se trompe, que les Français savent ce qu'ils doivent à l'Europe. Barto n'en démord pas : ils voteront non. Quant à François Hollande, il a abandonné son rôle d'arbitre sous l'influence de quelques-uns comme Julien Dray : c'est, selon Bartolone, « l'effet Vallauris » (le lieu de vacances où les deux hommes se rencontrent tous les étés).

Claude Bartolone revient à la charge un peu plus tard, directement auprès de François Hollande. Il lui met le marché en main : Laurent Fabius céderait sur le oui si sa candidature présidentielle est retenue. Le premier secrétaire refuse de s'engager. Mais dans les jours qui suivent, il met un codicille à son oui socialiste : il pourrait se transformer en non si Jacques Chirac cherchait à le récupérer pour conforter sa légitimité. « C'est du sophisme », commente Fabius dans un haussement d'épaules.

Les universités d'été virent au surréalisme. Les séances sont exclusivement consacrées aux politiques néfastes du gouvernement. Mais les couloirs ne bruissent que de la Constitution. Conciliabules, dîners de comploteurs… Une poignée de hollandais et de fabiusiens qui n'ont pas encore compris le film qui se joue tentent d'établir des passerelles. Élisabeth Guigou, Martine Aubry, Bernard Kouchner d'un côté, Pervenche Béres, Gaëtan Gorce, Jacques Floch, de l'autre, se réunissent pour créer une coordination du oui. Mais Pervenche Béres regimbe : elle est pour le traité, mais compte tenu de l'évolution de Laurent Fabius, elle ne peut pas garantir qu'elle se prononcera pour le oui. D'autres contacts se nouent au hasard des rencontres aux terrasses des cafés du port de La Rochelle. Henri Weber, très embarrassé, assure que Laurent Fabius n'a pas encore tranché. Dans les arrière-salles, on complote : Bartolone appelle Philippe Bonnefoi, le pointeur du NPS, pour qu'ils fassent ensemble un comptage des non dans le parti. Laurent Fabius a besoin d'y voir clair. Vincent Peillon donne son accord à condition que la plus grande discrétion soit de mise… C'est raté ! Le lendemain matin, François Hollande prend Vincent Peillon dans un coin : « Je sais que vous en êtes à faire les comptes avec Laurent Fabius. — Oui, François, répond le leader du NPS, comme Rebsamen et Le Foll en font de leur côté depuis deux mois ! » La paranoïa est telle que certains au NPS vont soupçonner Rebsamen d'avoir machiavéliquement poussé Fabius vers le non pour en casser la dynamique, les militants nonistes de gauche refusant le concubinage avec l'ancien ministre social-libéral.

Beaucoup d'élus encouragent Laurent Fabius à l'audace, à l'instar de Claude Gewerc, président de Picardie : « N'écoute pas le petit milieu parisien : si l'UMP, l'UDF et le PS disent oui, les Français eux diront non. Je rencontre tous les jours dans ma région des gens qui ne comprennent pas que l'usine moderne d'Arcelor de Creil parte en Pologne. »

Il est encore trop tôt pour que le numéro deux du PS se dévoile, mais il envoie quelques signes. Au cours des débats de l'université d'été, il fustige « les délocalisations chantage » ; devant les journalistes invités dans le café branché La Java des paluches, il affirme que « les Français attendent qu'on les défende ».

Comme tous les ans, les fabiusiens se retrouvent le dimanche matin au Novotel de La Rochelle. Mais cette fois le ban et l'arrière-ban ont été conviés : ils sont plus de 70, le double d'une année normale, grands élus, responsables fédéraux et simples militants. Laurent Fabius introduit les débats de façon neutre, en présentant les avantages et les inconvénients du traité. C'est à ses lieutenants, Claude Bartolone, Paul Quilès, Jean-Michel Boucheron, qu'il revient de déclencher l'artillerie lourde contre le traité, avec un ultime argument : il faut accompagner le rejet de l'Europe qui est latent chez nos concitoyens, et ne pas recommencer l'erreur que les socialistes ont commise avec l'insécurité en 2002. Gaëtan Gorce est choqué par une démarche populiste. Il prend la parole et réclame à Laurent Fabius de mettre tout son poids dans la balance en faveur du oui. Paul Quilès le rappelle sévèrement à l'ordre : le débat est collectif, on ne doit pas interpeller Laurent Fabius. C'est la seule fausse note. Toutes les autres interventions sont dans l'harmonie du non. Les partisans du traité se taisent. Le message de la mobilisation contre la Constitution est passé.

Dans le train qui ramène les socialistes à Paris, c'est l'effervescence. Laurent Fabius appelle personnellement plusieurs barons du parti, comme Daniel Percheron, pour s'assurer de leur soutien. Julien Dray veut jouer les conciliateurs : « donnez-nous vos conditions, on est prêts à y répondre favorablement ». Le lendemain soir Laurent Fabius rencontre discrètement François Hollande. Il lie une nouvelle fois le référendum à l'élection présidentielle et redemande au premier secrétaire de soutenir sa candidature pour l'Élysée. François Hollande répète que le parti se rangera derrière le socialiste le mieux placé pour l'emporter.

Laurent Fabius accentue son forcing. Il rend visite à Jean-Marc Ayrault. Le message, invariable, tient en trois mots : « C'est mon tour ». Il déjeune avec Henri Emmanuelli dans le restaurant parisien de Gérard Depardieu. Les deux hommes se sont beaucoup affrontés dans le passé quand le fils préféré de François Mitterrand s'était lancé à la conquête du PS, ou quand le député des Landes brocardait le social-libéralisme du ministre de l'Économie. Ils se sont aussi rapprochés quand Laurent Fabius a épaulé Henri Emmanuelli contre Lionel Jospin pour l'investiture présidentielle de 1995. La franchise est donc de mise, et c'est sans fioriture que Fabius pose la question de confiance. « Si je vote non, soutiendras-tu ma candidature pour l'élection présidentielle ? » « Ton refus de la Constitution sera un acte politique fort, lui rétorque son interlocuteur, tu en toucheras les dividendes, mais nos lignes politiques sont différentes, et même si je suis né près de chez Bernadette Soubirous, je ne crois pas aux miracles ! » Et, se tournant ironiquement vers Claude Bartolone qui déjeune avec eux : « Pour qu'il n'y ait pas de malentendus, je demande à Claude d'écrire que je ne t'ai rien promis, et nous signerons tous les trois ! »

Laurent Fabius doit maintenant s'engager devant les Français. La tâche est ardue. Comment rendre compréhensible un non pro-européen ? Comment le nuancer sans le relativiser ? L'entourage est divisé. Les politiques comme Claude Bartolone, Paul Quilès et Guillaume Bachelay font pression pour un non clair et offensif. Quand en marge du Bureau national du mardi, Julien Dray redemande aux fabiusiens leurs conditions pour le oui, Claude Bartolone lui répond qu'il n'y en a plus, que Fabius dira non. Mais les amis du numéro deux, du monde de l'entreprise ou de la communication comme Denis Olivennes ou Jérôme Clément, ainsi qu'Henri Weber ou Stéphane Israël plaident dans leurs notes en faveur d'un oui conditionnel. Laurent Fabius y réfléchit le week-end dans sa maison de Carla-Bayle. L'avant-veille de son intervention sur France 2, il fait le point à son domicile parisien avec Claude Bartolone : « Le référendum est binaire, à la télévision tu dois tout de suite poser le non et l'expliquer ensuite », assure Bartolone. Mais Laurent Fabius ne souhaite pas fermer toutes les portes, il lui paraît plus habile de ressortir sous un nouvel habillage les fameuses exigences que les socialistes avaient formulées pour l'acceptation du traité. « J'ai considéré que plutôt que de prononcer un non sec, explique-t-il aujourd'hui, il valait mieux fixer des conditions à Jacques Chirac et voir s'il était ou non d'accord pour les reprendre à son compte. » Toujours cette volonté d'affronter directement le président de la République. Le 9 septembre, les Français découvrent, trente ans après le « oui mais » de Valéry Giscard d'Estaing, le « non sauf si » de Laurent Fabius. Il met en demeure le chef de l'État d'obtenir une révision du pacte de stabilité en faveur de l'emploi, un budget européen « amplifié » pour la recherche, ainsi qu'une harmonisation fiscale pour lutter contre les délocalisations. Sinon, il votera contre le traité. Le message est alambiqué. La presse s'en donne à cœur joie, comme *Libération* qui titre sur « L'embrouille ». Les socialistes européistes oublient la camaraderie. « On attendait une réponse claire, il a choisi de dire : ni oui ni non », raille Julien Dray. Plus cruel, Dominique Strauss-Kahn fait la leçon : « Vouloir se présenter en homme d'État et remettre son choix entre les mains de Jacques Chirac ne semble pas raisonnable, il faut être capable de se mouiller. » Son rival pour l'élection présidentielle appuie là où ça fait mal : une fois encore Laurent Fabius n'a pas osé assumer un risque, c'est bien un opportuniste. « Nous avons raté la première marche, et nous en avons pris plein la tête », admet Guillaume Bachelay. D'autant que Jacques Chirac, aux côtés de José-Luis Zapatero, balaie les exigences de Laurent Fabius. Face à ce nouveau revers, le député de Seine-Maritime doit réagir. Coup de chance, RTL et LCI lui proposent *Le Grand Jury* du dimanche soir. Affaire conclue. Puisque le « non sauf si » n'a pas été entendu, ce sera le non tout court. Il en informe ses amis par téléphone. « Tu t'embarques dans une drôle d'histoire », l'alerte Jérôme Clément. Claude Bartolone est aux anges. « Comme au Tac O Tac, tu auras une chance au grattage avec le référendum socialiste, et une au tirage avec la consultation nationale ! » Les hollandais ont jusqu'au bout espéré récupérer Laurent Fabius. Le mercredi, veille de l'émission de France 2, Henri Weber assure à Stéphane Le Foll dans les couloirs du parlement de Strasbourg, que son mentor s'apprête à faire une ouverture. Le lendemain matin de l'intervention, François Hollande donne son feu vert à François Rebsamen pour qu'il saisisse la perche tendue par Laurent Fabius. À 11 heures, Rebsamen propose à Bartolone que le PS reprenne et assume « les conditions du non sauf si ». Mais Bartolone n'est plus dans ce schéma-là. « Vois ça avec Weber et mettez-vous d'accord sur un texte », concède-t-il sans y croire. Le texte ne verra jamais le jour. « L'idée de dire oui, puis de fixer des conditions, analyse Laurent Fabius, ne pouvait pas marcher : on allait garder le oui et oublier le reste, la logique était que Jacques Chirac devienne le chef du oui et que notre oui exigeant se transforme en “Vive la Constitution” : c'est ce qui s'est passé. »

François Rebsamen a un deuxième fer au feu : il annonce une prochaine réunion de la majorité pour débattre d'un texte « pour un oui socialiste », qui sera ensuite soumis aux militants. Une façon de forcer la main à Laurent Fabius avant son intervention du dimanche. La réaction des fabiusiens est à la mesure du piège tendu. « C'est une opération “je ne veux voir qu'une seule tête”, qui n'a comme objet que de nous diviser », s'insurge Paul Quilès. Sur LCI, Laurent Fabius lève toute ambiguïté : il votera non parce qu'il veut une Europe plus sociale, avec davantage de coopérations renforcées, et sans les politiques de l'Union que le traité va figer dans le marbre. Des thèmes qu'il va marteler jusqu'au référendum national du 29 mai.

En ralliant le camp du non, Laurent Fabius fait le grand saut. Il relance la guerre des deux roses — réforme contre radicalité —, et bouleverse les équilibres internes au PS. L'ancien ministre de l'Économie symbolisait un socialisme moderne qui revendiquait les baisses d'impôt, la prime pour l'emploi, l'ouverture du capital des entreprises publiques. Un socialisme à la Tony Blair que stigmatisaient Henri Emmanuelli ou Arnaud Montebourg, ses nouveaux alliés. À la communauté du non, selon l'expression de Montebourg, Laurent Fabius apporte sa crédibilité et le poids de son courant. Mais dans un souci de cohérence, il va devoir lester son discours à gauche, au risque de paraître à contre-emploi, et d'aggraver le soupçon d'insincérité qui le fragilise dans l'opinion.

Au Conseil national du 9 octobre chargé d'organiser le référendum militant, François Hollande enfonce le clou : « les partisans du non en reviennent à l'idée de rupture, c'est-à-dire à un socialisme sans compréhension du monde tel qu'il est. Ils installent un discours qui laisse à penser que l'on peut peser sur tout ». Dominique Strauss-Kahn est encore plus explicite : « Si le oui l'emporte le parti sera enfin assumé comme un vrai parti social-démocrate. Dans le cas contraire, l'ambiguïté qui prévaut entre réformistes et partisans de la rupture perdurera. » Laurent Fabius refuse cette dramatisation : il se sent très bien dans la majorité, l'identité socialiste n'est pas en cause, tous les socialistes sont européens, ils ne s'opposent que sur la tactique...

La campagne du non s'organise. Comme pour le congrès de Metz en 1999, Paul Quilès est, avec Claude Bartolone, aux manettes pour mobiliser les élus, organiser les réunions et faire quotidiennement le point fédération par fédération. Pour les comptages, Pascal Popelin travaille avec le NPS David Assouline. Mais ils ne sont pas aisés : Nouveau Monde et NPS ont comme référence leurs trente-six mille voix du congrès de Dijon. Mais les fabiusiens ne se sont pas comptés depuis le congrès de Rennes en 1990. Ils espèrent apporter environ dix mille suffrages. Cela fait sur le papier un total de quarante-six mille votants, qui devraient, si la participation n'est pas trop forte, leur assurer une majorité. Chacun s'active. Paul Quilès et Manuel Valls animent sur Internet le site « ambitioneurope.com » qui s'offre le plaisir de reprendre quelques déclarations imprudentes de partisans du oui lors des élections européennes. « Si nous, nous ne faisons rien, c'est l'harmonisation sociale par le bas qui se produira », lançait alors Jean-Marc Ayrault. « Ayons au moins autant de courage que Jean Monnet et ses partenaires quand ils ont renversé la table et changé de méthodes », s'enflammait un an auparavant Dominique Strauss-Kahn.

Laurent Fabius est en première ligne. Quand il ne tourne pas dans les fédérations il téléphone personnellement aux élus : « Déterminez-vous selon vos convictions, et n'oubliez pas le choix que feront le moment venu tous vos électeurs : le non peut être majoritaire à gauche et demain dans le pays. » « Il a demandé à parler à mon mari et l'a appelé par son prénom », se rengorge l'épouse d'un maire d'une petite commune du Nord. Il y a cependant des pertes en ligne chez les fabiusiens. Jack Lang, Jean-Louis Bianco, le député européen Gilles Savary, Béatrice Marre, Jacques Floch le quittent. La rupture, Laurent Fabius la vit comme une trahison, et sa rancune est tenace. Le mardi qui suit l'émission RTL-LCI, les fabiusiens tiennent leur déjeuner à l'Assemblée. Gaëtan Gorce y participe depuis deux ans. Cette fois Claude Bartolone le prévient qu'il n'est plus le bienvenu, puisqu'il est en faveur du traité : « Tu sais, désormais on est pour ou contre Laurent. » Et ledit Laurent se fait un devoir d'aller dans la Nièvre de Gaëtan Gorce soutenir le non et débaucher le président du conseil général.

À la direction du parti, l'ambiance tendue tourne au délétère. Les fabiusiens se taisent, et leur mentor affiche sa moue dubitative. Jusqu'à ce secrétariat national où il réclame que le PS exige un débat au Parlement sur l'adhésion de la Turquie, suivi d'un vote où les socialistes se prononceraient contre. « Je ne suis pas d'accord, réplique immédiatement François Hollande, le débat porte sur la Constitution, pas sur la Turquie. Les deux sujets sont déconnectés… — Pas du tout, ils sont liés, l'interrompt Laurent Fabius. — Tu te tais, je n'ai pas terminé ! » explose François Hollande. Jamais le premier secrétaire ne s'était adressé de la sorte à son numéro deux, qui était chef de gouvernement quand lui n'était que conseiller technique à l'Élysée. Laurent Fabius reste interdit. Un ange passe, puis la discussion reprend cahin-caha. André Vallini griffonne un petit mot pour François Hollande : « Bravo, dès que tu élèves la voix, il se tait, il est comme ça Fabius, il te piétine mais quand tu lui résistes, il recule. Fais-toi respecter ! »

Les adversaires du traité sont partis confiants. « En faisant les additions, je ne vois pas où les tenants du oui vont trouver les voix pour passer les 50 % », se réjouit Henri Emmanuelli. Mais la campagne tourne à l'avantage des partisans de la Constitution. De Jaurès à Mitterrand, l'Europe est consubstantielle à l'identité socialiste, et les vieux militants, parfois anciens résistants, mettent en garde contre un non qui menacerait l'Europe de la paix. Les chefs de gouvernement ou des partis sociaux-démocrates rappellent qu'un rejet couperait les socialistes français de leur famille. Le spectre de la crise du parti — Jean-Luc Mélenchon rêve tout haut d'une nouvelle majorité, type Liévin — et celui d'un *remake* du congrès de Rennes provoquent un réflexe légitimiste, voire plébiscitaire en faveur du premier secrétaire, et donc du oui. Conscient du danger, Laurent Fabius tente de dédramatiser le vote : la direction et la majorité de Dijon ne sont pas en cause, le non ne déclenchera pas de crise en Europe ; il suffirait, pour rendre le traité acceptable, de revoir son mode de révision, de l'alléger de sa partie 3, et de faciliter les coopérations renforcées… Mais du même coup, Laurent Fabius donne le sentiment de « jouer petit bras » : la Constitution n'est pas si mauvaise, l'ultralibéralisme, les délocalisations, les menaces sur la laïcité sont oubliés, l'avenir de la France n'est plus l'enjeu…

Au soir du vote du 1er décembre, Laurent Fabius reste discret. Mais pas inactif. Il appelle ses fidèles pour leur remonter le moral et leur faire passer le message : « Ce soir, c'est le temps des militants, mais viendra celui du peuple, on verra s'il y a concordance. » Il leur donne pour instruction de rester prudents, légitimistes, mais sans aller jusqu'à coller les affiches du oui ! Claude Bartolone passe le voir à son domicile, avant de rejoindre le premier cercle des fabiusiens dans un café de la République : Guillaume Bachelay, Pascal Popelin, Florence Ribard, Pascal Jouanne. Ils rentrent se coucher vers 5 heures du matin. À 8 heures, la sonnerie du téléphone réveille Guillaume Bachelay. Un Laurent Fabius serein est au bout du fil :

« Maintenant, il faut organiser la suite. Envoyons un petit mot à tous nos amis qui nous ont soutenus, et préparons le référendum, le vrai ! »

Le numéro deux du parti veut le rester ! Dès que les résultats ne font plus de doute, il appelle François Hollande pour convenir d'un rendez-vous. Le lendemain jeudi, le député de Seine-Maritime, *fair-play* et consensuel, prend acte, au 20 heures de France 2, du résultat. Il assure qu'il sera loyal et souhaite « bien sûr » conserver son fauteuil, car l'unité est plus que jamais nécessaire au Parti socialiste. François Hollande, en direct au même moment sur TF1, est pris à contre-pied par les bonnes manières de son numéro deux. Il souligne néanmoins qu'il n'y a qu'une ligne au PS, celle du oui au traité constitutionnel. Les deux hommes se rencontrent à Solférino le vendredi après-midi. Laurent Fabius jure de nouveau sa loyauté. François Hollande le teste sur le vote au Parlement de la révision constitutionnelle avant le référendum national : « Je ne voterai pas contre, je m'abstiendrai », le rassure son numéro deux ; sur la campagne référendaire : « Je ne ferai pas de meeting, je ne gênerai pas le PS, mais je ne cacherai pas ce que je pense. » C'est du moins le récit de l'entretien qu'en fait aujourd'hui Laurent Fabius, qui ajoute : « J'ai respecté mon engagement, et tous ceux qui affirment que ma voix a beaucoup pesé sont les mêmes qui prétendent que je suis marginal ! »

François Hollande commet-il l'erreur de faire confiance à son second, ou plutôt l'estime-t-il hors d'état de nuire et moins dangereux à l'intérieur qu'à l'extérieur ? En tout cas, il se trompe. Dès le lundi matin, Laurent Fabius réunit ses troupes — une centaine d'élus — pour un petit déjeuner avant le Conseil national qui doit entériner la nouvelle direction du parti. Sa combativité est intacte : « François Hollande va rencontrer les mêmes difficultés vis-à-vis du pays que nous vis-à-vis du PS. Nous n'avons pas pu faire comprendre que le non pouvait être pro-européen, ils ne parviendront pas à faire croire que le oui est socialiste, quand il se mélange à ceux de Giscard d'Estaing, Chirac et Sarkozy. » Surtout quand les autres forces de gauche, la CGT et les altermondialistes, vont faire campagne contre le traité.

Au Conseil national, Laurent Fabius fait le gros dos quand François Hollande affirme qu'il n'y a plus qu'une réponse au traité, c'est le oui, et qu'il n'y aura qu'une seule campagne et non pas deux. Le soir même, une vingtaine de fidèles l'invitent à dîner : Claude Bartolone, Henri Weber, Jérôme Clément. On s'amuse beaucoup. François Hollande a comparé le Parti socialiste à un immeuble collectif sans petit pavillon pour le non : « Oui mais dans ce cas, il ne doit pas y avoir d'expulsion hivernale », plaisante Philippe Martin en référence aux adversaires du traité qui ont été exclus de la direction. « Quitte à faire revenir des ministres jospiniens (à propos du trio Aubry-Strauss-Kahn-Lang), pourquoi pas Claude Allègre pour enchanter les enseignants ! » ricane un autre. Au-delà de la convivialité, le message est clair : le combat continue, le référendum national est gagnable, et la détermination de Laurent Fabius à être candidat pour la présidentielle n'est en rien entamée. Pas même par les derniers sondages catastrophiques : BVA-*Libération* et CSA-*Le Parisien* le placent bon dernier des présidentiables socialistes, loin derrière le revenant Jospin, puis Hollande, Lang, Strauss-Kahn… « Laurent Fabius apparaît comme le vaincu le plus célèbre de l'année », commente Alain Duhamel.

Six jours après le référendum, le déjeuner du mardi des fabiusiens à l'Assemblée est loin d'afficher complet. Mais le mot d'ordre est offensif : on reste loyal, mais on garde ses convictions et on les exprime quand on nous le demande. Et pour 2007, on est déjà reparti ! Claude Bartolone est chargé de réactiver les réseaux et de les réunir pour une démonstration de force à la fin janvier. Dans les couloirs de l'Assemblée, il résume d'un mot l'état d'esprit : « Taïaut » : le cri de ralliement de la meute dans une chasse à courre.

CHAPITRE 6

DOMINIQUE, MARTINE, JACK ET SÉGOLÈNE !

« N'est pas un bon soldat celui qui ne cherche pas à devenir Général. »

Alexandre Pogosski.

Ils ont des idées, de l'expérience, et de l'autorité. Pourquoi ne porteraient-ils pas en 2007 les couleurs d'un Parti socialiste en panne de leader ? Ils sont quatre à se poser la question pour eux-mêmes, quatre anciens ministres de Lionel Jospin, qui ont fait leurs premières armes sous François Mitterrand : Dominique Strauss-Kahn, Martine Aubry, Jack Lang et Ségolène Royal. Chacun a des atouts, mais aussi des insuffisances, qui expliquent qu'aucun n'ait pu prendre en trois ans un avantage décisif. Ils revendiquent un socialisme réformiste, et appartiennent à la majorité de François Hollande. Pour remporter l'investiture, ils doivent séduire les Français — les socialistes ne désigneront pas un prétendant rejeté par les sondages — et gagner la confiance des militants. Dominique Strauss-Kahn, Martine Aubry, Jack Lang et Ségolène Royal jouent sur des registres différents : le renouvellement des idées pour le premier, le volontarisme de gauche pour la seconde, la popularité pour le troisième, la détermination de l'élue de terrain puis la faveur des médias pour la quatrième.

Dominique Strauss-Kahn séduit : il est brillant, inventif, pédagogue. Mais ses détracteurs le jugent dilettante, superficiel, et incarnant cette gauche américaine qui est une marque d'infamie pour beaucoup de socialistes. Peu lui contestent son côté surdoué, avec un talent particulier pour « scanner » le texte qu'il lit et en retirer la substantifique moelle. Sa formation, HEC, Sciences po, agrégation de droit et d'économie politique, lui assure la compétence en économie et l'ouverture d'esprit des universitaires qui manque parfois aux énarques. Il est l'un des rares politiques français à s'exprimer couramment en anglais et en allemand, ce qui lui vaut d'intervenir dans de nombreux colloques internationaux, avec la fine fleur des grands dirigeants d'entreprises ou responsables gouvernementaux. Dominique Strauss-Kahn est un défricheur à l'affût de toutes les innovations. L'anecdote retient sa passion presque enfantine pour les technologies nouvelles. Il est « Mac », et adore bluffer son interlocuteur avec son dernier Palm, Blackberry, ou plus modestement son dernier téléphone portable dont la luminosité est exceptionnelle ! « DSK » (comme on dit JFK ou VGE, en hommage à la modernité !) manie les concepts avec dextérité. On lui doit le réformisme radical ou le développement solidaire. Mais « Magic Strauss-Kahn », comme la presse l'avait surnommé lors de son passage à Bercy, sait aussi faire fonctionner la machine d'État. La chance ne peut expliquer à elle seule le retour à une forte croissance, la création de deux millions d'emplois et la diminution des déficits publics : c'est parce que de tels résultats paraissaient inatteignables que Jacques Chirac avait dissous l'Assemblée en 1997.

L'ancien professeur d'université est un excellent pédagogue, aussi à son aise devant une assemblée de banquiers qu'avec des jeunes beurs de banlieue. « Quand il parle d'économie à la télévision, on comprend tout et on se sent intelligent », observe

Marylise Lebranchu. Mais Dominique agace également beaucoup. Déjà par son côté enfant gâté : des parents aisés qui lui ont assuré une enfance heureuse au Maroc et à Monaco (!), des études faciles, le charme des grands séducteurs, un parcours politique rapide derrière François Mitterrand et Lionel Jospin, une carrière professionnelle lucrative comme banquier d'affaires, des amitiés multiples y compris avec l'ancien vice-président du patronat Denis Kessler, une vie de grand bourgeois avec appartement dans les beaux quartiers de Paris et riad à Marrakech, une femme — Anne Sinclair — vedette du petit écran... bref, aux dires de certains socialistes, DSK serait trop « parisianiste », trop jet-set, et quand ils se laissent aller, trop affairiste. Dominique Strauss-Kahn a dû démissionner de son poste de ministre après avoir été mis en cause dans le dossier de la MNEF. Il est ensuite impliqué dans la rocambolesque histoire de la cassette Méry qu'il a égarée, sans l'avoir visionnée. Au bout de deux ans, il est mis hors de cause. Mais il subsiste une impression de légèreté, de désinvolture, et la mise sur la place publique d'honoraires de 663 000 francs. Décidément, un homme loin du peuple.

Son dilettantisme exaspère certains camarades souvent moins doués que lui. « C'est injuste, le défend Gilles Finchelstein, l'un de ses plus proches collaborateurs, Dominique travaille beaucoup, ses journées sont longues, même s'il ne se sentait pas obligé d'organiser à Bercy ses premières réunions à 7 heures du matin. Il est difficile de suivre son rythme, simplement il donne une impression de facilité. » DSK peut en parallèle traiter un problème d'urbanisme à Sarcelles, réfléchir à un dispositif institutionnel pour lutter contre la pauvreté dans le monde, et réfléchir à un discours pour un meeting sur l'Europe. Contrairement à d'autres, il sait travailler en collectif. Il aime le débat, jusqu'à se livrer régulièrement au petit exercice intellectuel qui consiste à défendre avec autant d'arguments et de convictions une thèse et son contraire, selon son interlocuteur. Le ministre de l'Économie allait soutenir pied à pied un amendement secondaire au Sénat, juste pour le plaisir d'avoir le dernier mot dans la discussion. C'est aussi son côté compétition, qu'il affectionne dans le jeu d'échec ou le sport : il a joué au rugby et reste un très bon skieur. Dominique Strauss-Kahn aime la vie, et résiste difficilement au plaisir de séduire ou de charmer : œillades, SMS, sourire ravageur ! À l'inverse, il déteste s'ennuyer. Et ne le cache pas. « Il faut le voir arriver nonchalamment à une réunion, jouer avec son ordinateur, sortir téléphoner… » raconte avec indulgence Daniel Percheron. D'autres camarades en ont moins, et sont même exaspérés par une attitude désinvolte qui, est-ce par mimétisme, serait également celle de ses affidés Pierre Moscovici, Jean-Christophe Cambadélis ou Marisol Touraine. Ils y voient la confirmation que Dominique Strauss-Kahn n'est pas tout à fait sérieux, et qu'il n'est pas prêt à faire tous les sacrifices pour mener au bout sa candidature.

Enfin, DSK serait trop « droitier », dans un Parti socialiste qui conserve la nostalgie de la lutte des classes. « Son image de libéral lui colle à la peau », explique Kader Arif. Or les militants ont tendance à couvrir d'un même opprobre l'ultralibéralisme, et le libéralisme tel qu'il fonctionne dans une économie de marché. Dominique Strauss-Kahn refuse la confusion. Il s'est prononcé dans son livre *La Flamme et la cendre* (Grasset) en 2002 pour l'ouverture du capital d'EDF. Ce qui ne l'empêche pas de prôner un réformisme qui attaque les inégalités à la racine, avec des propositions plus hardies que celles qui figurent dans la vulgate socialiste.

L'idée de sa candidature se concrétise dès 2002. Dans la semaine qui suit le 21 avril, et après avoir envisagé un court instant d'abandonner la politique, ils sont quelques-uns à réfléchir avec lui sur les leçons à tirer du cataclysme. Parmi eux, Laurent Azoulay, un homme d'influence au Parti socialiste — il a notamment été trésorier — pour qui le risque est la fausse explication d'un gouvernement Jospin qui n'aurait pas été suffisamment à gauche. L'erreur du candidat est de n'avoir pas proposé aux Français un projet de société, et le chemin pour y parvenir. Le moment serait donc venu de clarifier la pensée socialiste et d'assumer la social-démocratie. Dominique Strauss-Kahn serait le mieux placé pour relever ce défi. L'intéressé est dubitatif, il n'a pas de courant et manque d'assise au PS, même si les anciens réseaux jospiniens et rocardiens restent mobilisables. Début juin, il vient soutenir pour les législatives son ami Jean-Christophe Cambadélis dans le XIXe arrondissement. C'est Strauss-Kahn super-star : on l'applaudit, on lui demande des autographes et des nouvelles d'Anne Sinclair ! « C'est ta campagne présidentielle qui commence », plaisante « Camba ». Quelques instants plus tard, la discussion se fait plus sérieuse autour d'un verre à la permanence : « Tu peux être le candidat socialiste à la présidentielle, à trois conditions… — Ah bon, lesquelles ? » répond nonchalamment Strauss-Kahn les pieds sur la table. Et Cambadélis, en théoricien éclairé, d'expliquer que DSK doit proposer aux Français un projet socialiste s'inscrivant dans la mondialisation (ses compétences économiques et son expérience ministérielle lui donnent la crédibilité) ; qu'il doit se préparer à affronter des rivaux, notamment Fabius et Hollande ; enfin et surtout qu'il doit se concentrer sur cette ambition, y travailler inlassablement et s'imprégner de la réalité de ce pays. « Je vais y réfléchir », promet Strauss-Kahn. Dans les semaines qui suivent, les réseaux jospino-rocardiens sont activés, avec l'objectif de tenir fin août une grande réunion en marge des universités d'été de La Rochelle. Laurent Azoulay, Jean-Christophe Cambadélis, Pierre Moscovici, Alain Richard, Alain Bergounioux, battent le rappel, font les couloirs de La Rochelle, et ce sont trois cents élus et militants, parmi lesquels quelques premiers fédéraux, qui se retrouvent le vendredi dans la salle de l'Oratoire. Dominique Strauss-Kahn annonce qu'il va s'engager pour le congrès et peut-être pour d'autres rendez-vous. À Cambadélis, il confie : « Tu sais ton truc, j'y ai réfléchi, c'est jouable, et je vais y aller… »

La première bataille à remporter est celle du congrès de Dijon, contre le socialisme de la radicalité. DSK doit-il courir sous ses propres couleurs en présentant sa motion réformiste au vote des militants ? Les jospiniens Touraine et Azoulay sont pour ; Pierre Moscovici est hésitant et les rocardiens Huchon, Bergounioux et Richard fortement opposés au motif que la priorité est à l'unité et à la reconstruction du parti. Pour ne pas diviser ses amis, réunis dans le club Socialisme et Démocratie, DSK renonce à la motion et rejoint celle de François Hollande. Mais il entend promouvoir ses idées. Quelques discours et une tribune dans *Le Monde* du 3 octobre lui en fournissent l'occasion. Il cite en exemple les victoires de Gerhard Schröder en Allemagne et des sociaux-démocrates suédois pour revendiquer « un réformisme novateur face au surplomb révolutionnaire culpabilisateur ». Il demande « une clarification sur la nature du socialisme : la controverse entre réforme et radicalité doit être tranchée », écrit-il. Il se prononce face à la nouvelle UMP pour un parti unique de la gauche. Il défend un socialisme de la production qui s'attaque aux inégalités et ne vient pas seulement réparer par la redistribution les dégâts du capitalisme. Il revendique un engagement européen et une régulation de la mondialisation. Tous ces termes sont repris dans une contribution au congrès, signés par des proches, puis alimentent la motion de François Hollande. Ce qui n'empêche pas Dominique Strauss-Kahn d'être soigneusement tenu à l'écart de la majorité réformiste qui se dessine. « Il faut nous comprendre, explique un jour François Rebsamen à Christophe Borgel, l'une des têtes pensantes de DSK, nous avons du mal à porter votre social-libéralisme, les militants sont remontés contre la culture de gouvernement. »

Être traités en parias rapproche Laurent Fabius et Dominique Strauss-Kahn. Des rencontres sont organisées au premier étage du restaurant Tante Marguerite. « Une sorte de camp du drap d'or où chacun venait avec ses principaux lieutenants », ironise DSK. Mais il comprend très vite qu'il y a malentendu. Laurent Fabius se pose en candidat naturel pour la présidentielle, Strauss-Kahn et les siens devant jouer les supplétifs. Les fabiusiens proposent d'ailleurs à leurs camarades de constituer un pôle moderniste en croisant les signatures de leurs contributions respectives. Dominique Strauss-Kahn décline l'offre.

Le 9 janvier 2003, il est le premier invité socialiste de l'émission *Cent minutes pour convaincre* sur France 2. La défaite de 2002 est encore récente et c'est avec humilité que Strauss-Kahn reconnaît les erreurs commises par le gouvernement Jospin, comme les 35 heures trop uniformes ou l'insécurité insuffisamment prise en compte. Mais c'est pour revendiquer ensuite un socialisme du possible, défini comme un combat contre toutes les inégalités, à l'école, au travail, à l'hôpital ou ailleurs. Dominique Strauss-Kahn, pour rectifier son image droitière, emprunte à la CGT l'idée d'une Sécurité sociale professionnelle. Il prône une taxe sur les bénéfices des grandes sociétés pour aider les pays en voie de développement. Il défend une mixité sociale beaucoup plus forte, jusque dans les immeubles. Bon débatteur, il conteste à Olivier Besancenot le monopole de la radicalité : « Je suis réformiste, cela ne veut pas dire que je suis moins radical que vous », lui lance-t-il, avant de lui reprocher d'avoir pris tous les tics des vieux politiciens ! Le ministre Jean-François Copé est à son tour renvoyé dans les cordes sur ses prévisions de croissance irréalistes : « Rendez-vous dans six ou huit mois », lui dit-il, avant de préciser qu'il n'envoie pour l'instant que des « boulettes » au gouvernement. « Quand je tirerai à boulets rouges, vous vous en rendrez compte ! » L'effet est garanti, le ministre défait. Dominique Strauss-Kahn a réussi son grand oral et obtenu la meilleure audience de l'émission pour un responsable de la gauche.

Il va en revanche rater son intervention au congrès de Dijon. Elle a été mal préparée, et son thème, le réformisme replacé dans une perspective historique socialiste, tombe à plat. « Il faut être Léon Blum pour faire un discours sur la réforme qui retourne une salle de militants qui veulent en découdre », constate, philosophe, Jean-Christophe Cambadélis. Le discours d'une dizaine de minutes convient mal au professeur d'économie plus à l'aise dans le développement d'un raisonnement que dans le martèlement de formules. Dominique Strauss-Kahn n'a pas travaillé le ton et la gestuelle qui sont indispensables pour retenir l'attention dans le brouhaha d'une salle de congrès. Son intervention passe inaperçue, et c'est dépité qu'il assiste au succès de Laurent Fabius. Un succès immérité selon lui : « Il a réussi un coup. Mais il n'a pas fait avancer les idées sur le socialisme réformiste. Fabius c'est toujours tactiquement adroit mais stratégiquement inopérant. » Dominique Strauss-Kahn décline la proposition de François Hollande d'entrer au secrétariat national pour s'occuper de l'international. Plutôt que de se retrouver derrière Laurent Fabius nommé numéro deux d'un parti verrouillé — à Hollande le secrétariat, à Fabius la présidentielle —, il préfère passer par l'extérieur pour structurer son courant, faire émerger un nouveau dessein pour la gauche, et construire sa présidentiabilité. Il négocie avec le premier secrétaire quelques places pour ses proches dans les instances dirigeantes du parti.

Rendu à sa liberté, Dominique Strauss-Kahn entend peaufiner auprès de l'opinion l'image d'un responsable qui travaille, qui réfléchit, et qui existe sur la scène internationale, tout en consolidant sa position au sein du Parti socialiste, par des visites dans les fédérations, et la participation aux campagnes électorales. Il sera temps plus tard de revenir à la direction d'un parti dont le centre de gravité idéologique aura été déplacé.

Les universités d'été du PS sont l'occasion d'une réorganisation des strauss-kahniens, après les désillusions du congrès de Dijon. Comme il est de tradition à La Rochelle, tout commence dans le restaurant de fruits de mer Chez André. Dominique Strauss-Kahn et Anne Sinclair déjeunent avec quelques proches dont Alain Bergounioux et Marisol Touraine. C'est elle qui se charge de dire à Dominique ses quatre vérités. La situation ne peut plus durer, se lance-t-elle, nous voulons savoir si oui ou non tu penses à la présidentielle, quelle est ta stratégie, et comment les strauss-kahniens doivent s'organiser. Nous avons besoin d'un lieu pour nous réunir, nous ne pouvons plus continuer à faire des déjeuners pour le seul plaisir de nous voir, sans vraiment travailler… Pendant la promenade digestive sur le port, elle reprend l'offensive en tête à tête avec lui sur des questions plus personnelles : « Tu dois changer de comportements, préparer tes interventions, arrêter de donner le sentiment que tu t'ennuies en réunion et que tu traites les autres comme des nuls, pense aussi à ton image, tu prends trop de poids, mets-toi au régime ! — J'ai compris, tu as raison », admet DSK. Et, pour témoigner de ses bonnes résolutions, il rentre immédiatement travailler sur l'intervention qu'il doit faire en fin d'après-midi sur le réformisme radical. Devant ses troupes réunies salle de l'Oratoire, il prononce un discours mobilisateur : « Le réformisme l'a emporté à Dijon, notre ligne est la bonne, maintenant nous devons nous organiser pour faire gagner la gauche en 2007, nous soutiendrons le candidat le mieux placé, et si, comme je le pense, je peux être celui-là, j'irai jusqu'au bout… »

L'idée de sa candidature a fait son chemin. Il n'hésite plus à l'évoquer devant ses proches. À la veille du congrès de Dijon, en sortant d'un déjeuner avec Hollande, Fabius, Delanoë et Aubry, il confie à Jean-Christophe Cambadélis : « Je les ai tous écoutés, eh bien, aucun ne m'a impressionné ! Je ne vois pas quelle supériorité ils auraient sur moi. » À la veille des vacances, début juillet, c'est Gilles Finchelstein qui sort d'une réunion de travail convaincu que quelque chose s'est passé, et que son mentor est désormais tourné vers l'objectif présidentiel. À La Rochelle, Dominique Strauss-Kahn en parle librement : « Vous devez vous y faire, la présidentielle, contrairement à d'autres, je n'y pense pas depuis que je suis tout petit ou que j'ai adhéré au PS, ni même depuis que je suis élu ou que j'ai été ministre. Mais plus le temps passe, moins j'en vois d'autres capables de penser un logiciel pour la gauche de demain. Or c'est cet élément qui donnera un sens à la candidature. »

À la rentrée de septembre, le courant Strauss-Kahn s'organise. Un appartement de 160 m² est loué rue de la Planche dans le VIIe arrondissement. Échaudé par les mésaventures passées, Strauss-Kahn paie lui-même le loyer de 3 200 euros mensuel. Son bureau est orné de deux grands portraits de Jules Guesde et Jean Jaurès, symboles de la première et de la deuxième gauche que DSK, après Jospin, entend bien réunir. Tous les lundis matin à 9 heures, une douzaine de proches collaborateurs s'y retrouvent pour parler avec lui politique et stratégie : Jean-Christophe Cambadélis, Pierre Moscovici, Alain Bergounioux, Alain Richard, Marisol Touraine, Gilles Finchelstein, Christophe Borgel (inspecteur de l'éducation et homme d'appareil au PS), Nicole Bricq, Olivier Ferrand (délégué général des réseaux « À gauche en Europe »), Ramzi Khiroun (communicant d'EuroRSCG)… Le mardi midi, les mêmes déjeunent en compagnie d'autres élus (Marie-Pierre de la Gontrie et Michelle Sabban, conseillères régionales, Michel Destot, maire de Grenoble…) soit à la Planche, soit au conseil régional d'Île-de-France chez Jean-Paul Huchon.

Différents réseaux sont lancés ou réactivés. Olivier Ferrand pilote une équipe d'une quarantaine de technos (fonctionnaires, cadres d'entreprises) chargés de produire des notes ou de travailler à la commande sur un sujet. Le club « À gauche en

Europe » fédère 500 adhérents et 5 000 sympathisants avec des relais à Lyon, Lille ou Grenoble. Une vingtaine de groupes de travail associent experts et politiques : l'économiste Jean Pisany-Ferry réfléchit sur l'emploi, le sociologue Éric Maurin sur l'éducation, le commissaire Pascal Lamy sur l'Europe, le professeur Lucien Abenhaïm sur la santé, l'universitaire Jacques Donzelot sur l'urbanisme, le sociologue Patrick Weil sur l'intégration et les banlieues… Les travaux débouchent sur des colloques que Dominique Strauss-Kahn vient conclure, sur les nouvelles inégalités avec Daniel Cohen, sur les relations transatlantiques avec Alain Richard ou sur l'aide au développement avec Michel Rocard. « À gauche en Europe » s'insère dans un réseau de clubs sociaux-démocrates italiens, grecs, allemands (la Fondation Ebert) et anglais (le Policy Network de Tony Blair).

La Fondation Jean-Jaurès est un autre laboratoire de DSK, même si la main trop visible des strauss-kahniens (Finchelstein, Cambadélis) a fini par agacer. Politiques, experts, syndicalistes, personnalités étrangères conduisent deux types de réflexion : les premiers sur des problématiques précises : comment désigner le président de la commission européenne ? Dans quels domaines les pays de l'Union peuvent-ils pratiquer des coopérations renforcées… Les secondes embrassent des sujets plus larges : comment gérer les crises (qu'elles soient financières, sanitaires, environnementales), que signifie aujourd'hui la notion de progrès ?…

Les anciens membres du cabinet de Bercy regroupés dans l'association dsk.fr participent également à la réflexion du futur candidat à la présidentielle. Enfin, deux jeunes l'aident pour son blog qui traite quotidiennement d'un sujet de discussion. « Pour quelqu'un que l'on présente comme un homme seul et désorganisé, ce n'est pas si mal », commente Gilles Finchelstein, cheville ouvrière avec Marisol Touraine de toute l'organisation. Il faut ajouter les relations personnelles que DSK entretient avec les décideurs économiques (Jean-Cyril Spinetta, le patron d'Air France, Paul Hermelin de Cap Gemini, François Villeroy de

Galhau de Cetelem), différents syndicalistes (Cambadélis sert d'intermédiaire), ou encore le monde scientifique.

Épaulé par ces « think-tanks » Dominique Strauss-Kahn s'attelle à donner un contenu à son réformisme radical. D'abord par une série de tribunes de presse sur des sujets d'actualité, qui lui assurent une présence médiatique quand le débat politique se focalise sur l'affrontement Hollande-Fabius. En octobre 2002, il souligne les risques que fait courir la loi Perben d'une justice à deux vitesses et d'exception. « Le roi se meurt », écrit-il à propos du mouvement des chercheurs en dénonçant l'asphyxie budgétaire qui provoque la fuite des cerveaux et la délocalisation des laboratoires. Le projet du gouvernement de vendre l'or de la Banque de France relève selon lui du mythe du trésor caché. L'école est un sujet de prédilection car elle est la clé de la bataille de l'égalité. Il propose « d'investir dans les bébés » en créant un nouveau service public de la petite enfance, avec généralisation des crèches, des gardes, et le suivi médical et psychologique des enfants ; au niveau des collèges, il préconise un renforcement massif des moyens accordés aux zones d'éducation prioritaires.

C'est aussi par les colloques, les discours et la publication en juillet 2004 d'un petit livre *Pour l'égalité réelle*, dans la collection des Notes de la Fondation Jean-Jaurès, que Dominique Strauss-Kahn façonne son réformisme radical. Face aux inégalités qui progressent — inégalités de destin, inégalités des « possibles » selon le sociologue Éric Maurin —, Dominique Strauss-Kahn propose de compléter la logique de la réparation propre à la social-démocratie traditionnelle par une logique de prévention. La social-démocratie moderne, qu'il baptise « réformisme radical », doit reposer sur trois piliers : d'abord un socialisme de la redistribution avec une réforme globale du système fiscal et social pour le rendre plus efficace ; ensuite un socialisme de la production qui induit la démocratie sociale dans l'entreprise, la régulation des licenciements économiques par l'implantation sur le site de nouvelles activités et la sécurisation des parcours professionnels, l'État prenant à sa charge la transition d'un emploi à l'autre ; enfin un socialisme de l'émancipation avec le retour des services publics et des investissements massifs dans l'éducation, la santé, les logements sociaux et les banlieues défavorisées. D'autres idées viennent enrichir progressivement ce « réformisme radical » qui — son auteur ne trouvant pas le nom satisfaisant — se mue en 2005 en « développement solidaire ». Ainsi, la nationalisation temporaire pour les entreprises qui connaissent un trou d'air : la mesure suggérée par la Fondation Jean-Jaurès va surprendre la minorité de gauche du parti : « C'est intéressant votre truc », admet Jean-Luc Mélenchon ; ou bien l'idée qu'au bout de quinze ans de loyers sans impayés, tout locataire d'un appartement HLM en devienne automatiquement propriétaire ; ou encore la création d'un grand service public de l'Internet haut débit pour assurer un égal accès à tous. Le réformisme strauss-kahnien a même sa devise : « Liberté ordonnée, égalité réelle, fraternité laïque ».

Ce socialisme renouvelé a besoin, DSK le reconnaît, d'une croissance pour être financé et du levier européen pour contrer les effets négatifs de la mondialisation. C'est sur l'Europe et notamment sa construction politique que Strauss-Kahn concentre une part importante de son activité : un rapport, un livre, plusieurs tribunes de presse et deux campagnes référendaires. Avec à la clé un succès : il participe à la victoire du référendum interne et se démarque de Laurent Fabius qui pêchait jusque-là dans les mêmes eaux du socialisme moderne ; puis un échec, celui du référendum national perdu le 29 mai.

En janvier 2003 le président de la commission européenne Romano Prodi lui confie la présidence d'un groupe de travail chargé de réfléchir sur le modèle européen. Douze personnalités de haute volée y participent, comme l'ancien président de la Bundesbank, Hans Tietmayer, l'historien et ex-ministre polonais Bronislaw Geremek, ou l'ancienne secrétaire générale de la

CFTD Nicole Notat. Un an plus tard, ils rendent leur rapport : « Construire l'Europe politique : cinquante propositions pour l'Europe de demain ». La dernière proposition reprend l'idée de l'Europe constituée de trois cercles, des pays les plus intégrés à ceux qui ne sont qu'affiliés à l'Union, mais à la différence de Laurent Fabius aucun de ces cercles n'est fermé et chaque pays a vocation à progresser vers le noyau dur de l'Union. Les nombreux voyages et rencontres de responsables politiques et d'intellectuels dans les vingt-cinq pays européens confortent l'image d'un Dominique Strauss-Kahn homme d'État et champion de l'Europe. En novembre 2003, il lance avec Martine Aubry, Bertrand Delanoë et neuf autres sociaux-démocrates européens un appel pour une Constitution qui prenne comme point d'appui le projet de convention. Cinq mois plus tard, il récidive à la veille des élections européennes en signant une tribune : « Donner corps à l'Europe sociale ». C'est de nouveau avec Bertrand Delanoë qu'il publie dans *Le Monde* un papier au titre sans ambiguïté : « Il faut ratifier le projet de Constitution européenne ». Nous sommes le 3 juillet : quelques jours auparavant, Laurent Fabius a exprimé dans le même quotidien ses réticences sur le traité.

L'idée de recourir au référendum a pourtant fait débat chez les strauss-kahniens. Dans une tribune à *Libération* qui se révélera prémonitoire, Jean-Christophe Cambadélis mettait en garde, fin avril, contre les dangers de la procédure référendaire, assimilée au jeu de la roulette russe. Il imaginait les socialistes à la remorque de Chirac et de Raffarin, et le non finalement vainqueur. « Un trop-plein de tactiques européistes peut conduire à une dépression européenne », concluait-il. Parmi ses amis, Cambadélis est isolé. Pierre Moscovici pense que Jacques Chirac n'osera pas aller à la consultation populaire, et Dominique Strauss-Kahn que l'occasion est historique d'avancer vers une Europe politique que les Britanniques seront obligés d'accepter. Au Bureau national du PS, François Hollande élève la voix, sur le thème : ce n'est pas la peine de semer le trouble chez les socialistes, de toute façon Chirac renoncera au référendum... On connaît la suite.

Dominique Strauss-Kahn découvre comme tout le monde avec *Le Nouvel Observateur* que François Hollande prend la tête du oui pour le référendum interne, tout en révélant ses ambitions présidentielles. Le mardi précédant les universités de La Rochelle, les strauss-kahniens organisent un dîner de presse pour présenter leurs sept exigences sur le projet socialiste. Ramzi Khiroun, l'homme de la communication, passe à DSK l'article qu'il s'est procuré : « François est fou, Fabius ne pourra pas l'accepter », glisse celui-ci à son voisin, allusion à la rupture de l'accord tacite qui liait Hollande et Fabius : le parti à l'un, la candidature à l'autre.

François Hollande et Dominique Strauss-Kahn pourraient constituer un attelage redoutable : l'un a le sens politique, l'autre les idées. Mais ils sont rivaux, se méfient l'un de l'autre, et se sous-estiment mutuellement. Pour le premier secrétaire, l'ancien ministre de l'Économie est un dilettante, un peu opportuniste qui plaît aux médias mais n'a pas la constance et la détermination d'un Fabius. Pour Dominique Strauss-Kahn, François Hollande n'a ni l'expérience ni la carrure d'un homme d'État. Il lui reconnaît une intelligence très fine, mais lui reproche de faire régulièrement le contraire de ce qui a été décidé collectivement. « Avec François, c'est jamais très clair, la première fois on pense qu'on s'est mal compris, la seconde que c'est décidément bizarre, la troisième on en tire les leçons. » Résultat, longtemps chacun a cru que l'autre n'était pas un rival pour la candidature présidentielle : il aurait manqué à l'un une vraie volonté, à l'autre les moyens d'une réelle ambition. Dominique Strauss-Kahn est donc cueilli à froid par l'interview de François Hollande au *Nouvel Observateur*. Il n'avait pas pris au sérieux les premiers signaux du présidentiable lors de l'émission *Cent minutes pour convaincre*, et c'est en vain qu'il s'efforce à La Rochelle d'expliquer au premier secrétaire qu'il ne peut pas être à la fois le rassembleur des socialistes et un candidat parmi d'autres. Dominique Strauss-Kahn pense que François Hollande s'est laissé intoxiquer par son entourage. Mais il n'a pas le choix : il doit participer à l'union sacrée avec le premier secrétaire pour faire gagner le oui. Les deux hommes, flanqués de leurs lieutenants Cambadélis et Rebsamen, décident lors d'une réunion rue de Solférino de jeter toutes leurs forces dans la bataille. Mais la méfiance demeure, réciproque : François Hollande est soupçonné de monopoliser les gros meetings, Dominique Strauss-Kahn de jouer perso en publiant sans crier gare début novembre un petit livre, *Oui, lettre ouverte aux enfants de l'Europe* (Grasset), qui vient en contrepoint de celui de Fabius, *Une certaine idée de l'Europe* (Plon). L'ouvrage est rédigé en une semaine par Dominique Strauss-Kahn et Gilles Finchelstein. Le ton y est vif : un chapitre s'intitule « Je refuse les mensonges ». Il est aussi un rien présidentiable, avec cet autre chapitre : « Demain c'est aujourd'hui : mes propositions pour l'Europe ». Le livre remplit son objectif : DSK est en première ligne dans le débat d'idées comme co-leader du oui aux côtés de François Hollande, face au non de Laurent Fabius.

Dominique Strauss-Kahn et Laurent Fabius ne s'aiment pas. Les deux anciens ministres de l'Économie ont toujours été rivaux. Trop proches quand ils se réclamaient d'un même socialisme moderne, trop éloignés quand ils se sont opposés sur la Constitution européenne.

Laurent Fabius par principe n'apprécie pas les concurrents. Et il juge Strauss-Kahn décidément pas au niveau pour prétendre à la plus haute fonction de l'État. Si l'ostracisme pour le social-libéralisme les avait un temps rapprochés, avant le congrès de Dijon, Laurent Fabius a vite repris ses distances après les commentaires vachards de Strauss-Kahn sur son livre (la moto, la *Star Academy*, les carottes râpées !...). Pour Dominique Strauss-Kahn, Laurent Fabius est un premier de la classe qui a multiplié les erreurs, jusqu'à commettre l'irréparable sur l'Europe. En faisant campagne pour le non, il s'est définitivement coupé de l'électorat de gauche pro-européen, et ne peut donc plus être élu à la présidence de la République. Les deux responsables ne s'adressent quasiment plus la parole depuis l'été 2004. « Ça ne m'empêche pas de dormir », laisse tomber DSK !

Parallèlement à la « production d'idées », Dominique Strauss-Kahn avait deux autres défis à relever : marquer des points dans l'opinion et peser davantage dans le parti. À l'automne 2003 sont lancés « les banquets de l'alternative ». « Une nouvelle façon de faire de la politique », s'enthousiasme Ramzi Khiroun, qui est allé pêcher le concept au congrès du Labour chez Tony Blair. Plutôt que les meetings traditionnels, ceux de Hollande ou de Fabius, éclairés aux néons, où l'orateur débite son discours dans une sono qui crachote avant que chacun retourne chez soi, pourquoi ne pas imaginer une soirée festive où la politique s'insère entre un bon dîner et une soirée dansante au rythme d'un orchestre branché, et où l'orateur parle au milieu des tables et non pas sur une lointaine estrade, avec des éclairages un peu chaleureux et une scénographie adaptée ? Le tout pour 16 euros (8 pour les revenus modestes !).

C'est ainsi que naît le 21 novembre le premier banquet de l'alternative à Alfortville. Huit cents convives trouvent dans leur assiette une photo dédicacée de leur champion, qui leur délivre en milieu de soirée un message présidentiel. DSK interpelle en direct le chef de l'État : « Monsieur le Président il faut changer de gouvernement, ne voyez-vous pas dans ses profondeurs la France qui gronde. » Puis il décline les cinq défis à relever : l'emploi, les inégalités, la civilisation urbaine, l'Europe et l'union de la gauche qu'il verrait même, « dans un rêve un peu fou », rassemblée dans un seul parti. « C'est à Alfortville que tout commence », lance enfin l'orateur. Place ensuite à la fête : Dominique Strauss-Kahn danse avec Anne Sinclair, au milieu des camarades, et devant les caméras de télévision. Le mois suivant c'est à Villeurbanne, près de Lyon, que se tient le second banquet de l'alternative. Mais Dominique Strauss-Kahn — comme ça lui arrive quelquefois — se prend les pieds dans le tapis : bien que soutenant le projet de Constitution européenne, il se prononce, comme les minoritaires de Nouveau Monde et du NPS, pour une Assemblée constituante européenne. L'affaire restera sans lendemain... Les banquets vont bientôt s'interrompre pour cause d'enchaînement de batailles électorales : régionales, européennes, référendums.

Dominique Strauss-Kahn n'en continue pas moins son offensive de charme auprès des Français. Le 2 décembre, il « fait canapé » à *Vivement dimanche* de Michel Drucker sur France 2. Comme c'est la règle de l'émission, reportages et invités lui tressent des couronnes, et il apparaît sous son meilleur jour auprès des téléspectateurs. Quelques jours plus tard, il confie à Pascale Clark, dans l'émission *En aparté* sur Canal Plus, avoir perdu dix kilos et s'être fait rectifier la paupière : « Elle tombait, ça me donnait un regard torve, je donnais l'impression de vouloir me cacher », précise-t-il avant de révéler qu'il a commencé à apprendre l'arabe, avec sa femme. Dominique Strauss-Kahn est régulièrement photographié avec Anne Sinclair. Elle n'a aucun titre, ne participe pas à la réunion politique du lundi et prend garde à ne pas devenir un écran ou un point de passage obligé pour tous ceux qui veulent s'adresser à son mari. (Le contraire du rôle qu'a pu jouer Cécilia Sarkozy.) « C'est un homme et non pas un couple que les Français éliront en 2007 », a prévenu DSK. Sa place est pourtant essentielle à ses côtés : elle le rassure par sa seule présence, notamment dans les meetings, peut donner son avis, apporter une idée, faire partager son intuition chaque fois qu'une décision importante doit être prise. Elle intervient naturellement dans les réunions de préparation des grandes émissions, forte de son expérience de treize années à interviewer les leaders politiques. Sa réelle popularité d'ex-star de la télévision est un atout pour DSK que certains découvraient il y a encore peu comme le mari d'Anne Sinclair ! « C'est un joker que l'on garde pour l'instant en réserve », confie le communicant Ramzi Khiroun.

Le 17 février 2005, c'est en position de candidat pour l'investiture à l'élection présidentielle que Dominique Strauss-Kahn participe pour la deuxième fois à l'émission *Cent minutes pour convaincre* sur France 2. Pour ceux qui en douteraient encore, Jean-Christophe Cambadélis l'a affirmé le jour même au *Nouvel Économiste* : « Dominique sera candidat et il sera élu. » L'intéressé peut du coup balayer d'un revers de main hypocrite la question qui lui est posée : « Les gens en ont assez de ce petit jeu ! Il n'y a pas de victoire, pas de candidat sans projet, si je suis le mieux placé pour le défendre, je n'hésiterai pas à y aller. » Et Dominique Strauss-Kahn de décliner ses thèmes favoris : égalité réelle plutôt qu'égalité formelle, économie fondée sur le savoir et la connaissance, ouverture d'une négociation sur les salaires et les profits… L'émission a été soigneusement préparée avec le double objectif de conforter la crédibilité et de corriger l'image droitière du candidat. Le face-à-face tendu avec le ministre Hervé Gaymard, empêtré dans son affaire d'appartement de 600 m^2 pour 14 000 euros de loyer à la charge de l'État, est un choix délibéré. En le questionnant durement : « Comment ne vous êtes-vous pas rendu compte que prendre un appartement dont le loyer équivaut à dix fois le Smic était inacceptable ? » En parlant de scandale, Dominique Strauss-Kahn veut prouver qu'il n'est pas seulement un gars sympa, mais qu'il sait donner des coups et qu'il connaît la valeur de l'argent. Ses communicants ont organisé pendant l'émission un sondage en direct auprès d'un millier de militants répartis dans quatre-vingts villes. Ils ont été interrogés sur sa personnalité (calme, sympathique, arrogant, etc.), sur son positionnement (trop ou pas assez à gauche), sur l'amélioration ou non de son image après l'émission. Eurêka ! Le candidat a toutes les qualités et c'est sa détermination (86 % de réponses) qui l'emporte, « en rupture avec l'image de dilettantisme qui est parfois véhiculée dans le petit milieu parisien », indique le commentaire des résultats. De même 87 % des militants ont trouvé son discours bien positionné, contrairement « à l'image sociale-libérale qu'essaie de lui accoler l'opposition interne ».

Dominique Strauss-Kahn doit pourtant renforcer son influence à l'intérieur du parti. C'est l'un des objectifs fixés en 2003 à La Rochelle. Un groupe de sept ou huit personnes se réunit rue de la Planche le mardi matin autour de Christophe Borgel et de Laurent Azoulay « pour travailler les fédérations », trouver des relais, organiser des déplacements, et inviter des élus aux déjeuners du mardi. Dominique Strauss-Kahn se fait au départ un peu tirer l'oreille pour aller prêcher la bonne parole au fin fond du Gers ou de la Lozère. Il n'a pas le talent d'un Fabius pour cajoler les maires ou secrétaires de section : « Je ne comprends pas l'intérêt de leur passer un coup de fil juste pour leur dire bonjour », s'étonne-t-il un jour devant ses amis. Il n'a pas non plus l'empathie naturelle d'un Hollande auprès des militants : « Strauss-Kahn est venu faire un meeting chez moi, il est reparti sans saluer personne », se plaint un jour auprès de la rue de la Planche un député de la Seine-Saint-Denis. La succession des campagnes régionales, cantonales, européennes puis les deux référendums et enfin la présentation du projet lui donnent l'occasion de visiter toutes les fédérations, parfois au rythme de trois par semaine, d'apprendre à serrer les mains et de discuter avec des militants qui souvent le connaissent mal. Son charme et sa pédagogie facilitent le contact : « Après t'avoir rencontré, nous sommes passés du "TSF tout sauf Fabius" au "PPDSK : pourquoi pas Dominique Strauss-Kahn" », confie un jour un adhérent. Les strauss-kahniens sautent sur la formule et se chargent de la faire circuler. Progressivement, les relais se densifient, les amitiés se nouent. Les strauss-kahniens fonctionnent en réseaux, plus souples et informels qu'un courant comme celui des fabiusiens. Il est plus difficile d'en évaluer le poids. Mais en 2005, vingt-deux députés, trente sénateurs, seize présidents de conseils généraux et quatre présidents de région sont réputés proches de l'ancien ministre de l'Économie.

Le retour à la direction du parti s'effectue au lendemain du référendum interne du 1er décembre 2004. Il est le fruit de longues tractations entre François Hollande et Dominique Strauss-Kahn qui n'ont en tête qu'un seul horizon : 2007. Dès le mois de septembre, DSK a proposé la tenue d'un congrès extraordinaire pour tirer les leçons du référendum et mettre à la direction du parti une majorité cohérente assumant pleinement le réformisme et l'Europe, ce qui n'est plus le cas depuis la dissidence des fabiusiens. Les hollandais ont crié à la manœuvre visant à affaiblir le premier secrétaire. François Hollande doit néanmoins tirer les leçons de la nouvelle donne née du référendum interne. Pendant la campagne, entre deux meetings, il propose à DSK de réintégrer le secrétariat national. « D'accord, lui répond-il, à condition de m'occuper du projet. » Pour Dominique Strauss-Kahn c'est la martingale pour 2007. En rédigeant ce projet, il peaufine l'image d'un homme qui incarne les idées dans un parti qui en manque cruellement. Il fait de son réformisme radical l'orientation du Parti socialiste. Il se débarrasse du même coup des oripeaux du social-libéralisme. En réintégrant la direction du PS, il renforce enfin sa légitimité. Le secrétaire national chargé du projet fera le tour des fédérations pour le présenter aux militants. Des militants qui seront libérés de leurs préjugés le jour où ils devront désigner le socialiste qui a le plus d'idées, le plus de charisme, et donc le plus de chances de battre la droite à la présidentielle. Comme disait François Mitterrand, « poser la question, c'est y répondre ! » jubilent déjà les strauss-kahniens. Mais François Hollande n'est pas né de la dernière pluie, ce raisonnement, il l'a anticipé. « Je ne peux pas te confier le projet, ce serait interprété comme une désignation de facto pour la candidature présidentielle. » « Dans ce cas, je ne reviens pas au secrétariat national », réplique DSK. C'est alors que mûrit l'idée d'un projet rédigé à plusieurs mains : pourquoi pas avec Martine Aubry comme caution de gauche ? Dominique Strauss-Kahn a compris depuis longtemps tout le bénéfice qu'il peut tirer d'une alliance avec la maire de Lille. Elle symbolise les 35 heures, la CMU, la loi contre l'exclusion. Son soutien serait utile pour rallier les votes communistes au second tour de la présidentielle. Chaque fois qu'il le peut, le député de Sarcelles s'arrange pour être en photo avec Martine. En 2003, ils ont signé ensemble un appel pour une Constitution européenne. Depuis, leurs lieutenants Cambadélis et Lamy ont maintenu le contact.

Le 1er décembre, jour du référendum interne, Dominique Strauss-Kahn et Martine Aubry, entourés de quelques proches, prennent leur petit déjeuner au restaurant Thoumieux près de l'Assemblée. Au menu, outre les croissants, le projet. Les deux leaders sont d'accord pour travailler ensemble. Mais chacun se souvient que le couple a fait des étincelles au sein du gouvernement Jospin. Des intervenants suggèrent une troïka avec Jack Lang qui s'est beaucoup investi pour le traité. On envisage un moment — François Hollande y serait favorable — de répartir les thèmes : DSK se verrait bien sur le social, toujours pour une question d'image, Martine Aubry prenant l'économie et Jack Lang l'international. Martine Aubry refuse ce découpage mais accepte le principe d'un projet collectif. Jack Lang contacté par téléphone est toujours partant pour de nouvelles aventures ! Plusieurs réunions à Solférino, et un tête-à-tête Hollande-Strauss-Kahn le vendredi sont nécessaires pour entériner définitivement le dispositif du triumvirat qui travaillera sous l'autorité du premier secrétaire. Dominique Strauss-Kahn tente de pousser son avantage. Il est prêt à remplacer Laurent Fabius comme numéro deux du parti. Refus de Hollande qui préfère jouer les rassembleurs avec Laurent Fabius plutôt que cohabiter avec Strauss-Kahn dans la peau du candidat. Et pour bien montrer qu'il reste seul maître à bord, c'est entouré de ses seuls lieutenants qu'il tient une conférence de presse sur les résultats et les suites du référendum. Jean-Christophe Cambadélis fait les frais des soupçons pesant sur les strauss-kahniens trop entreprenants : il reste à la porte du secrétariat national.

Le trio du projet hérite d'un travail piloté depuis plus d'un an par Jean-Louis Bianco et Alain Bergounioux. Ils ont animé un petit groupe de prospective composé d'une quinzaine d'experts et de chercheurs souvent proches de Strauss-Kahn, comme les économistes Daniel Cohen, Élie Cohen, et Thomas Piketty, ou les sociologues Éric Maurin et Jacques Donzelot. Des personnalités ont été auditionnées comme Bernard Brunhes, spécialiste des relations sociales ou Louis Schweitzer, PDG de Renault. Les fédérations ont été invitées à prendre contact avec des universitaires, des syndicalistes, des chefs d'entreprises ou des associations de leur région pour réfléchir sur un ou deux thèmes qu'elles ont choisis. Certaines se sont effectivement mobilisées en organisant des forums citoyens ou en constituant, comme l'a fait le Val-de-Marne, un panel d'une centaine de personnes non adhérentes au parti et réagissant aux propositions des socialistes. En septembre 2004, s'est réunie la commission du projet, composée de deux cent huit responsables socialistes de la majorité comme des courants minoritaires, répartis dans onze groupes de travail. Parité oblige, chaque groupe est animé par un binôme homme-femme. Le grand « machin » ne plaît pas à tout le monde, surtout quand les anciens ministres se l'approprient pour défendre leur bilan et recycler des idées déjà amorties. Mais il débroussaille le terrain et lance quelques pistes nouvelles. Le Parti socialiste n'avait pas mené un tel travail depuis le rapport Charzat. Plus d'une décennie où le discours libéral est devenu la référence. La gauche prend conscience qu'elle ne peut plus se contenter, comme elle l'a fait pendant un siècle, de promettre du temps et de l'argent : semaine de quarante heures, puis de trente-neuf heures puis de trente-cinq heures, congés payés passés de deux à cinq semaines, retraite à soixante ans... Il sera déjà difficile de conserver ces acquis. Quant à l'argent, il n'y en aura guère à distribuer avec les déficits et l'endettement qui atteignent des niveaux insupportables. Sans reprendre à son compte la formule de Tony Blair : « Dire de façon radicale des choses modestes », François Hollande fixe les termes du défi à relever : « satisfaire en même temps un besoin d'utopie et un besoin de crédibilité ». Plusieurs colloques sont organisés. L'un d'eux le 23 octobre n'hésite pas à revisiter l'héritage de Mai 68 : « Dans mai 68, il y a l'émancipation, l'appel à la liberté, le refus des dogmes qui n'ont plus cours, c'est un acquis de la société, mais il faut aussi voir les règles dont notre pays a besoin », proclame dans sa conclusion François Hollande.

Au début 2005, Dominique Strauss-Kahn, Martine Aubry, et Jack Lang se retrouvent le mercredi après le secrétariat national pour dresser leur diagnostic de la France, premier élément du projet socialiste. Le texte, de cinquante pages, est bouclé le 8 mars. Alain Bergounioux a tenu la plume, et François Hollande qui en a suivi toutes les étapes l'a validé. Les nouvelles inégalités chères à Dominique Strauss-Kahn y occupent une place centrale, et l'on sent la patte de quelques têtes pensantes comme les sociologues Éric Maurin ou l'économiste Thomas Picketty. Le projet se proclame authentiquement réformiste : « Il ne sert à rien de se laisser aller à une rhétorique ambiguë : les socialistes ne proposent pas une rupture avec l'économie de marché ou une sortie de la mondialisation, le discours doit désormais l'assumer. » Les failles du bilan de Lionel Jospin sont épinglées : « Nous ne sommes pas allés assez loin sur le logement ou le pouvoir d'achat, pas assez vite sur la sécurité ou la réforme du système fiscal. » Le texte insiste sur les inégalités cumulatives, « la tendance la plus préoccupante est ségrégative… les catégories les plus riches font sécession. Les catégories moyennes craignent le déclassement, les catégories populaires l'exclusion ou la relégation ». Il s'achève sur les cinq chapitres majeurs du futur projet socialiste : l'éducation, la recherche, le travail, le logement et le développement durable. Les minoritaires font entendre leurs critiques : « une vision plan-plan sans vrai bilan du 21 avril 2002 », pour le NPS Vincent Peillon. Côté Nouveau Monde, Henri Emmanuelli reproche au diagnostic de ne pas hiérarchiser les causes de l'atonie sociale. Laurent Fabius ironise : « À trop fragmenter le constat, le risque est de ne pas rassembler par le projet. » Le projet, la troïka doit s'y atteler dans la foulée. Le non au référendum et le congrès du Mans vont chambarder le processus.

C'est avec la troïka que Martine Aubry opère son retour sur le devant de la scène politique. L'année 2002 a été pour elle, davantage encore que pour d'autres, « l'annus horribilis ». Assommée, « terrifiée » selon ses propres termes par l'élimination de Lionel Jospin le 21 avril, elle est meurtrie par sa défaite aux législatives à Lille. Maire d'un bastion de la gauche depuis des décennies, son échec symbolise le divorce entre les couches populaires et les socialistes. À l'automne 1999, elle avait pourtant quitté le gouvernement pour se consacrer à son fief. Peine perdue : dans une circonscription découpée à la hache, où les revenus modestes côtoient la pauvreté, et où son suppléant n'a pas su s'implanter, la droite l'emporte sur l'ex-ministre emblématique du gouvernement Jospin. La gifle est telle que son fauteuil de maire paraît menacé aux prochaines municipales. Consciente du danger, Martine Aubry se replie sur son beffroi lillois et consacre toute son énergie à reconquérir ses électeurs. Agir au contact de la population est aussi le plus sûr moyen de corriger le portrait de la technocrate dressé par Philippe Alexandre et Béatrix de l'Aulnoit dans leur brûlot *La Dame des 35 heures* (R. Laffont). Le livre l'a blessée, il frappe souvent juste et les sources sont solides : Martine Aubry soupçonne certains amis politiques.

La maire de Lille n'est pas, chacun en convient, d'un caractère facile. « Ah, Martine ! » soupire Pierre Mauroy en levant les bras au ciel. Volontaire, courageuse, bourreau de travail, et amicale quand l'humeur est bonne, elle peut être dure, péremptoire (d'où son surnom de « Mère emptoire ! »), même avec ses proches, et méprisante avec ses adversaires. Sa détermination tourne à l'entêtement, son franc-parler à l'agressivité contre ceux qu'elle traite d'incompétents ou de nuls. Hauts fonctionnaires, collaborateurs, décideurs économiques, tous en ont fait l'amère expérience. Les électeurs du Nord également, réputés chaleureux mais qui n'aiment pas être rudoyés. Chacun tient son anecdote. Un jour c'est le président de La Poste, Jean-Paul Bailly, qui se déplace à Lille pour l'inauguration d'un nouveau centre postal. TGV jaune aux couleurs de l'entreprise, La Poste sort le grand jeu. Madame la maire accueille l'état-major sur le quai, mais c'est pour leur passer un savon sur la lenteur du courrier : « J'ai plus vite fait d'emporter mes lettres à Paris plutôt que de les poster à Lille », lance-t-elle devant les directeurs déconfits ! Martine s'est mise au football. Comme tous les supporters elle va au stade parée de son écharpe aux couleurs du Losc et ne fait pas la fine bouche devant un bock de bière ou des moules-frites. Mais elle s'affronte bientôt aux dirigeants du club : « Elle voudrait être sélectionneur de l'équipe », plaisantent les supporters ; surtout elle s'entête dans l'extension du stade Grimonprez-Jorris dont le permis de construire a été annulé, plutôt que d'envisager de bâtir un nouveau complexe plus conforme aux ambitions du Losc. Du coup, son président menace de s'exiler dans une ville plus accueillante. Ce caractère entier, Martine Aubry va pendant deux ans le mettre au service de sa ville : nouveau schéma d'urbanisme, construction de logements et d'écoles, espaces verts, actions de solidarité, projet éducatif global : c'est un « nouvel art de ville » qu'elle ambitionne de créer. Les manifestations culturelles de Lille 2004 rencontrent un immense succès.

Pendant cette période, ses incursions sur la scène nationale sont épisodiques. En juin 2002, elle mène la fronde contre la nomination de Laurent Fabius comme porte-parole du PS. Les coups répétés de la droite contre les 35 heures l'amènent à réagir : un simple point de presse à Lille pour rappeler que le nombre d'heures travaillées en France avait globalement progressé de 11 % sous Jospin et baissé de 4 % sous Raffarin. Le congrès de Dijon la plonge dans l'embarras et la frustration. Le NPS pose, selon elle, de bonnes questions sur la rénovation du parti et le décrochage des couches populaires, mais les réponses qu'il apporte sont démagogiques et populistes. Elle songe un temps à présenter sa motion sur les questions de société ou le développement durable, thèmes délaissés par le PS. « J'aurais eu des jeunes avec moi », regrette-t-elle. Mais elle y renonce face au rassemblement nécessaire du parti. Martine Aubry ne se sent pourtant pas à l'aise dans une majorité avec Laurent Fabius et Dominique Strauss-Kahn, coupables à ses yeux de social-libéralisme. Elle rate son discours à Dijon : trop général, trop attendu, pour les militants et les médias. Le congrès la laisse sur sa faim : « Il n'est pas allé au bout de l'analyse, et n'a débouché ni sur une ligne claire, ni sur une vision de la société. » Elle en tire les conséquences en refusant un poste au secrétariat national. La polémique sur le voile l'exaspère. Elle y décèle les pires tentations démagogiques : taper sur les Arabes pour rallier les bons Français en faisant fi de la complexité des réalités : « Mettre cette question au centre du congrès de Dijon était hautement contestable : c'était diviser nos concitoyens au lieu de les rassembler autour de valeurs collectives, cela préparait déjà le plombier polonais de la campagne référendaire », commente-t-elle aujourd'hui, peu amène pour Laurent Fabius.

Repliée sur Lille, Martine Aubry n'a pourtant pas coupé les ponts avec la petite troupe de ses fidèles. C'est une sorte d'amicale qui se retrouve tous les mardis avec elle pour un déjeuner politique au premier étage d'un café-restaurant de la rue de Bourgogne. Ils sont une dizaine d'« aubrystes » : les députés Marylise Lebranchu, Catherine Génisson, Paulette Guinchard-Kunstler, Yves Durand, Jean Le Garrec, Michel Dasseux, Philippe Vuilque, François Lamy, la députée européenne Adeline Hazan et le sociologue Michel Wieviorka. On fait le tour de l'actualité et on échange des idées, dont certaines sont reprises dans les petits ouvrages thématiques de la collection « Proposer » (L'Aube) : *L'important, c'est la santé ; Culture toujours… et plus que jamais ; Agir pour le Sud maintenant.* Le club Réformer créé en 2000 est un cercle plus large d'aubrystes. Il a souffert du départ de son animateur Bernard Hamon qui a rejoint, avec une majorité d'adhérents, le NPS. Ils sont encore trois cent cinquante militants associatifs, syndicalistes, chercheurs, enseignants dans une trentaine de départements à réfléchir et à apporter des idées à l'ancienne ministre des Affaires sociales. Le 12 mai 2004, Réformer a rendez-vous à la cité universitaire de Paris pour entendre Martine Aubry présenter en cinquante minutes son analyse de la société et les grandes orientations d'un projet présidentiel socialiste pour 2007. La thématique « Une vision pour espérer, une volonté pour transformer », reprise sous ce titre dans un nouveau fascicule, constitue le vade-mecum de la pensée de Martine Aubry. La société française y est décrite comme éclatée, en recherche de sens : une société où la vie quotidienne est de plus en plus dure, où l'individualisme de ceux qui vont bien coexiste avec le repli sur soi de ceux qui n'attendent plus rien des autres, une société où la consommation des biens, le toujours plus, va de pair avec une régression des valeurs collectives, où enfin la rentabilité financière à court terme supplante la préparation de l'avenir. Reprenant le précepte d'Albert Camus : « Il n'y a pas d'ordre sans justice », Martine Aubry entend retrouver la force du mot justice dans tous les actes de la vie : éducation, entreprise, répartition des richesses. Son projet de société vise à l'émancipation de chacun et au mieux vivre ensemble. L'action publique y occupe une place centrale, avec quatre chantiers prioritaires : l'accès aux droits fondamentaux (école, santé, logement, services publics) ; une vraie valorisation du travail par la création d'emplois et de nouveaux droits pour les salariés ; la préparation de l'avenir par la culture, la recherche et l'environnement, enfin une Europe forte, levier pour construire un autre monde… « Ce projet dont je rêve, nous pouvons le construire », conclut Martine Aubry, laissant son ami le député européen Olivier Duhamel lancer de la tribune du colloque : « Je vais dire ce que Martine ne veut pas que je dise, je souhaite qu'elle soit candidate à la présidence de la République… » Trois mois plus tard, elle profite des universités de La Rochelle pour opposer sa vision d'une société éclatée, atomisée, à celle des deux France de Laurent Fabius. De même souligne-t-elle, face à la crise de la société, les deux réponses antinomiques, de la droite — l'individualisme et le clientélisme —, et de la gauche : les valeurs collectives et la justice. À l'applaudimètre, Martine Aubry conserve son aura auprès des militants.

Sa candidature à l'élection présidentielle, ses fidèles en rêvent depuis 2002. Pour François Lamy, « Martine est la seule à pouvoir rassembler la gauche et opposer un discours structuré au libéralisme revendiqué par Nicolas Sarkozy ». « C'est une femme authentiquement de gauche et c'est un sérieux atout », ajoute Marylise Lebranchu qui, avec Adeline Hazan et quelques autres, espère toujours convaincre son leader de se présenter. Celle-ci ne les décourage pas : « Si les conditions sont réunies, j'irai », leur répond-elle invariablement, en précisant aussitôt qu'elle serait candidate « pour proposer une vision, un projet, une ambition collective aux Français ». Ce projet, chacun sait maintenant qu'elle le maîtrise. Le temps a fait son œuvre pour corriger l'image négative de la ministre techno des 35 heures. En privé, Martine Aubry ne se cache plus derrière de fausses pudeurs : « La seule question qui vaille est de savoir qui sera le mieux placé à gauche pour l'emporter, en fonction de la situation de la droite et des attentes des Français. Je n'ai pas décidé d'être candidate à tout prix mais je n'exclus pas de l'être si je suis la mieux qualifiée pour défendre notre projet. Et je sais ce que j'aurais envie de dire à nos concitoyens ! » L'ancienne ministre répète qu'elle n'a pas d'appétence particulière pour une fonction qui l'obligera, à regret, à changer de vie : ne plus aller au marché, ne plus prendre le métro, ne plus se promener normalement dans son quartier. Mais elle enchaîne aussitôt sur le beau défi de relever un pays qui s'enfonce, et de redonner aux Français la confiance et l'envie de vivre ensemble. Elle y a beaucoup réfléchi, et décline déjà les grands axes de son projet présidentiel : premièrement, tout en acceptant l'économie de marché dans le secteur concurrentiel, combattre les dérives du libéralisme financier qui privilégie les revenus du capital au détriment du pouvoir d'achat, de l'investissement, et donc de la croissance ; deuxièmement, proposer un nouveau modèle de développement incluant la redistribution des revenus et la place de l'État ; troisièmement, demander aux Français, en échange d'un réel accès à l'éducation, à la santé ou au logement, qu'ils assument leur devoir de citoyen : respect des règles, solidarité.

La question se pose d'elle-même : qui mieux qu'elle pourrait porter ce projet ?

François Hollande ? Martine-la-battante s'exaspère de sa mollesse, et voit en lui un radsoc, sympa et compétent pour réagir à l'actualité, mais insuffisamment structuré pour porter un projet présidentiel. Laurent Fabius ? Du social-libéralisme au non à l'Europe, sa candidature est inenvisageable pour la militante socialiste et européenne. Dominique Strauss-Kahn ? Leur rivalité est trop ancienne et leurs personnalités trop dissemblables. Martine Aubry, héritière d'un catholicisme de gauche, veut incarner la volonté, la solidarité, la rigueur. Comment ne se méfierait-elle pas de ce Méditerranéen charmeur, à l'intelligence vive et aux compétences reconnues, mais sans doute trop individualiste et opportuniste pour porter les espoirs et les exigences de la gauche. Lionel Jospin ? L'ancien ministre des Affaires sociales n'oublie jamais de lui rendre hommage dans ses discours, et elle le rencontre régulièrement, y compris dans sa maison de l'île de Ré (comme Dominique Strauss-Kahn d'ailleurs !). Mais elle estime assez improbables les conditions de son retour. Si elles étaient néanmoins réunies, c'est avec enthousiasme qu'elle se rangerait derrière lui. Ségolène Royal ? Martine Aubry a longtemps oublié de l'évoquer ! Jack Lang ? Travailleur, à l'écoute de la société, sa popularité ne lui assurerait pas forcément la crédibilité.

Voilà justement le type d'arguments qui exaspère l'ancien (et finalement éternel !) ministre de la Culture, tant ses successeurs ont été incapables de le faire passer de la lumière du gouvernement à l'ombre de l'opposition. Jack Lang estime valoir beaucoup mieux que l'image du ministre baroque et médiatique dans laquelle on voudrait l'enfermer. C'est tout son défi : ajouter à une popularité inoxydable une crédibilité qui lui manque encore. Depuis plus de vingt ans, Jack Lang est le champion des sondages. Sa cote est rarement descendue sous les 40 %, et elle tutoie régulièrement les 60 voire les 70 %. L'ancien ministre de la Culture, qui ne rate jamais une techno-parade, est évidemment populaire chez les jeunes. Selon une enquête de l'IFOP pour le magazine *L'Étudiant* à l'automne 2005, 55 % des moins de 25 ans le citent comme proche de leurs préoccupations, très loin devant les 14 % de François Hollande, le second à gauche, et les 34 % de Dominique de Villepin, le premier à droite. Est-ce son action passée, son éloquence, son style ? Le phénomène se reproduit génération après génération. Mais plus surprenant, ce n'est pas chez les cadres ou les professions libérales qu'il réalise ses meilleurs scores, mais chez les ouvriers et les employés, et plus généralement chez les revenus modestes. Aucun leader de gauche ne peut rivaliser. Jack Lang est le politique qui agrège le mieux l'utopie et le dynamisme, le rêve et l'action concrète. On peut moquer son lyrisme, mais il a inventé la fête de la musique ou la journée du patrimoine, de vraies manifestations populaires reprises un peu partout dans le monde : par les temps qui courent, ce n'est pas si fréquent que la France serve de modèle. C'est Jack Lang dont la flamboyance et la préciosité font le succès des imitateurs, qui assistant au début des années 80 sous un chapiteau et dans la boue à un concert du groupe Téléphone, Porte de la Villette, fait construire en un an la salle du Zénith. Une vingtaine d'autres ont poussé depuis dans les capitales régionales. Le prix unique du livre, le financement du cinéma français quand le grand frère italien périclitait, la paix scolaire avec l'enseignement libre, la réforme tranquille de l'école après les dégâts de la tornade Allègre : le bilan de Jack Lang, qui a été onze fois ministre, un record dans ce dernier quart de siècle, est identifiable, et plus qu'honorable.

Tous ceux qui l'ont vu sur un marché, une fête de la rose ou à la terrasse d'un bistro, en conviennent, à droite comme à gauche, chez les fabiusiens comme au NPS : il existe bien un effet Jack Lang : les gens l'accostent naturellement pour discuter, lui glisser un petit mot d'encouragement, se faire prendre en photo avec lui, lui demander un autographe, l'embrasser. Ils rencontrent à la fois la star des médias, ami des acteurs et des chanteurs, le ministre emblématique de François Mitterrand, celui du changement de 1981, le politique qui sait trouver les mots, leurs mots, pour exprimer leurs colères ou leurs espérances. D'un naturel plutôt anxieux, il aime être rassuré sur sa popularité, son capital le plus précieux. Son parachutage en mai 2002 à Boulogne-sur-Mer est un modèle du genre. Défait à Blois, habitant place des Vosges à Paris, ayant hésité entre plusieurs circonscriptions, il débarque dans cette cité populaire du Nord où il n'avait jamais mis les pieds. Il arpente les rues commerçantes, va dans les quartiers déshérités, se met aux harengs et même au genièvre de Houlle. Et surtout il agit en utilisant toutes les relations qu'il a nouées au sommet de l'État. Il défend les pêcheurs de cabillaud auprès de la commission européenne, il obtient de Jean-Louis Borloo un plan de rénovation des barres d'immeubles à l'abandon, il intervient auprès du président de la SNCF pour une meilleure desserte de sa ville et de Calais… Jack Lang a fait bouger Boulogne grâce à son activisme incessant. Il est accrocheur, entêté, va remuer ciel et terre, faire jouer ses contacts, écrire, téléphone, rappeler — « dites-moi, cher ami… » —, insister jusqu'à l'exaspération de son interlocuteur pour parvenir à ses fins et le faire savoir à l'opinion. C'est son côté Sarkozy — un adversaire qu'il évite de dénigrer et qu'il a même publiquement approuvé lors de la fermeture du centre de Sangatte.

Comme le ministre de l'Intérieur, Jack Lang est une bête des médias. L'éloquence n'explique pas tout. Il est en la matière un grand professionnel. Rien n'est laissé au hasard. Ni les sollicitations, parfois au-delà du raisonnable, pour arracher, auprès des journalistes dont il possède tous les numéros de téléphone, une interview, quitte ensuite à jouer la chochotte : « Je ne sais pas trop ce que je vais pouvoir vous dire ! » ; ni le travail acharné avec ses collaborateurs pour préparer des jours durant une émission où il décochera la bonne formule ; ni surtout son talent pour être là où il faut, surtout s'il y traîne une caméra ou un micro. Cela ne signifie pas être partout : pas besoin de s'afficher au milieu de la jet-set de Roland-Garros. En revanche, il assistera à un concert de rock au milieu des jeunes, au récital d'un chanteur populaire, à une émission de Patrick Sébastien qui fait les plus gros scores d'audience. Il descendra à Avignon pour l'amour du théâtre, la rencontre des acteurs et des metteurs en scène, et les promenades dans les rues avec la foule : l'élitisme et le peuple. Il ne manquera sous aucun prétexte une cérémonie des Césars, des Molières, ou des Victoires de la musique, et il connaît suffisamment les organisateurs et les réalisateurs de télévision pour être sûr de paraître à l'écran sous son meilleur profil ! Un travail de pro, où les faux pas sont rares, mais existent, comme cette émission de Cauet sur TF1 où, venu pour la promotion de son livre, il doit participer, dépité, à une parodie de jeu télévisé d'un goût douteux : « Qui veut gagner des millions d'électeurs ? » !

Sa popularité, son expérience, et son talent, Jack Lang a songé les mettre au service d'un destin présidentiel dès 1995. C'est son ami d'alors, Laurent Fabius, qui l'y pousse. Lui doute « d'avoir la gueule de l'emploi ! ». L'ancien Premier ministre le convainc… avant de l'inciter à y renoncer, au profit d'Henri Emmanuelli. Jack Lang, très déçu, en nourrira quelque amertume à l'égard de son ancien mentor. Au lendemain du cataclysme de 2002, l'idée lui vient naturellement de retenter sa chance, mais pour de bon. Il est persuadé de surclasser la campagne calamiteuse de Lionel Jospin — « un looser », l'avait-il qualifié cinq ans auparavant —, et il ne voit personne d'autre en mesure de reprendre le flambeau : pas même Laurent Fabius qui a selon lui un problème avec le peuple. Pas question pourtant de le crier trop vite sur tous les toits. Jack Lang est conscient de ses handicaps. On le dit velléitaire, électron libre, et trop « paillettes », pour prétendre exercer la fonction de chef d'État. Il dispose d'un peu moins de cinq ans pour prouver le contraire.

Velléitaire ? C'est la sanction de ses expériences malheureuses à la présidentielle de 1995, puis en 2000 de sa candidature avortée à la mairie de Paris. Son rival, Bertrand Delanoë, « régional de l'étape », s'accroche, l'issue du vote des militants pour la désignation est incertaine. Jack Lang préfère jeter l'éponge à la veille du scrutin plutôt que courir le risque de la défaite. Encore participe-t-il le matin même à une émission de radio, comme si de rien n'était, alors qu'il a déjà négocié son retrait contre le poste de ministre de l'Éducation. Décidément

Jack Lang n'aime pas l'affrontement ! Il ne veut pas faire cette fois trop tôt acte de candidature, et risquer un nouvel « coïtus interrompus », comme se moquent de méchants camarades. Mais ça le démange. Il se retient difficilement quand on lui pose la question le 8 avril 2004 à *Cent minutes pour convaincre* : « C'est dans trois ans, laissez-nous vivre ! Dans cette élection nous jouerons collectif et d'une façon comme d'une autre je serai en première ligne. » Mais un mois plus tard il se lâche auprès de son ami Pascal Sevran : « Je suis décidé, j'irai ! Je ne peux pas le dire maintenant mais rien ni personne ne m'en empêchera. » Et le célèbre animateur de télévision et écrivain à la plume acérée s'empresse de le rapporter quelques mois plus tard dans son livre *Il pleut, embrasse-moi* (Albin Michel).

Jack est impatient ; le 2 septembre, jour de son anniversaire, il insiste un peu plus : il veut être « en toute hypothèse d'une façon ou d'une autre en première ligne en 2007 ». Le 25 janvier 2005, il cède à la pression de ses amis qui lui font remarquer que Laurent Fabius n'a pas ces pudeurs et qu'il martèle sa candidature. Sur TF1 Jack Lang dresse le portrait du candidat idéal : « Il doit avoir la confiance populaire, l'expérience politique, la capacité de rassembler, la force de conviction »... avant d'ajouter, pour ceux qui ne l'auraient pas reconnu dans ce portrait-robot : « Les Français peuvent compter sur moi ! » Après le référendum, toutes les occasions sont bonnes pour le rappeler aux étourdis qui l'auraient oublié : sur France 2, dans le magazine people *Voici* (c'est une première pour une annonce de candidature !) et dans la lettre d'information *Profession politique*, où, estimant qu'il n'a pas annoncé sa candidature « à grand renfort de tambour et de tam-tam », il précise que celle-ci est irréversible.

« Jack Lang, combien de divisions ? » C'est la seconde faiblesse du candidat, il n'a pas de courant, ni même de réseaux dans un parti où ce sont les adhérents qui élisent leur candidat. L'idée de rejoindre le NPS, en mal de leader national avant le congrès de Dijon, n'a pas abouti, comme on l'a vu. Jack Lang, qui a la réputation d'être un homme seul, fait le choix du collectif. Coup de chance, François Hollande a besoin d'alliés. Les éléphants du parti sont soit des rivaux potentiels du premier secrétaire — Laurent Fabius, Dominique Strauss-Kahn, Martine Aubry, Bertrand Delanoë —, soit des opposants — Henri Emmanuelli, Jean-Luc Mélenchon —, soit des caciques qui le toisent avec un peu de condescendance : Pierre Mauroy ou Daniel Vaillant. François Hollande ne peut s'appuyer que sur ses proches (Rebsamen, Le Foll, Dray, Le Roux), qui ne pèsent guère dans le parti. Or une complicité ancienne lie François et Jack. En 1995, le premier avait soutenu avec son groupe Témoin la tentative de candidature présidentielle du second ; en 2000, c'est encore lui qui convainc Lionel Jospin de faire entrer Jack dans son gouvernement. Jack Lang a également l'oreille de Julien Dray : les deux hommes se sont connus dans les années 80 lors de la création de SOS Racisme. Quand à l'automne 2001, se profilent les élections régionales, encore très incertaines, François Hollande choisit Jack Lang comme porte-parole national de la campagne. Un choix judicieux. L'ancien ministre va se jeter dans la bataille avec son enthousiasme légendaire. Il entreprend un tour de France au cours duquel il rencontre les militants et les Français. Ces déplacements s'apparentent un peu à une pré-campagne présidentielle, avec des meetings, des promenades dans les villes, des discussions avec des responsables d'associations ou d'entreprises. Et Jack Lang sait y faire, accordant le plus grand intérêt aux propos de ses interlocuteurs, n'oubliant jamais de rendre un vibrant hommage aux élus locaux, et surtout sonnant la charge comme personne contre le gouvernement. Il retrouve pour l'occasion des accents marxistes quand il dénonce « une politique de casse et de classe avec toujours les mêmes qui trinquent et les mêmes qui s'enrichissent », ou encore « un gouvernement de régression sociale, anti-jeunes, anti-acquis sociaux, anti-création »... Au fur et à mesure que les scrutins approchent, Jack en rajoute dans l'agressivité. Il promet au pouvoir « d'en prendre plein les gencives » à la veille du premier tour des régionales, il demande aux Français de lui flanquer « une deuxième gifle » au second tour, avant de les appeler à une « troisième raclée » pour les élections européennes, où il a repris son bâton de pèlerin !

Jack Lang est de toutes les batailles : son malheureux successeur Luc Ferry est accusé d'assassinat programmé de l'éducation nationale : « Il n'y a même plus de ministre rue de Grenelle ! » lance-t-il à la veille de grandes manifestations. Il monte avec *Les Inrockuptibles* la pétition « Contre la guerre à l'intelligence » qui rassemble des milliers d'écrivains, d'artistes, d'enseignants, de chercheurs, de médecins… Durant près d'un an, il est à la pointe du combat pour la laïcité, répétant urbi et orbi : « Ni foulard, ni kippa, ni grande croix ». À l'été 2004, on le retrouve aux côtés de ses amis intermittents du spectacle pour fustiger « Ernest-Antoine Seillière et son pote Jean-Pierre Raffarin, les deux responsables du gâchis de l'annulation des festivals ! ». Militant discipliné, il est l'un des seuls à faire campagne en Corse pour le oui au référendum sur la collectivité unique dans l'île, puisque telle est la position du PS par cohérence avec le processus Matignon de Lionel Jospin. Henri Emmanuelli et Jean-Luc Mélenchon se démarquent de leur parti et le non l'emporte ! Le scénario va se reproduire, à une tout autre échelle, avec le traité européen. Jack Lang est très réticent sur le recours au référendum interne. Il est surpris comme tout un chacun par le coup de force de François Hollande au *Nouvel Observateur*. Il va « jouer les casques bleus », en vain, pour chercher un compromis entre Hollande et Fabius et éviter la division des socialistes.

Le député de Boulogne est un Européen convaincu. Il rompt définitivement avec Laurent Fabius : « Quand quelqu'un pour lequel vous avez de l'estime sacrifie sa rigueur intellectuelle et la solidarité internationale par souci politique et tactique, vous doutez de sa crédibilité... » Jack Lang se mue, avec son emphase coutumière, en partisan enflammé de la Constitution — « le plus progressiste de tous les traités européens, le moyen de résister à l'impérialisme américain » —, et en procureur implacable de ses adversaires avec « leurs bobards, leurs supercheries, leurs saloperies »... Toujours le sens de la nuance ! Le combat européen le rapproche encore de François Hollande. Le premier secrétaire fait de Jack Lang l'une de ses pièces maîtresses : il utilise sa popularité et son travail pour les argumentaires du oui, et l'écriture du projet socialiste. Jack Lang est également son meilleur bretteur d'estrade pour le référendum interne, puis la campagne du congrès du Mans. Sa loyauté est sans anicroche, jusque dans les jeux d'appareil. En pleine bataille référendaire, François Hollande et Laurent Fabius doivent intervenir devant 2 000 secrétaires de section. Il est prévu que le numéro deux du parti introduise les débats, et que le premier secrétaire les conclue. Jack Lang persuade Hollande de ne pas laisser cette tribune à son adversaire, et de s'exprimer dès l'ouverture de la réunion. Un véritable traquenard est organisé. Ségolène Royal, qui préside la séance, donne après le premier secrétaire qui est intervenu près d'une heure la parole à Jack Lang qui ne la conserve que sept minutes. Sept minutes qui deviennent la référence pour les autres orateurs... dont Laurent Fabius, « Gros-Jean comme devant » avec son discours préparé pour une heure !

Le ticket Hollande-Lang fonctionne à merveille. Jack Lang rêve d'en faire l'axe de sa stratégie présidentielle. « Le jour venu, nous déciderons d'un commun accord lequel, de lui ou de moi, sera le meilleur candidat pour l'élection présidentielle. Et le second fera équipe avec le premier », confie l'ancien ministre. Dans son esprit c'est tout vu : c'est lui qui est populaire et qui a l'expérience : à lui la présidentielle, à François le parti. Avec un dernier argument, générationnel, et de poids : il aura près de soixante-huit ans au moment de la présidentielle de 2007. S'il est élu, ce sera pour un mandat de cinq ans, puis il laissera la place en 2012 à celui qui l'aura fait président : François Hollande, ou un autre si celui-ci n'est pas en situation. Jack Lang ne bouche pas l'horizon, contrairement aux autres quinquagénaires : Strauss-Kahn, Aubry, Delanoë, Royal. L'élection de l'un hypothéquerait ipso facto l'avenir des autres. François Hollande n'est pas dupe : « Jack est d'une loyauté intéressée », s'amuse le premier secrétaire qui à l'évidence n'a abdiqué en rien ses prétentions pour 2007.

À défaut de troupes, Jack Lang a désormais une légitimité dans le parti — il en est le porte-parole pour chaque grand rendez-vous démocratique — et il compte quelques soutiens. Beaucoup sont encore dormants et — il veut y croire — ne se révéleront qu'au moment fatidique, quand il faudra choisir, pense-t-il, entre le plus populaire des socialistes, le « traître » Fabius et le « roublard et droitier » Strauss-Kahn... Il a déjà engrangé — il en est sûr — la première fédération du PS, « sa » fédération du Pas-de-Calais. Daniel Percheron l'a déclaré publiquement. Le nouvel enfant du pays est son « candidat naturel ». Une façon, disent les mauvais esprits, pour le président du conseil régional qui a plus d'un tour dans son sac, de ne pas se prononcer entre les grands favoris. Guy Delcourt, le maire de Lens, l'appelle déjà « Monsieur le Président » ! Il est vrai que Jack se donne un mal de chien. Il laboure consciencieusement ses terres, n'hésite pas à passer un week-end avec sa femme Monique dans les Alpes pour rencontrer Jean-Pierre Kucheida, député-maire de Liévin, la plus grosse section du PS, et le convaincre de rallier la motion Hollande. « Il a fallu que je rame, se glorifie-t-il, les militants avaient voté non au référendum et ils voulaient virer François. » Mais comment résister à un homme qui paie autant de sa personne et manifeste dans la même journée le matin dans le Pas-de-Calais et l'après-midi à Lille ? La fédération du Nord, la deuxième du parti, pourrait elle aussi tomber dans son escarcelle. Et pourquoi pas la troisième, les Bouches-du-Rhône : Jack

Lang se démène (mais il n'est pas le seul !) auprès de Jean-Noël Guérini, le président du conseil général et homme fort des socialistes marseillais.

Il reste à convaincre les Français de la crédibilité présidentielle de l'ancien ministre de la Culture. « Jack Lang est populaire comme l'abbé Pierre ou sœur Emmanuelle », raille un éléphant. « Il est trop marqué Mitterrand et années 80 », ajoute un second. « À l'Élysée, ce sera la Gay Pride tous les jours… mais pour diriger les armées !… » grince un troisième. Et puis Jack Lang ne serait « pas clair ». L'ancien ministre a souvent été l'objet de rumeurs malveillantes sur les fonds secrets de ses ministères, l'achat de son appartement place des Vosges, ou d'autres turpitudes. Absence de preuves, ragots : ceux qui ont évoqué ces « affaires » ont été condamnés, ou contraints de se rabattre sur des broutilles. Jack Lang a parfois la réputation d'être radin, d'aimer se faire inviter, et son épouse Monique d'être insupportable : rien qui lui interdise un destin présidentiel.

Acquérir une stature de chef d'État est un autre défi. Jack Lang s'y attelle, en travaillant sur le fond. On l'imagine superficiel, mondain, dilettante : erreur. C'est un bosseur, du genre perfectionniste. Un stakhanoviste qui peut s'enfermer quinze heures par jour dans son bureau. Il ne dort pas beaucoup, sort assez peu et sacrifie rarement aux dîners en ville. Il fonctionne en petit artisan dans des relations bilatérales. « C'est une véritable éponge, il s'imprègne de tout ce qu'il entend, de ce qu'il lit, des notes qu'on lui rédige », explique l'un de ses collaborateurs. « Il peut me rappeler dix fois pour obtenir une information sur la justice ou les institutions », confirme André Vallini. Son équipe se limite à quelques collaborateurs de l'association Culture du monde, dont le bureau est à côté de chez lui, place des Vosges : une secrétaire, un assistant parlementaire, quelques anciens membres de son cabinet. Mais il est en relation avec beaucoup d'universitaires, de décideurs, et de personnalités qui comptent dans tous les secteurs. Le patron de la Fnac et ex-fabusien Denis Olivennes, le directeur de la société Orange et ancien conseiller de Lionel Jospin Jean-Noël Tronc, l'économiste Élie Cohen, le responsable de la CGT Jean-Christophe Le Duigou, l'ancienne secrétaire de la FSU Monique Vuaillat, le spécialiste des questions de défense Louis Gautier. Beaucoup de membres de ses équipes ministérielles, dont son directeur de cabinet à l'éducation Christophe Forestier, continuent de phosphorer pour lui. Son blog est sans doute le meilleur chez les politiques. Il lui a servi à créer son club Inventons demain : quelques centaines de personnes peut-être bientôt quelques milliers, dont l'adhésion au Parti socialiste sera un renfort appréciable.

Jack Lang veut apparaître crédible dans tous les domaines. Pas de soucis sur les questions de société : il est en pointe sur la laïcité, la lutte contre toutes les discriminations. Il en ferait même un peu trop : « Arrête de parader à la techno-parade ou aux marches des gays et lesbiennes », lui conseille l'un de ses proches. « Mais je ne le fais plus qu'à l'étranger », se défend le futur candidat. « Mais même à l'étranger !... »

Le docteur en droit ne pouvait être absent du débat sur les institutions. En août 2004, invité d'honneur de la fête de la rose à Frangy-en-Bresse, fief d'Arnaud Montebourg, il appelle les socialistes « à faire une révolution pacifiste » pour changer le régime de la France. Il publie un livre *Changer* (Plon), où il dénonce un système politique « rapiécé, raccommodé, usé jusqu'à la corde, où tous les pouvoirs sont concentrés dans la main d'un seul homme ». Jack Lang propose un régime présidentiel avec un chef d'État responsable devant une Assemblée dont les pouvoirs seront restaurés, et la suppression du poste de Premier ministre. Il profite de l'ouvrage pour confirmer une correction de trajectoire idéologique. Lui naguère feu follet réclamant un PS plus à gauche et avouant se sentir plus d'affinités avec les communistes qu'avec les socialistes trop timorés, le voilà fustigeant « le socialisme de “la balançoire”, la tentation du double discours, d’abord le temps de l’opposition où tout est possible, celui du “plus à gauche que moi tu meurs”, puis le triste temps du pouvoir où tout est compliqué et où on théorise sur l’impuissance du gouvernement ». Et Jack Lang de dénoncer le réveil avec le référendum européen de vieux démons comparables à l’illusion de la rupture avec le capitalisme à laquelle les socialistes avaient renoncé parfois douloureusement, sous François Mitterrand. Jack Lang s’est au fil des ans « social-démocratisé ». « Pourquoi chercher midi à 14 heures, confesse-t-il, le modèle suédois, avec quelques apports norvégiens et danois, est le meilleur en matière de démocratie, d’emploi, de redistribution et d’éducation. » Il en tire son nouveau slogan, « L’égalité des chances, le plus court chemin vers l’excellence ».

L’école est un autre domaine de prédilection. Il reprend l’idée d’un service public de la petite enfance et préconise une scolarité de cinq à dix-huit ans pour tous, ainsi que le doublement du nombre d’étudiants. En revanche, l’objectif de quinze élèves par classe le laisse perplexe : « Ça coûtera la peau des fesses. »

Sur les dossiers économiques et sociaux, l’incompétence qu’on lui prête l’agace : « J’ai enseigné le droit fiscal. J’en connais autant que tous les énarques qui n’ont aucune formation économique. » Et il joint la plume à la parole avec trois livres en préparation sur la fiscalité comme outil de réforme de la société, un second sur les politiques de l’emploi, et un troisième sur l’immigration avec le démographe Hervé Le Bras : un tir groupé pour sortir du bois au printemps 2006.

Il lui faut enfin acquérir en politique internationale la stature qui sied à un candidat à l’Élysée. Il s’y emploie. En décembre 2003, il participe à la délégation d’intellectuels français qui lance avec mille personnalités le pacte de Genève pour la paix au Proche-Orient. En octobre 2005, il est l’invité d’honneur du Forum culturel mondial de Kyoto, devant un parterre de 450 scientifiques. En décembre, c'est à New York qu'il se rend pour participer à un débat avec Hilary Clinton à la Public Library. Un autre voyage est programmé en Chine, comme l'avait fait Mitterrand quelques mois avant son élection de 1981…

Bertrand Delanoë a fait un temps figure de sauveur possible des socialistes pour la présidentielle. Au lendemain du cataclysme de 2002, il incarne le succès : premier maire de gauche de la capitale depuis un siècle, il met en œuvre une politique qui séduit : démocratie, transports, crèches, Paris plage, Nuits blanches… Bertrand Delanoë caracole en tête des sondages de popularité. Son livre est un best-seller. Les militants socialistes le réclament dans les fédérations. Mais quand il évoque l'élection de 2007, c'est pour assurer que Lionel Jospin reste le meilleur et que lui ne sera pas candidat, car il se consacre à Paris. Les instituts de sondages finissent par retirer son nom de leurs enquêtes pour la présidentielle, ce qui le contrarie ! L'échec en juillet 2005 de la candidature de Paris pour les Jeux olympiques de 2012 est un véritable coup de massue. Le comité d'organisation a scrupuleusement respecté les règles. Il a mis les politiques avant les sportifs, il s'est cantonné dans un registre classique avec un film de Luc Besson très « office du tourisme » du « Paris reine du monde »… Londres a choisi l'inverse, en jouant sur l'image de la jeunesse, de la modernité, de la mixité sociale et culturelle. Chirac d'un côté, Blair de l'autre. Paris était favorite, la France avait besoin de retrouver un peu de confiance et d'optimisme. C'est un nouvel « échec collectif ». Mais Bertrand Delanoë le porte plus que les autres. Ses protestations sincères contre les tricheries des Anglais lui donnent le rôle du mauvais joueur. Quelques camarades socialistes peinent à cacher leur soulagement : que l'arrogant Bertrand s'occupe de Paris et plus de 2007 ! Comme dans une équipe de rugby qui a pris un essai en contre, tout se dérègle dans l'équipe municipale. Fin août deux incendies d'immeubles font 24 victimes, dont 18 enfants. Un mois plus tard, la rébellion des Verts alliés pour la circonstance à la droite met le maire en minorité. Le compte rendu de mandat dans le XIXe arrondissement est perturbé par une trentaine de manifestants gauchistes. Bertrand Delanoë a perdu la main. Il doit se concentrer sur la capitale et le calendrier électoral qui repousse les élections municipales après la présidentielle rend encore plus problématique une candidature élyséenne. Le 21 novembre 2005, sur France 2, il coupe court à toute spéculation : il n'est pas partant pour l'investiture socialiste pour la présidentielle, « j'ai vraiment du boulot à faire à Paris… ».

Et pourquoi pas Ségolène en 2007 ? Avant l'automne 2005, l'hypothèse prête plutôt à sourire. Et pourtant, déjà pour l'élection présidentielle de 1995, elle l'avait envisagée. En mai 2004, à l'émission *Les 109* sur France 5, la question lui est posée à partir d'un sondage LCI-*Le Point* indiquant que 60 % des sympathisants socialistes trouvent qu'elle ferait une bonne candidate : « J'entends qu'on parle de ça pour moi, réplique-t-elle faussement modeste, 2007 c'est loin, mais que ce soit envisagé comme possible, en tant que femme, j'en suis heureuse. » « La différence entre François Hollande et Ségolène Royal, c'est que quand on parle de la présidentielle, Hollande s'en sort par une blague alors que Ségolène Royal ne rigole pas du tout ! » observe Philippe de Villiers, avant d'ajouter : « Elle pourrait être redoutable, car bien que socialiste, elle porte un nom de droite, elle est issue d'une famille de droite, elle a des allures de droite et des idées de droite sur l'autorité et les valeurs traditionnelles ! » La « Zapatera » ne manque ni d'ambition, ni de détermination. Elle a une claire conscience de ses atouts qui compense l'absence de « royalistes » dans le parti. Même au sein du groupe à l'Assemblée, elle paraît isolée. Mais c'est une gagneuse : députée depuis dix-sept ans dans un département, les Deux-Sèvres, qui n'est pas une terre de gauche, elle a enlevé en 2004 au Premier ministre Raffarin son fief du Poitou-Charentes. Elle est populaire, jolie, médiatique, et s'est fait une spécialité des sujets de société qui préoccupent les Français : la violence, l'école, la famille, l'environnement. Elle épouse d'ailleurs leurs contradictions : elle vit en union libre avec François Hollande et leurs quatre enfants, mais refuse le mariage gay. Elle est progressiste et féministe quand elle impose l'accouchement sous X, la pilule du lendemain ou le congé paternité, mais assume être une Christine Boutin de gauche quand elle combat les programmes de télévision dangereux pour les enfants, le port du string pour les lycéennes ou les publicités portant atteinte à la dignité des femmes. Elle défend le maintien des bureaux de Poste, des perceptions ou des écoles en milieu rural, mais ne dit pas comment elle les finance. Elle prône une nouvelle démocratie participative, mais préside le Poitou-Charentes en autocrate, aux dires des élus, même socialistes, qui la surnomment la Zapaterreur !

Sa candidature à l'Élysée ? Au printemps 2005, Ségolène Royal entretient encore le suspense. « Il est trop tôt pour en parler, la situation se décantera. La présidentielle, poursuit-elle, est la rencontre entre une société à un moment donné et une personnalité capable de porter un projet correspondant à ses attentes. » La candidature de François Hollande ? « Il est en posture institutionnelle, sa légitimité prime sur celle des autres dans le parti. Nous ne sommes pas en concurrence : nous nous apportons quelque chose en termes de réflexion, d'image, de positionnement. Nous veillons à ce que personne ne nous instrumentalise. » Le couple, assure-t-elle, n'en parle pas sinon pour plaisanter sur le mode : « Les enfants choisiront lequel des deux sera le candidat… » Mais quand Ségolène Royal fait son coming-out présidentiel à l'automne 2005, il n'est plus question des enfants : si François n'y va pas, elle sera partante.

CHAPITRE 7

LIONEL, L'IMPOSSIBLE RETOUR ?

> « Un homme qui renonce au monde se met dans la condition de le comprendre. »
>
> Paul Valéry.

D'abord le silence. Puis quelques conversations avec des amis, avant la réapparition pleine d'humilité du simple militant, prélude, près d'un an après le 21 avril, aux premières tribunes dans la presse ; l'année suivante, en 2004, il soutient quelques candidats en campagne, et participe activement au débat sur la Constitution européenne ; enfin trois ans après la défaite présidentielle, il donne sa première interview politique à la télévision : le retour, ou les retours de Lionel Jospin ne doivent rien au hasard. Ils ont été soigneusement pensés, mis en scène, et magistralement interprétés. « Autant il avait été un mauvais candidat dans une fausse campagne en 2002, autant il est un formidable non-candidat dans une vraie campagne, aujourd'hui », s'amuse le publicitaire Stéphane Fouks.

Le choc a été trop rude, la défaite trop injuste, l'élimination trop brutale. Lionel Jospin est un animal blessé, meurtri. Il disparaît et vote par procuration au second tour de la présidentielle. S'il rencontre alors quelques amis, c'est dans la plus stricte intimité : un dîner chez Jacques Séguéla où l'on évite de parler politique, quelques conversations avec Daniel Vaillant. Les élections législatives sont l'occasion de reprendre contact avec ses anciens ministres ou ceux qui s'étaient investis dans sa campagne. Félicitations à Jean-Marc Ayrault pour sa victoire dès le premier tour, encouragements à Pierre Moscovici, François Rebsamen, ou Marisol Touraine, qu'il surprend sur son portable alors qu'elle fait du porte-à-porte dans sa circonscription ; compliments à François Hollande, Manuel Valls, Marylise Lebranchu et autres heureux élus du second tour. Puis il s'exile dans l'île de Ré et retrouve à la rentrée son appartement et ses habitudes parisiennes. Pas question de vivre en reclus : il n'a pas de faute à expier ! Mais pour surmonter sa défaite, il faut donner un peu de temps au temps. Deux bémols viennent néanmoins corriger la partition du retrait de la vie politique. Début juillet, dans les couloirs de l'Assemblée, l'ami Daniel Vaillant explique qu'il n'est pas question que Lionel revienne en responsabilité, mais qu'il a toute sa place au Parti socialiste. En vacances en Corse en août, l'intéressé précise au quotidien local « qu'il ne sera pas toujours muet ! ».

Pendant plusieurs mois, seules quelques rares apparitions de l'ancien chef de gouvernement entretiennent la chronique : le mariage en août d'un ancien collaborateur à Toulouse, une visite en octobre à Bertrand Delanoë poignardé pendant la Nuit blanche à Paris, la petite fête pour le départ à la retraite de son ancien chauffeur Armand. Le Tout-Paris politico-médiatique s'interroge : mais que fait donc Lionel Jospin ? Est-il dépressif ? « C'est tout le contraire, il est en pleine forme et a rajeuni de dix ans », répondent immanquablement les privilégiés qui l'ont rencontré. Il voyage avec son épouse : une escapade en Suisse en compagnie de Raymond Forni, deux visites à Madrid chez Olivier Schrameck, son ancien directeur de cabinet devenu ambassadeur de France, un petit séjour au Brésil… Il court les expositions, va aux spectacles, est invité aux premières de théâtre, assiste à des matchs de foot ou de rugby. Il fait du vélo avec Sylviane et se défonce au tennis, dans son club ou au Racing avec ses officiers de sécurité ou quelques amis : « Il court comme un fou, ne lâche aucun point », témoigne l'ancien député (et excellent joueur) Jérôme Cahuzac. Le grand-père Jospin promène son petit-fils Oscar au Luxembourg, il est très fier du fils de Sylviane, Daniel, qui a intégré Normale sup. Bien entendu, il lit énormément et prend très au sérieux les conférences qu'il donne à l'étranger. Celle du 8 novembre devant l'université de Virginie ne passe pas inaperçue : les correspondants de presse aux États-Unis effectuent le déplacement, et les Français revoient pour la première fois au journal de 20 heures un Lionel Jospin devisant doctement en anglais sur l'Irak et sur l'Amérique, devant un public d'étudiants et de professeurs. Claude Allègre ne rate pas l'occasion de le qualifier dans *Le Nouvel Observateur* de « recours pour la gauche » si le pays devait connaître une vraie crise. Son appartenance au club de Madrid de Felipe Gonzales, sa participation aux colloques du « World Political Forum » flattent son amour-propre : il y côtoie Bill Clinton ou Mikhaïl Gorbatchev. Enfin le retraité de l'île de Ré consacre beaucoup de temps à répondre personnellement au volumineux courrier qu'il reçoit. C'est avec la lecture quotidienne des journaux le lien qu'il conserve avec la politique. Le propos de ses lettres reste très général : la fierté d'avoir bien travaillé, la fidélité à ses idées, l'espoir dans l'avenir.

Plusieurs mois passent avant que Lionel Jospin recommence à parler politique avec ses amis. Jusque-là, plutôt que de ressasser un passé douloureux — le 21 avril est tabou —, de commenter un présent dont il n'est plus acteur, ou d'envisager un avenir bien incertain, il inflige à ses interlocuteurs des déjeuners entiers à disserter sur la famille, la culture, le sport. Peu à peu pourtant les préliminaires sur le dernier livre qu'il a lu ou le film qu'il a vu se font plus succincts, et il ne résiste pas au plaisir de lancer quelques piques contre le gouvernement, ou manifester sa rancune contre Jean-Pierre Chevènement. Les garden-parties que les anciens de son cabinet organisent chaque mois de juin sont un bon baromètre. En 2002, Lionel Jospin est absent. Il réapparaît en 2003 mais les conversations avec les ex-collaborateurs se limitent à la pluie et au beau temps, de peur de commettre une gaffe. L'année suivante, l'ambiance est décontractée : Jospin parle de tout, même de l'actualité.

Après le 10 mai 1981, Valéry Giscard d'Estaing est resté des semaines sans ouvrir un quotidien. Lionel Jospin, lui, n'a jamais « décroché ». Simplement il garde ses réflexions pour lui ou quelques fidèles. En tout cas, pas pour les journalistes. Il les fuit comme la peste et élude leurs questions quand un téméraire croisé par hasard tente sa chance. Il enrage en privé de leur proximité avec Nicolas Sarkozy — « Moi, je ne les ai pas tutoyés ! » — ou de leur mansuétude envers Chirac ou Villepin : « Je ne leur parlerai plus jamais ! » explose-t-il lors d'un dîner où l'on évoquait la discrétion de la presse face aux opérations montées contre lui avant 2002 par Dominique de Villepin.

Son premier retour, Lionel Jospin choisit de l'effectuer comme militant. À la mi-novembre, il repasse au siège du PS, rue de Solférino, prendre son courrier. Quinze jours plus tard, il s'inscrit à la section de La Chapelle-Goutte d'Or, dans le XVIIIe arrondissement de Paris. Un choix qui ne doit rien au hasard, ni à la seule nostalgie : c'est ici qu'il a commencé à militer dans les années 70 avec Daniel Vaillant, Claude Estier, Bertrand Delanoë, la fameuse bande du XVIIIe. Le message est politique : Lionel Jospin a fait ses adieux à Cintegabelle où il avait été parachuté et il a délaissé les beaux quartiers du VIe arrondissement où il habite, pour venir dans ce Paris populaire ancré à gauche, où les militants connaissent la souffrance sociale et ne s'effraient pas de la politique de sécurité revendiquée par l'ancien ministre de l'Intérieur. « Il n'y a pas eu de 21 avril ici, tu étais en tête avec 24 % des voix, quand Chirac était à 16 et Le Pen à 11 », lui fait un jour remarquer Daniel Vaillant. « Ça ne m'a pas échappé », réplique Jospin… Le 3 décembre, il arrive à pied et souriant au local de la rue Trétaigne. Il doit se frayer un chemin dans la bousculade des caméras et des micros, avant de prendre sagement place au deuxième rang. Son tour venu, il se présente, comme l'ont fait avant lui les douze autres nouveaux adhérents ! Il ne reprend pas la parole pendant la réunion, mais fidèle à son habitude et en militant consciencieux, il noircit des pages de notes. Aucun commentaire à la presse, sinon qu'« on n'a pas besoin d'avoir une fonction pour militer ou pour s'exprimer, et le moment venu, je vous l'ai déjà dit, je le ferai ».

Le moment venu... Lionel Jospin a conscience que son retour est délicat. La déclaration de son retrait de la vie politique a frappé les esprits. Elle a aussi choqué beaucoup de socialistes qui se sont sentis abandonnés par leur chef au milieu de la bataille. Au cours des débats « d'introspection », dans toutes les sections, à l'automne, des propos très durs ont été prononcés : « Jospin a privilégié son orgueil sur l'esprit de parti... » « Un vrai capitaine ne lâche pas la barre dans la tempête... » « Son retrait a permis la nomination de Jean-Pierre Raffarin et l'arrivée de Sarkozy : ça nous a coûté entre 50 et 100 députés. » Selon Éric Besson, « il manquait dans sa déclaration une phrase où il aurait expliqué que son départ avait pour objectif de permettre à la gauche de se ressourcer et de préparer dans les meilleures conditions les législatives ; faute de l'avoir dit, le malentendu s'est installé et son retour est compliqué ». Il n'empêche : le délai de décence est-il écoulé, l'humilité du militant Jospin a-t-elle ému ou est-ce le vide laissé par son retrait ? Dès le début 2003, les sondages frétillent : selon l'enquête Sofres-*Nouvel Observateur*, 64 % des Français croient au retour en politique de Lionel Jospin, même si 56 % ne le souhaitent pas. Une pointe d'agacement est perceptible dans le commentaire des hollandais. Jean-Marc Ayrault évoque « un phénomène médiatiquement entretenu », et, pour François Rebsamen, « la phase du congrès de Dijon permettra de tourner une page, c'est à nous de repartir sans Lionel Jospin mais sans renier ce qu'il a fait ».

Le 31 janvier, Lionel Jospin franchit une nouvelle étape. Il livre sa pensée politique dans une très longue tribune dans *Le Monde*, intitulée « Être utile » : « Parler n'est pas revenir, prévient-il d'emblée, si je peux par la réflexion servir les socialistes, aider la gauche et être utile à mon pays, j'en serais heureux. » Suit un pensum laborieux et jospinien sur l'analyse de la défaite, la critique du gouvernement Raffarin, et les défis du Parti socialiste. « Ma part de responsabilité dans l'échec existe forcément », concède-t-il. Mais c'est une clause de style. Toute sa démonstration tend au contraire à le dédouaner. Ni les erreurs de la campagne, ni l'éloignement des milieux populaires, ni les ambiguïtés de son projet ne sauraient expliquer à ses yeux son absurde éviction. Il préfère invoquer l'usure du pouvoir, le brouillage de la cohabitation et surtout les divisions de la gauche et la frivolité des électeurs. Une analyse dont il n'a jamais dévié. L'ancien Premier ministre n'oublie pas de critiquer mais de façon peu percutante son successeur sur « ses choix économiques et sociaux contradictoires ». Mais il en convient : l'épreuve de vérité est encore à venir. Enfin les conseils prodigués aux socialistes relèvent du plaidoyer pro domo : « Renier ce que nous avons fait minerait le socle d'une future reconquête. » Les socialistes doivent trouver « la meilleure articulation entre ce qu'ils ont réalisé hier et ce qu'ils proposent de neuf pour demain !... L'important est de proposer dans l'opposition des mesures qu'ils seront sûrs de mettre en œuvre dès qu'ils seront revenus aux responsabilités ». La tribune jospinienne provoque un certain malaise. En témoignent le laconisme ou l'hypocrisie des réactions : « Texte de témoignage et de référence, mais maintenant c'est au PS de faire le travail », commente François Hollande. « Il a fait ce qu'il pense devoir faire », banalise Laurent Fabius. « C'est une bonne chose qu'il se soit exprimé », affirme Jack Lang. À droite, Dominique Perben a beau jeu de souligner que « Lionel Jospin n'a rien appris depuis le mois d'avril ». En fait, le texte reflète l'état d'esprit et les intentions de Lionel Jospin, autour de trois idées : le 21 avril est un accident de l'histoire dont il ne saurait être tenu pour responsable ; il ne laissera personne dévaluer, oublier, ou remettre en cause son bilan ; on ne l'enfermera pas dans le rôle d'un simple « Pinay de gauche », le sage qu'on vient consulter mais qui est hors du jeu politique. Sans être entré dans une logique de reconquête du pouvoir, Lionel Jospin entend dire son mot et ménager l'avenir au cas où…

L'actualité lui fournit plusieurs opportunités de faire entendre sa voix. Dans les débats préparatoires au congrès de Dijon, le militant de La Chapelle-Goutte d'Or intervient devant ses camarades pour soutenir la motion Hollande et tailler en pièces celle de NPS, qualifiée d'excessive et de prétentieuse, notamment pour la charge qu'elle contient contre l'action de son gouvernement. La crise irakienne, les commentaires louangeurs sur la position de Jacques Chirac l'incitent, après une tribune au *Figaro*, à franchir un pas supplémentaire, celui de l'interview radio, le 13 avril 2003. On ne le lit plus seulement, on l'entend ! Pendant près d'une heure, chez Jean-Pierre Elkabbach sur Europe 1, « un individu libre » accorde des bons points à la politique étrangère de la France. Normal : c'est celle que la gauche aurait menée si elle était au pouvoir ! Mais il ne cite pas le nom de Jacques Chirac et émet des réserves sur les méthodes de la diplomatie française. Il n'oublie pas de défendre à nouveau le bilan de son gouvernement et de réexpliquer que s'il a bien quitté la vie politique, il ne se désintéresse pas du débat démocratique.

Les attaques de Jean-Pierre Raffarin contre l'inaction de son prédécesseur sur les retraites le poussent à réagir vertement : lors d'un déplacement en Haute-Garonne, il fustige cette fois la réforme gouvernementale « injuste, brutale et non financée ».

« C'est dans six mois qu'on va pouvoir vraiment juger des résultats de la politique économique de ce gouvernement », avait prévenu Lionel Jospin sur Europe 1. Faut-il s'en étonner ? Il est au rendez-vous, et de la meilleure manière qui soit. Sa tribune, « Le temps des mystificateurs », publiée sur deux pages par *Libération* le 13 octobre, est le réquisitoire le plus implacable dressé contre le pouvoir Chirac-Raffarin. L'attaque est invariablement la même : elle oppose la cohérence, le sérieux et les résultats flatteurs de son gouvernement, aux contradictions, aux renoncements et aux échecs des mystificateurs d'aujourd'hui. Tout y passe : la chute de la croissance, la dégradation des finances publiques et de l'endettement, les choix budgétaires qui sacrifient l'éducation et la politique sociale, le déficit record de l'assurance maladie, la politique fiscale injuste, le recul de l'emploi et l'augmentation du chômage. À l'exception de la sécurité qui « mériterait une analyse séparée », c'est toute la politique gouvernementale qui est ainsi pulvérisée, à partir de chiffres difficilement contestables. La charge finale cible les deux têtes de l'exécutif : « Un Président qui impose mais n'assume pas, et un Premier ministre qui exécute mais ne pèse pas. »

Le réquisitoire fait deux victimes : l'exécutif bien sûr placé devant ses échecs, mais aussi la direction du Parti socialiste qui en dix-huit mois n'a pas su se faire entendre, et pratiquer l'opposition frontale revendiquée à Dijon. « Sa parole est plus ferme que celle que l'on entend dans la bouche des grands leaders du parti », constate Vincent Peillon. La leçon du professeur Jospin est administrée, et ce n'est pas un hasard, au moment où le PS organise la convention qui lance sa campagne pour les élections régionales. Lionel Jospin ne peut être absent de ce rendez-vous du printemps 2004, en principe le dernier avant 2007. Le spectateur engagé se mue progressivement en acteur de la campagne. Ça commence par une balade sur le port de Marseille, et ça se termine par deux meetings où l'on revoit, pour la première fois depuis 2002, Lionel Jospin sur une tribune. Chaque fois l'ancien ministre cède à la sollicitation de ses amis. À Marseille, le 15 janvier, il souligne que les élections en PACA sont un « combat symbolique » : celui bien sûr contre le Front national qui menace de remporter la région, ou de se retrouver au second tour face à l'UMP, comme au soir du 21 avril. Une semaine plus tard dans sa section du XVIIIe, il recommande aux socialistes de ne pas oublier la sécurité : toujours la référence à 2002. « La sécurité c'est le terrain de la dignité, donc celui de la gauche », répète-t-il à Daniel Vaillant. Le 16 février dans les rues de Dijon, en compagnie de son ancien ministre et candidat pour la Bourgogne, François Patriat, il attaque tête baissée le gouvernement : « On a rarement vu depuis longtemps une politique aussi étroite, aussi faite pour des avantages particuliers, autant inspirée par un clan. » La rhétorique du clan avait été utilisée par François Mitterrand pour justifier sa nouvelle candidature présidentielle en 1988. Lionel Jospin la ressort devant les caméras de télévision. Un mois plus tôt à Marseille, seuls quelques photographes avaient été prévenus… Un match de football au stade de Lens lui permet de se mélanger à ce public populaire du Nord-Pas-de-Calais qui fournit les gros bataillons du Parti socialiste : le symbole est limpide. Daniel Vaillant a servi d'intermédiaire auprès du maire Guy Delcourt.

Quatre jours après le premier tour des régionales, c'est en leader politique qu'il exhorte les Français à donner encore plus de force le 28 mars à la volonté qu'ils ont exprimée le 21 mars. La soirée des résultats du second tour, Lionel Jospin la passe au téléphone avec Daniel Vaillant qui lui communique au fur et à mesure les résultats. « La Bretagne ? Formidable ! La Champagne-Ardenne ? C'est pas possible ! » jubile l'ancien Premier ministre. L'article du *Monde* sur une victoire du PS qui signerait sa seconde mort politique le met hors de lui : « Il était profondément heureux, explique Daniel Vaillant, que deux ans après le 21 avril la gauche ait écrasé la droite : même dans son intérêt personnel… s'il devait être en 2007 le candidat, ce serait pour gagner ! » On n'en est pas là, mais Lionel Jospin s'est pris au jeu.

Pour les élections européennes, il donne des interviews et participe à deux meetings. « Maintenant que j'ai franchi le pas… » lâche-t-il à Bernard Poignant qui l'invite en Bretagne. La méfiance est encore de mise avec les journalistes : « Ce n'est pas moi qui suis demandeur, explique-t-il à *La Dépêche du Midi*, je vous propose trois questions sur le scrutin européen, je ne veux parler ni du passé ni de l'avenir ! » La réunion de Toulouse, en soutien à Kader Arif, tête de liste dans la circonscription du Sud-Ouest, et qui autrefois avait aidé à l'implantation de Jospin en Haute-Garonne, a tout du grand meeting électoral : une foule de deux mille militants que l'ancien Premier ministre doit fendre sous les ovations pour atteindre la tribune ; un discours de quarante-cinq minutes interrompu par des salves d'applaudissements ; un Lionel Jospin qui a retrouvé tous ses talents d'orateur, alternant les clins d'œil — « Ne manquez pas le premier tour, n'oubliez pas ça ! » — et les attaques frontales contre un Premier ministre qui « dénature sa fonction », un Nicolas Sarkozy qui « déstabilise tranquillement le gouvernement », un président qui « s'efforce de se maintenir à l'abri de toute chose ». À Quimper, avec en toile de fond le slogan : « Et maintenant l'Europe sociale », il se cantonne aux enjeux européens. Le pot qui suit le meeting est l'occasion de bavarder avec les militants : « On compte sur toi, il faut que tu reviennes », lui lance l'un d'eux. Jospin sourit.

L'ancien Premier ministre n'entend pas se limiter au rôle de propagandiste électoral. Il veut participer au débat et sermonner ses camarades quand ils font fausse route. C'est le cas avec le mariage homosexuel. Noël Mamère a défrayé la chronique en procédant à l'union très médiatique d'un couple d'homosexuels dans sa mairie de Bègles. La polémique fait rage en Californie, et le Premier ministre espagnol Zapatero s'apprête à légiférer sur la question. Dominique Strauss-Kahn, à l'affût de toute nouveauté, n'attend pas le colloque de son club À gauche en Europe, qui doit débattre du sujet en juin. Il accorde à *Libération* une interview sur les discriminations, dont le quotidien ne retient que la partie relative au mariage gay, auquel il consacre sa une. Le Parti socialiste est pris de court. Le Bureau national adopte en catastrophe un texte bâclé sur la nécessité d'améliorer le Pacs, de lutter contre l'homophobie, et de réfléchir à l'homoparentalité. Mais le PS est divisé selon des clivages inhabituels : Henri Emmanuelli, Arnaud Montebourg et Ségolène Royal sont hostiles au mariage homosexuel, Strauss-Kahn et Fabius font au contraire assaut de modernité. Patrick Bloche, spécialiste du sujet, demande dans la presse qu'on s'intéresse aussi à l'homoparentalité. Lionel Jospin le croise par hasard à un spectacle. Il n'a pas encore lu l'article, mais l'a découpé et semble déjà agacé. Selon lui, faute d'avoir été maîtrisé, le débat part dans tous les sens ; il minore l'innovation qu'a été le Pacs et qu'on pourrait améliorer ; enfin le PS devrait se consacrer aux vraies préoccupations des Français plutôt que de se griser de l'air du temps ! Le lendemain Jospin assiste au mariage, célébré par Bertrand Delanoë, de la fille d'un de ses amis. Les jeunes époux se sont rencontrés à l'Atelier : « Ça a été la seule réussite de la campagne de 2002 », plaisante Jean Glavany. Toutes les discussions des invités tournent autour du mariage homosexuel. Le maire de Paris y fait une allusion pleine d'humour dans son discours. Pour Lionel Jospin, un rien psychorigide sur la question, la coupe est pleine. Il appelle la journaliste Florence Muracciole, qu'il connaît bien, au *Journal du dimanche* pour lui proposer une tribune. Le ton de celle-ci est résolument offensif. Face à « une nouvelle tentation bien-pensante et à des tabous qui ne sont pas là où l'on croit », il assène qu'on peut « réprouver et combattre l'homophobie tout en n'étant pas favorable au mariage homosexuel, comme c'est mon cas ! ». Suit un argumentaire serré, sur la perte des repères, l'institution qu'est le mariage, le droit de l'enfant qui prime sur le droit à l'enfant, et va à l'encontre de l'homoparentalité.

Le rappel à l'ordre est sévère. « C'est une tape sur le museau des leaders du PS, pris en flagrant délit d'amateurisme et de démagogie », commente son ancienne « plume » Aquilino Morelle. « Lionel Jospin nous a tous pris en enfilade, constate, philosophe, Dominique Strauss-Kahn. Moi sur le fond, Hollande sur la mauvaise gestion du dossier et Fabius sur la surenchère sur l'homoparentalité... » Chacun est prévenu, Lionel Jospin ne cantonne pas sa parole à la critique du gouvernement, il peut de son propre chef désavouer la direction du PS... À la plus grande satisfaction de nombreux députés peu progressistes sur ces questions de société.

Ces élus de base, Lionel Jospin souhaite maintenant les rencontrer, et quel meilleur endroit que les universités d'été de La Rochelle où il n'est pas réapparu depuis août 2001, quand il était donné favori pour l'Élysée... Le fidèle Daniel Vaillant joue encore les intermédiaires. Le prétexte est assez grossier : c'est la section du XVIIIe arrondissement qui souhaiterait inviter son illustre camarade à un pot de l'amitié à La Rochelle. Or, explique Vaillant à Hollande, il lui est difficile d'y répondre favorablement s'il n'est pas convié à l'université d'été. Et ça lui ferait tellement plaisir ! Les hollandais du premier cercle — Dray, Rebsamen, Le Foll — craignent que le retour du père ne vienne parasiter la consécration attendue de leur mentor après son interview au *Nouvel Observateur*. François Hollande se passerait volontiers de l'ombre tutélaire de celui qui l'a fait roi. Mais même si l'ingratitude est monnaie courante en politique, il n'est pas facile d'interdire au semi-retraité de franchir le pont de l'île de Ré : « on n'empêche pas un grand-père de voir ses petits-enfants ! » s'esclaffe Jean-Paul Huchon. Mieux vaut limiter la portée de l'événement. C'est François Hollande qui se charge d'expliquer en termes diplomatiques à Lionel Jospin qu'il ne serait pas opportun qu'il participe à une table ronde, ou qu'il prononce un discours. En revanche il dînera dans la joie et la bonne humeur avec toutes les sommités du parti et au milieu des camarades. Après tout, se disent les hollandais, Laurent Fabius sera le premier contrarié de voir ressurgir son éternel rival.

Les relations entre Lionel Jospin et François Hollande sont assez complexes. Le second doit assumer la paternité du premier. C'est Jospin qui l'a propulsé porte-parole du parti en 1996, puis premier secrétaire en 1997. À chaque rendez-vous important, Jospin ne rechigne pas à soutenir son héritier. En bon fils, Hollande n'oublie pas à Dijon de faire applaudir l'ancien Premier ministre, ni de comparer régulièrement le sombre bilan de Jean-Pierre Raffarin à celui, éclatant, de son prédécesseur. Les deux hommes partagent les mêmes idées, qui empruntent à la première et à la deuxième gauche. Ils ont la même conception de la politique. Le tandem Premier ministre/premier secrétaire a fonctionné en parfaite harmonie de 1997 à 2002, et François Hollande était donné comme favori à Matignon en cas de victoire à la présidentielle. Mais le fils voudrait bien s'émanciper du père. Ne plus voir dans le regard des éléphants ce soupçon de condescendance que les cadres dirigeants d'entreprises ont à l'égard du fils du patron. Alors, il trahit parfois son impatience : il oublie de rappeler Lionel et s'agace de la place que la presse lui consacre. Quand quelqu'un lui fait remarquer que sur le mariage homosexuel, c'est Ségolène, Rebsamen ou Jospin qui avaient raison, il laisse s'échapper son courroux : « Ah non, pas Jospin !... » La proximité de Julien Dray complique encore les relations : le député de l'Essonne estime avoir été brimé par l'ancien chef du gouvernement qui n'a jamais voulu de lui comme ministre. La rumeur prétend que c'est Juju qui a inspiré au *Monde* l'article sur la deuxième mort de Jospin, après le succès des élections régionales. L'intéressé n'a guère apprécié le coup de pied de l'âne. Ces petites tensions réjouissent les fabiusiens : à La Rochelle, ils font des gorges chaudes des manœuvres des hollandais pour bâillonner l'ancien Premier ministre… Lionel Jospin rejoint le samedi le premier secrétaire à son hôtel, pour un apéritif convivial avec François Rebsamen, Kader Arif, Maxime Bono, et Stéphane Le Foll. Ils évoquent la tribune que Jospin doit publier sur la Constitution européenne : doit-elle précéder ou suivre la prise de position de Laurent Fabius ? « Je la ferai après, décide Jospin, car je ne veux pas donner le sentiment de faire pression sur lui. » Il dévoile l'un de ses arguments : créer avec le non une crise en Europe ne serait pas opérant car la France de Chirac ne serait pas en position de force pour la résoudre. Il est temps de rejoindre l'Encan pour le dîner. La foule des militants qui l'attendent lui réserve un triomphe. Au premier rang pour l'accueillir, une brochette d'anciens ministres, Aubry, Kouchner, Strauss-Kahn, Guigou jouent des coudes pour être sur la photo. Lionel Jospin en jean et pull marin est rayonnant : « J'étais un peu trop près pour rester loin. Comme dit la chanson, il suffit de passer le pont », explique-t-il avant de préciser que s'il parle, ce sera juste une minute : « Pour leur dire un plaisir d'amitié et d'affection. » C'est aux accents de *L'Internationale* qu'il pénètre dans la grande salle du banquet. Le voilà à table entre Martine Aubry et Ségolène Royal, et en face de François Hollande, François Rebsamen, Jean-Marc Ayrault, Dominique Strauss-Kahn et Laurent Fabius. Les deux anciens ministres de l'Économie ne s'adressent plus la parole depuis un an, et Strauss-Kahn a encore aggravé son cas en proposant de passer ses jours et ses nuits à convaincre Fabius de voter oui au traité. « J'ai pas envie de passer mes nuits avec toi », a répliqué vertement le numéro deux du parti. Il est visiblement mal à l'aise à ce dîner. Jusqu'à ce qu'au détour d'une phrase, Lionel Jospin démente qu'il soit en train d'écrire un livre. Laurent Fabius se détend. Bientôt il s'éclipse comme Hollande et Strauss-Kahn : chacun rejoint la table de ses partisans. François Rebsamen se retrouve seul à discuter tennis avec Jospin. Il demande à Daniel Vaillant et Jean-

Luc Mélenchon, qui sont en bout de table, de se rapprocher. Et c'est « Méluche » qui organise le défilé des militants venant saluer l'ancien Premier ministre : « 3 euros pour la photo, 5 pour le toucher », lance le sénateur à la cantonade ! « Ça a été une soirée heureuse, j'ai retrouvé tous les miens, ces visages que je n'avais pas revus depuis plus de deux ans, et puis tous ces jeunes... », confie le lendemain au téléphone Lionel Jospin à Daniel Vaillant.

Sur le traité constitutionnel, l'ancien Premier ministre va mettre tout son poids dans la balance. Il intervient à trois reprises dans le débat interne du PS. Elles seront déterminantes dans la victoire du oui. Son papier dans *Le Nouvel Observateur*, « Pour moi, c'est oui », démonte les arguments du non développés à la télévision par Laurent Fabius. Il leur oppose trois raisons de voter en faveur du traité : premièrement, c'est un compromis acceptable qui marque des progrès, avec la charte des droits fondamentaux et l'objectif du plein emploi. Deuxièmement, la thèse d'une crise européenne salutaire est chimérique. Troisièmement, le rejet du traité n'est pas la meilleure façon de dire non à Jacques Chirac et au gouvernement. Et Lionel Jospin de rappeler qu'il est le mieux placé pour le dire ! Les réactions sont nombreuses. Elles vont de l'enthousiasme de Bertrand Delanoë, ou de l'approbation retenue de François Hollande, au détachement de Laurent Fabius (« Son opinion est respectable »), et jusqu'à l'hostilité de Jean-Luc Mélenchon ou de Vincent Peillon, « pas convaincu par un argumentaire un peu faible ».

L'issue d'un référendum interne restant incertaine, Lionel Jospin revient deux fois à la charge devant ses camarades du XVIIIe arrondissement. Le 26 novembre, c'est une sorte de clergyman en col roulé sombre qui lit debout son texte. Il commence par administrer une leçon à François Hollande, coupable de légèreté pour avoir demandé un référendum à Jacques Chirac, puis pour avoir choisi la consultation interne qui risque de diviser le parti. Qui aime bien châtie bien : « Avant de me taper sur les doigts, il a pris la peine de m'en avertir au téléphone », commente, philosophe, François Hollande, qui a obtenu que le Premier ministre, bon prince, retire la phrase où il évoquait, en cas de victoire du non, la démission du premier secrétaire... Lionel Jospin cible ensuite les adversaires du traité. Sans citer Laurent Fabius, il démolit sa théorie des trois cercles de l'Europe : le premier rassemblant le noyau des pays de l'euro prêts à des coopérations renforcées, le second pour les autres membres de l'Union, et le troisième pour les États de la périphérie (Turquie, Maghreb, etc.) liés par de simples partenariats : « On n'impose pas ses vues, on ne décide pas pour les autres de la place qu'ils occuperont », lance Jospin. Il en appelle enfin à un oui de conviction et de responsabilité, seule « chance » du PS pour gagner en 2007. « En une soirée, il a taclé Hollande sur la stratégie et Fabius sur le fond, sous-entendu lui seul maîtrise les deux », interprète le strauss-kahnien Pierre Moscovici. *Bis repetita*... Lionel Jospin double la mise huit jours plus tard. Et il hausse le ton : les adversaires du traité sont accusés de vouloir changer la donne au PS et, crime de lèse-majesté, d'invoquer le 21 avril « pour disqualifier la politique menée après 97 et ternir notre propre image » : toujours l'obsession de défendre bec et ongles son bilan.

Cette fois Jospin est de retour ! La presse en fait ses choux gras, et les sondages le saluent. Le 2 décembre, lendemain du référendum, 50 % des sympathisants socialistes et 30 % des Français le désignent comme le meilleur candidat du PS pour la présidentielle. Début 2005, sa cote de popularité grimpe à 62 % pour IFOP-*Paris Match* : il devance tous les présidentiables, sauf l'inusable Jack Lang. « Ses thuriféraires entretiennent la flamme », remarque Pierre Mauroy. Ils manient aussi l'encensoir : « Lionel reste le meilleur, je crois qu'il sera le moment venu le candidat naturel », déclare en septembre 2004 Claude

Allègre dans *Le Nouvel Observateur*. Il récidive fin novembre dans *Le Figaro Magazine* : « Je fais partie des gens qui sont persuadés que Jacques Chirac sera candidat pour la droite et Lionel Jospin pour la gauche. » Au *Grand Jury* RTL-*Le Monde*, le 2 mars, Bertrand Delanoë fait de la surenchère : « C'est actuellement l'homme d'État en France qui réunit le mieux les qualités de compétence, d'honnêteté intellectuelle, de rigueur… S'il veut être candidat en 2007, je suis partant. » Quelques groupies y croient. Des jeunes militants du Pas-de-Calais lancent un site Internet « lionelrevient.net », dont l'objectif déclaré est une candidature de Jospin en 2007.

Hypothèse prématurée, sinon hautement fantaisiste ? Suffisamment vraisemblable pour animer les dîners en ville et déclencher une contre-attaque. Le 20 janvier 2005 sort un pamphlet : *Au secours, Lionel revient*, dont l'auteur, un Monsieur X, est dit-on un élu ayant des responsabilités assez élevées au PS. L'opération marketing est bien montée : certains journaux publient même des interviews de l'auteur anonyme ! Le brûlot de 150 pages revient sur la défaite de 2002 et la stratégie de retour de Jospin, anticipant même l'appel que le candidat lancerait le 14 février 2006 : « Face au danger que fait courir au pays la troisième candidature de Jacques Chirac…, j'ai décidé de me mettre à la disposition de notre parti et de ses militants pour conduire la prochaine élection présidentielle… » Mais le corbeau n'est pas d'accord : « Ne compte pas sur moi, j'ai déjà donné, cela suffit. Reste sur ton île, écris-y tes mémoires… » Le tout est bien troussé. On évoque comme auteur Arnaud Montebourg, Manuel Valls, un fabiusien… Le message en tout cas est clair : si Jospin est le candidat, c'est la défaite assurée en 2007 comme en 2002.

Le retraité de l'île de Ré se garde bien de réagir. D'ailleurs il n'évoque jamais la présidentielle et, hormis quelques amis, rabroue ceux qui s'y risquent devant lui, avant d'entonner la ritournelle : « Je ne suis qu'un citoyen libre qui participe au débat... » En revanche, il ne s'interdit plus depuis belle lurette de parler politique. Il en redemande même au point de déjeuner avec tout ce que le Parti socialiste compte comme responsables (et Dieu sait s'il en compte !). Et quand il est lassé de Jack Lang, Jean-Luc Mélenchon ou Élisabeth Guigou, il rejoint Robert Hue dans un bon restaurant du IVe arrondissement pour échanger sur l'état de la gauche ou sur l'Europe. Les occasions se multiplient de retrouver ses anciens camarades. En juillet il participe au Sénat à un dîner des cancers : Michel Charasse, Raymond Forni, Georges Fillioux, le député du Puy-de-Dôme Jean Michel, auxquels se sont joints le chanteur Pierre Perret et la patronne de presse Françoise Sampermans. Ils sont treize à table à rire d'histoires drôles et écouter Louis Mexandeau entonner des chants révolutionnaires. Michel Charasse s'enquiert auprès de Sylviane, l'épouse de Jospin : « Lionel ne veut pas revenir au premier plan ? — Non. — Mais il ne s'emmerde pas un peu ?... — ... »

En décembre, il est l'invité d'honneur des soixante ans de militantisme de Léon Fatous, l'ancien successeur de Guy Mollet comme député-maire d'Arras. Dans son discours, Jospin se dit guidé par le plaisir de rester un socialiste fidèle à son parti. « Le plaisir, insiste-t-il sur ce mot pourtant peu jospinien, c'est la clé d'explication de mon comportement au cours de ces derniers mois. »

« Lionel Jospin a changé », confirment ceux qui le connaissent. Il est bien dans sa peau, plus ouvert, plus amical. Il lit la presse assidûment, suit les moindres péripéties de la vie du parti, reçoit des notes de nombreux amis et d'anciens collaborateurs. Il goûte avec délice au plaisir de la popularité. Elle est réelle : un sourire, un petit signe ou un mot gentil quand il se promène dans la rue, dîne dans un restaurant ou prend un taxi, et cent fois, mille fois les mêmes interpellations : « Pourquoi nous avez-vous quittés, quand revenez-vous, on a besoin de vous... » Pendant des mois, la réponse de Jospin fusait, invariable et brutale, « le 21 avril, j'étais là, c'est vous qui n'y étiez pas ». Désormais, il sourit gentiment ou dément mollement son prochain retour. Les sorties lors des campagnes régionales ou européennes ont créé un réel engouement : les gens qui se pressent sur son passage, les femmes qui lui claquent la bise, les automobilistes qui klaxonnent : l'ego de Jospin ne peut y rester insensible. Le 26 octobre, il assiste à l'inauguration du quai François-Mitterrand devant le Louvre à Paris. Pour accéder à la tribune officielle, tous les fidèles de l'ancien Président doivent longer les barrières derrière lesquelles est massée une petite foule. Lionel Jospin l'emporte à l'applaudimètre. Le lendemain, il n'oublie pas de s'en réjouir au téléphone avec Daniel Vaillant : « Tu as vu ça, et ce n'est pas parti des tribunes officielles ! Les gens ne m'en veulent pas ! »

Avec quelques intimes, parler de la présidentielle n'est plus un tabou. Début 2004, dans un petit restaurant parisien, il laisse Bernard Poignant disserter sur le manque de leaders*hip* au PS, puis passer en revue tous les présidentiables, pour constater qu'aucun ne s'impose : « Peut-être y en a-t-il un qui va émerger chez les plus jeunes, ceux qui ont la quarantaine », interroge Jospin… « Ils existent, sont brillants, mais il leur manque encore l'expérience du pouvoir », réplique Poignant. Son interlocuteur ne le dément pas, mais assure qu'il ne voit pas comment il pourrait redevenir candidat. À l'été 2004, comme tous les ans, sauf en 2002, Lionel Jospin part en voilier avec quelques amis. Au large de la Sardaigne, la conversation s'engage un soir sur la présidentielle de 2007. Elle va durer jusqu'à 2 heures du matin. Jean Glavany, un ami de trente ans, joue franc-jeu : « Tu t'es retiré de la vie politique, mais mon devoir est de te le dire : il va y avoir un appel d'air vers toi parce que la nature a horreur du vide, que les Français ont un remords, une dette à ton égard, et parce que tu es le plus solide, le plus expérimenté pour faire gagner la gauche à ta troisième tentative, comme Mitterrand. Alors si vraiment tu en écartes définitivement l'idée, autant le dire rapidement pour ne pas décevoir, et lever définitivement l'hypothèque. » Lionel Jospin répond qu'il ne croit pas en ce scénario, le PS trouvera un successeur, il n'y aura pas de circonstances exceptionnelles. Et ce qui l'exaspère c'est qu'on puisse le soupçonner d'organiser par petites touches son retour, l'idée qu'il jouerait et mentirait aux Français. « Je ne suis pas, dit-il, dans ce film… » Mais Jean Glavany conserve un doute. Lionel Jospin n'aurait-il pas aussi hérité de François Mitterrand, cette façon de dire non qui signifie : « Oui, peut-être » ?

Un jour, c'est Lionel Jospin qui interpelle son ami Daniel Vaillant : « C'est quoi cette histoire de mon retour ? Ça n'a pas de réalité. — Mets-toi à la place des gens, Lionel, ils t'ont martyrisé le 21 avril, tu n'as pas été battu dans les règles, le match n'a pas eu lieu, maintenant ils veulent que ce soit toi qui laves le double affront : que tu sois arrivé derrière Le Pen et qu'ils aient été obligés d'élire Chirac. — Ah, tu crois vraiment ? » s'interroge Jospin.

D'autres se chargent de faire passer le message. Au printemps 2003, c'est une note de l'ancien député et partenaire de tennis, Jérôme Cahuzac, qui liste les conditions d'une victoire de la gauche en 2007 : le discrédit politique et moral de la droite (c'est acquis !), le rassemblement de la gauche (le 21 avril a opéré comme un vaccin), un projet social-démocrate identifié à gauche (l'égalité des chances), et un bon candidat : « Ça se terminera par toi ! » Une autre fois, après les élections de 2004, c'est Bernard Poignant, qui revient sur l'annonce de son retrait de la vie politique le 21 avril : « Pendant longtemps, c'était un engagement, mais maintenant, aux yeux des gens, le temps est passé, ils y voient davantage une réaction à la défaite… » « As-tu remarqué, lui répond un peu plus tard Jospin, que quelques-uns ne manquent pas de rappeler que c'était bien un engagement… »

Alors, Jospin, le retour ? Certains en sont persuadés. « Je suis sûr qu'il veut y aller, je le sens dans son comportement, dans son évolution », affirme à l'automne 2004 Pierre Moscovici qui le connaît bien. « Regardez-le agir, il a des fourmis dans les jambes, si le plat passe, il y mettra la fourchette », assure Bernard Poignant. « Il est en train de créer chez les Français une demande, voire un désir : c'est plutôt habile, comme stratégie de retour », apprécie le mitterrandiste Roland Dumas. « Demandez à un aimant s'il attire la limaille », plaisante Gaëtan Gorce, avant d'ajouter : « Il n'a peut-être pas de projet pour revenir, il en a encore moins pour ne pas revenir ! » D'autres camarades n'y croient pas : pour son ancien ministre Michel Sapin, Lionel Jospin incarne trop la défaite de 2002, et dès l'annonce d'un retour possible, sa déclaration de retrait de la vie politique passerait en boucle sur toutes les télévisions et les radios. Le complexe du reniement, après le mensonge sur le trotskisme, sera difficile à assumer. Henri Emmanuelli n'imagine pas les militants passant par pertes et profits l'abandon du 21 avril. C'est sans doute Daniel Vaillant, expert en « jospinologie », qui cerne le mieux l'état d'esprit de son ami. Selon lui, Jospin s'interdit d'être pris en flagrant délit d'arrière-pensées. D'ailleurs, laisser poindre la plus petite intention serait une faute politique. Simplement, Lionel Jospin prétend mériter une certaine reconnaissance, il veut participer à la vie politique, et ne pas hypothéquer l'avenir. Seules des circonstances exceptionnelles pourraient le pousser dans la bataille présidentielle : le chaos dans un Parti socialiste déchiré, et de réelles chances de l'emporter, face à la droite discréditée. On ne parlerait plus de retour mais de recours. « Si les circonstances l'exigent, si c'est l'intérêt bien compris de tous, si lui seul peut faire gagner la gauche, je pense qu'il ne dira pas non, et il faudra qu'il soit prêt », résume Daniel Vaillant. Jean-Christophe Cambadélis, ancien trotskiste, l'exprime plus simplement : « Il y a chez Lionel Jospin pour les trois quarts un retraité heureux, et pour un un quart un lambertiste aux aguets ! »

CHAPITRE 8

LE TSUNAMI DU 29 MAI

> « Presque toujours en politique, le résultat est contraire à la prévision. »
>
> Chateaubriand.

« 2005 doit être l'année de préparation de l'avenir » : François Hollande est dans le ton d'une présentation de vœux à la presse, ce 11 janvier 2005. Un peu d'humour pour commenter l'actualité : « Le pouvoir a perdu toute crédibilité. Personne ne croit plus — sauf peut-être l'intéressé ! — que Jean-Pierre Raffarin soit encore Premier ministre ! » Puis il décline le calendrier des mois à venir. Presque un long fleuve tranquille : de janvier à mars, après un peu de repos bien mérité pour les militants qui ont mouillé leurs chemises avec la consultation interne, le diagnostic du projet socialiste. D'avril à décembre le débat sur les grandes orientations. François Hollande rappelle les principes réformistes qui guideront les travaux : la volonté — dire ce que nous voulons changer —, la vérité — dire ce que l'on ne pourra pas changer —, la fiabilité — dire comment nous pouvons changer. L'année 2006 sera celle du congrès et de la désignation à l'été du candidat à la présidentielle. La campagne pour le référendum national ? Elle s'insérera comme elle pourra au printemps, dans ce planning du socialisme conquérant ! Pour François Hollande, c'est presque une formalité. Le oui va de soi pour l'UMP et l'UDF. Il fallait convaincre les socialistes, c'est acquis. Les sondages donnent une majorité de 60 à 65 % pour le traité.

Trop confiant, le premier secrétaire commet d'entrée de jeu deux fautes graves. Il tarde à mobiliser pour le oui. Comme d'autres, Patrick Bloche, premier fédéral de Paris, l'alerte, en vain : les adversaires du traité sont entrés en campagne, ils imposent leurs thèmes et leurs slogans, le PS ne peut pas rester l'arme au pied. Le premier secrétaire répète que les militants ont besoin de souffler, qu'il n'y a pas péril en la demeure. « Nous avons fait l'erreur, reconnaît-il après coup, de croire que parce que cent vingt mille militants s'étaient prononcés, les électeurs socialistes suivraient. Notre message aurait dû être plus humble. » La seule initiative prise est celle qui n'aurait pas dû l'être : une campagne sur les panneaux publicitaires qui font des rabais en janvier. Jack Lang et Julien Dray se renvoient la responsabilité d'un slogan sans argument : « Franchement oui ». Au PS, les minoritaires partisans du non y trouvent prétexte pour se lancer dans la bataille. La deuxième erreur est de ne pas les avoir sanctionnés. Tout part du Conseil national, le parlement du parti, du 4 décembre qui tire les enseignements du référendum interne. « La gigantesque erreur, explique Dominique Strauss-Kahn, est de ne pas avoir adopté un texte rappelant que les militants se sont prononcés et que tous ceux qui feraient campagne contre le parti s'en excluraient automatiquement. Laurent Fabius et Henri Emmanuelli auraient été obligés de le voter. » François Hollande passe outre les conseils de Dominique Strauss-Kahn. Sa victoire est éclatante, il domine le PS, Fabius est à terre, un simple rappel à la règle doit suffire. Brandir la menace de sanctions ne correspond ni à son caractère ni à son image de rassembleur.

La veille de la consultation interne, pourtant, dans une réunion de Nouveau Monde, Jean-Luc Mélenchon a annoncé que quel que soit le résultat, il continuera à se battre pour le non. Henri Emmanuelli est plus hésitant, Alain Vidalies désapprouve, par discipline de parti. Le jour du Conseil national, le sénateur de l'Essonne provoque le premier secrétaire qui vient de rappeler qu'il n'y a plus qu'une ligne au PS, celle du oui. « Je ne peux pas faire campagne pour le oui, réplique-t-il tonitruant, je ne peux pas me taire. » Henri Emmanuelli finasse, avec des sous-entendus devant la presse : « Pendant la campagne, il y aura la ligne officielle, vous noterez le mot officiel. » Un ton en dessous, Laurent Fabius s'inquiète d'un syllogisme ravageur pour le PS : « Un, le projet européen est essentiel ; deux, nous sommes contre la droite ; trois, nous sommes d'accord avec la droite sur le projet européen. » Les hollandais font comme s'ils n'entendaient pas. « Ils étaient dans l'euphorie de la victoire et demandaient avec une naïveté touchante aux fabiusiens de les rejoindre ! » se souvient Christophe Borgel.

Le lendemain même du Conseil national, Jean-Luc Mélenchon déclare qu'il votera contre le traité. « La vraie campagne commence maintenant », déclare-t-il à *Libération* en invitant les quarante mille socialistes qui se sont prononcés contre la Constitution à devenir « des instituteurs du non ». François Hollande se contente d'une réprimande bon enfant. « Jean-Luc Mélenchon, on le connaît bien, depuis longtemps, il est toujours prêt à prendre des positions isolées ! » Mélenchon joue les éclaireurs. Partir en campagne démange aussi Henri Emmanuelli. Il en avertit le premier secrétaire le 23 janvier, dans son bureau : « Je refuse que le Parti socialiste fasse de la Constitution un arbre de Noël paré de toutes les qualités. Vous devez respecter les 40 % de militants qui ont voté non. — Sinon ? interroge Hollande. — Je ne resterai pas sans rien faire », explique le député des Landes, qui, il l'avoue aujourd'hui, a déjà décidé de s'engager. Et il le prouve immédiatement en brandissant le projet de directive européenne sur la libéralisation des services, dite « Bolkestein », du nom de son auteur, l'ancien commissaire néerlandais Frits

Bolkestein — comme le symbole de la dérive libérale de l'Europe que consacrerait la Constitution. Le principe du pays d'origine qu'édicte la directive permet à un prestataire de service de s'établir dans l'un des vingt-cinq États membres en échappant à la réglementation fiscale et sociale du pays. La menace du dumping social prend bientôt le visage du fameux « plombier polonais » débarquant en France. Il devient le nouveau héraut des adversaires du traité, non sans quelques relents de xénophobie. Les partisans de la Constitution ont beau proclamer leur refus de la directive, ils sont piégés. Henri Emmanuelli lance son site Internet qui mêle adroitement opposition à la directive et à la Constitution.

Fin janvier, le Parlement vote la révision constitutionnelle préalable au référendum sur le traité. Ses adversaires au sein du PS y trouvent un nouvel angle d'attaque, tout aussi meurtrier : la collusion entre les socialistes et la majorité. Le PS et l'UMP se sont entendus, avec la bénédiction de Jean-Pierre Raffarin qui a appelé personnellement Jean-Marc Ayrault, sur deux amendements rendant systématique la transmission à l'Assemblée de tous les projets d'actes législatifs européens. « On n'en est plus au compromis, mais à la compromission », tempête le fabiusien François Loncle. François Hollande sermonne les députés qui traînent les pieds. Mais « Hollande Imperator », comme le qualifie Jean-Pierre Balligand, concède la possibilité de l'abstention. Cinquante-six élus socialistes s'engouffrent dans la brèche, derrière Laurent Fabius. Dans une interview au *Nouvel Observateur*, celui-ci rappelle ses convictions et énumère toutes les bonnes raisons, anciennes et nouvelles, de voter non : le rôle de la Banque centrale, l'adhésion de la Turquie, la directive Bolkestein (que ses détracteurs prononcent invariablement Bolkenstein comme Frankenstein !).

Jean-Luc Mélenchon est déjà passé à l'étape suivante : il arbore lors des manifestations un badge « Pour moi c'est non » et « n'exclut pas du tout — dans une interview à *L'Humanité* —

de faire campagne avec d'autres ». Si le NPS respecte le vote des militants, Gérard Filoche, qui en est membre, entend se battre contre le traité avec des camarades de son courant. Il annonce sa participation à un meeting au côté d'Alain Krivine, de la Ligue communiste, de Jacques Nikonoff d'Attac et du communiste Francis Wurtz. François Rebsamen hausse le ton : il rappelle la gamme des sanctions encourues. Avertissement, interdiction de s'exprimer au nom du parti, suspension, exclusion... Mais Stéphane Le Foll admet que le sabre est de bois. Pour sanctionner, il faut réunir le Conseil national, puis la commission des conflits, puis de nouveau le Conseil national : une procédure bien compliquée...

Le 30 janvier, François Hollande réunit à la salle de la Mutualité à Paris les secrétaires de section. La veille, Laurent Fabius a rassemblé les siens dans un gymnase de Pantin. Ils sont 600 à s'être déplacés. Plus quelques espions comme le strauss-kahnien Christophe Borgel, qui fait mine de venir chercher sa fille (qui utilise les installations sportives), et juge la mobilisation modeste. Mais Laurent Fabius la transforme en succès. Il appuie là où ça fait mal. En défendant le oui, comme la droite au pouvoir, le Parti socialiste ne s'opposerait plus. Le contexte s'y prête. L'image, vue dans les journaux télévisés, de François Hollande conversant en aparté avec Jacques Chirac, lors de vœux en Corrèze, illustrerait ce « deal » des Corréziens, qui se revoient en tête à tête à l'Élysée pour évoquer l'organisation du référendum. Les députés s'étonnent de la mollesse du PS lors des séances de question d'actualité. « On ne s'intéresse qu'à la largeur des trous de serrure pour ne pas affaiblir le gouvernement, donc le oui », dénonce un fabiusien. Les élus s'impatientent d'un parti trop discret sur la décentralisation, les délocalisations, les fermetures de bureaux de Poste... Devant ses troupes, Laurent Fabius reprend son diagnostic « d'une cassure, d'une brisure, d'un fossé entre deux France ». Il réclame que la priorité soit donnée à « une formation, un emploi, un logement pour tous » (ce que Julien Dray caricature en « un CAP, un CDD, et une HLM pour tous ! »). Puis le numéro deux du parti en vient à l'essentiel : il réclame au PS « une opposition ferme, et non pas en caoutchouc ». C'est lui-même qui a inventé la formule. Elle est assassine, car elle renvoie à l'image d'un Hollande mou, « Flanby » comme on le brocarde. C'est l'événement du week-end. Le lendemain, dès son arrivée à la réunion des secrétaires de section, François Hollande réplique qu'« il ne peut y avoir qu'une seule ligne au Parti socialiste ». Plus tard, il ironise sur le caoutchouc, « une matière très résistante, son effet de rebond est connu »... Martine Aubry s'en amuse : elle gagne un pari avec Julien Dray en réussissant à évoquer dans une table ronde, à propos des 35 heures, l'accord conclu dans la fédération du caoutchouc ! Laurent Fabius n'a droit qu'à quelques minutes pour s'exprimer. « Compte tenu de l'organisation, et du temps qui m'est imparti... » commence-t-il, pincé. Peu importe : la direction est tombée à pieds joints dans son piège. Les médias ne retiennent que la polémique sur le caoutchouc, et François Hollande a raté l'occasion de mobiliser et d'armer idéologiquement pour le oui les cadres du parti qu'il avait en face de lui. Le mardi qui suit, dans les couloirs de l'Assemblée, Claude Bartolone fanfaronne : « Les hollandais étaient persuadés que Fabius était mort, c'est le contraire, il est en pleine forme ! » Avant de critiquer un premier secrétaire autrefois rassembleur, aujourd'hui chef de sa propre écurie présidentielle, dont la seule obsession serait de construire sa candidature.

Le même jour, François Hollande essuie un second échec. Il entendait faire adopter par le Bureau national une circulaire clarifiant l'organisation de la campagne du PS pour le référendum, et créant des comités fédéraux du oui dans les départements. Une annexe rappelant les sanctions pour ceux qui enfreindraient la discipline de parti. C'est un tollé. Henri Emmanuelli jure qu'on se croirait au Parti communiste, Vincent Peillon dénonce une tonalité vindicative et procédurière, le fabiusien Jean-Claude Perez décèle de la défiance et du caporalisme. De fait, les premiers fédéraux se sentent dépossédés de leurs responsabilités. « C'était l'ambiance de foire d'empoigne d'une mauvaise réunion de section », déplore Bruno Le Roux. La direction doit réécrire son texte et en remiser l'annexe sur les sanctions. François Hollande voulait bomber le torse, il rentre la tête dans les épaules !

Le non marque des points : la CGT s'y rallie en désavouant son secrétaire général Bernard Thibault. Du jamais vu dans ce syndicat que l'on croyait bien tenu ! Les lycéens descendent dans la rue contre la réforme Fillon. Ils joignent leur grogne à celle des salariés sur le pouvoir d'achat et l'emploi. L'ensemble se cristallise contre l'Europe. Le gouvernement en rajoute en s'attaquant de nouveau aux 35 heures. Laurent Fabius profite du contexte : il confirme dans *Le Parisien* qu'il votera non : « Ce n'est pas un mystère », minimise-t-il. Il cite la directive Bolkestein, les délocalisations, l'euro trop cher, la Turquie. Il annonce qu'il participera à des manifestations avec la CGT et n'exclut pas une victoire du non « qui ne sera pas une catastrophe ».

Henri Emmanuelli se rapproche de la ligne jaune. Il conteste, comme relevant de la casuistique, la déconnexion que le PS opère entre le référendum et le sort de Jacques Chirac. À l'Assemblée, il mêle dans une question au gouvernement les délocalisations et la politique de la commission européenne. Le 2 février, la ligne jaune est franchie. Il annonce dans une « Lettre ouverte aux socialistes », qu'il va mener campagne pour le non, « pour mettre un coup d'arrêt à la dérive libérale de l'Europe ». Il reprend les arguments développés devant François Hollande : la campagne pour « un oui clair, franc et massif » est une position « enthousiaste, dithyrambique », qui contredit les exigences que le PS avait mises à l'approbation du traité. Le député des Landes prépare un tour de France des délocalisations. « Il manquait un Séguin du non, nous l'avons trouvé », triomphe Arnaud Montebourg.

Face à cette offensive, la direction tergiverse, et joue les gribouilles. Elle pousse le premier fédéral de l'Hérault, Robert Navarro, à engager des procédures disciplinaires contre quelques militants de base, offrant à Arnaud Montebourg l'un de ces effets de manche dont il raffole : « Si la direction sévit, je reprendrai ma robe d'avocat ! » fulmine-t-il, grandiloquent. Mais cette même direction traite avec condescendance ou mépris les responsables qui bafouent le vote des militants. Mélenchon ? « Un illuminé » ; Dolez ? « Il ne compte pas » ; Emmanuelli ? « Un desperado » ; Laurent Fabius ? « Un joueur de poker dans l'ivresse de la défaite »... Parmi les hollandais, seul André Vallini raille Emmanuelli : « C'est notre Didier Julia », lâche-t-il en référence au député mis au ban de l'UMP après ses initiatives intempestives pour la libération des otages en Irak. Les autres estiment qu'« on n'en parlera plus dans vingt-quatre heures ». Une interview de Ségolène Royal est jugée une réponse suffisante à la sécession du député des Landes. D'ailleurs, sanctionner les contestataires ne reviendrait-il pas à les transformer en martyrs ? Mieux vaut ne pas polluer la campagne du parti, une campagne que la direction, après avoir lambiné, s'efforce d'accélérer. Mais elle va accumuler les faux pas, jusqu'à la catastrophe du 29 mai.

Le 5 mars, François Hollande manifeste à Guéret pour la défense des services publics. Mais la fédération est aux mains de Nouveau Monde, et l'extrême gauche, d'Attac à la LCR, s'y est donné rendez-vous. L'occasion de plumer la volaille socialiste du oui est belle. Le premier secrétaire est bombardé d'œufs et de boules de neige. Il est persona non grata au forum où Bernard Cassen, d'Attac, décrète péremptoire « qu'on ne peut pas défendre à la fois le service public et la Constitution européenne ». Laurent Fabius y va de son commentaire acide :

les incidents sont « liés à un mélange des genres avec Chirac. On le sentait venir ! ». Rien n'est épargné à Hollande. Jusqu'à Jean-Pierre Raffarin qui vole à son secours lors de la séance des questions à l'Assemblée. Sortis de l'hémicycle, les hollandais sont furieux. André Vallini, encore lui, s'en prend à Fabius qui « ajoute au mépris des militants l'hypocrisie ». Au Bureau national qui suit, le climat est délétère. Laurent Fabius — c'est devenu une habitude — lit les journaux et rédige son courrier. Jusqu'à ce qu'une dépêche rapportant la diatribe de Vallini lui parvienne. Il la transmet à Alain Claeys qui joue les outragés : « Il y a ce qu'on dit ici sur la solidarité et la cohésion, et ce qu'on déclare salle des quatre colonnes devant la presse ». Jean-Marc Ayrault réplique en qualifiant de « profondément choquants » les propos tenus sur Guéret. Et il cite nommément Fabius, pour l'obliger à lever la tête. Moment de crispation, avant que le député de Seine-Maritime choisisse de calmer le jeu. « Les attaques contre le premier secrétaire sont inacceptables », concède-t-il. « Il faut savoir s'arrêter à temps », pontifie Pierre Mauroy. On en reste là. Claude Bartolone en convient peu après : il n'a jamais vu une telle fracture au PS depuis le débat sur les nationalisations de 1981.

Deux jours plus tard, les manifestations syndicales contre le gouvernement tournent au happening contre la Constitution : « Non à Raffarin, non à Chirac, non au traité », scandent les cortèges qui réunissent 700 000 personnes un peu partout en France. Dans les semaines qui suivent, les dérapages deviennent incontrôlés. Claude Allègre ironise sur Laurent Fabius, « l'Iznogoud de la gauche depuis dix ans ». Henri Emmanuelli ose le parallèle entre ses camarades partisans du oui et les socialistes qui ont voté en 1940 les pleins pouvoirs à Pétain, et en 1956 l'envoi du contingent en Algérie !

Le 17 mars, Jean-Luc Mélenchon brave les interdits : il est à la tribune salle Japy — là où se sont écrites, il y a un siècle, les premières pages du Parti socialiste — au côté de la communiste

Marie-George Buffet et du trotskiste de la LCR Christian Piquet. On lui passe un papier. Son visage s'illumine. Le sondage CSA-*Le Parisien* à paraître le lendemain annonce pour la première fois le non majoritaire. C'est un tonnerre d'applaudissements des deux mille participants à ce premier meeting « du non de gauche ».

La machine s'emballe. Le lendemain, la couverture de *Paris Match* montre deux hommes tout sourire, presque jumeaux, dans un même costume rayé, avec une cravate de la même couleur, comme pour souligner qu'ils appartiennent au même monde. « Hollande et Sarkozy face aux Français en colère », titre le magazine. François Hollande a accepté une double interview avec Nicolas Sarkozy, accompagnée de photos prises ensemble. Après tout, les deux leaders allaient être amenés à débattre pendant la campagne, et plutôt que de poser dos à dos, l'idée première du photographe, il préfère le faire côte à côte. Ce devait être dans la salle de rédaction de l'hebdomadaire, c'est en studio. Peu importe, les deux interviews parallèles, sur les sujets d'actualité, sauf l'Europe, témoignent de leurs profondes divergences. Le mardi, *Paris Match* rappelle François Hollande : Accepte-t-il la une ? Celle initialement prévue ayant dû être abandonnée. Hollande donne son accord après avoir joint le président de l'UMP. Quelques heures plus tard, à l'issue du Bureau national, il l'annonce, un peu gêné, à ses proches : « J'ai donné une interview avec Sarkozy. — Très bien, répond François Rebsamen. — Mais je suis aussi en couverture avec lui… Je me suis peut-être fait avoir… » Le jeudi, quand Rebsamen rentre chez lui à Dijon, le magazine est en évidence dans le salon : « Ce Pacs, c'est n'importe quoi, vous êtes devenus fous », le houspille sa femme. Rebs appelle le premier secrétaire : « Tiens, je te passe quelqu'un qui veut te parler… » Ce n'est qu'un avant-goût des sarcasmes que va subir François Hollande. La une du magazine est détournée par un comité d'Attac, sous forme de milliers d'affiches avec en grands caractères encadrant la désormais célèbre photo : « Ça va… j'ai compris, je vote non au référendum ». L'effet est ravageur auprès des militants socialistes déjà mal à l'aise face aux accusations de collusion avec la droite. « François Hollande voulait se hisser au niveau du leader le plus populaire de la droite : il tombe de haut », jubile un mauvais camarade.

Le premier secrétaire prend la mesure du danger d'une victoire du non. Il est grand temps de réagir, en faisant flèche de tout bois. Mais elles vont rater leurs cibles. Jack Lang est chargé de réunir dans l'urgence un comité de soutien du oui. Ils sont trois cents, hommes et femmes de culture, de sciences et du sport… Souvent les mêmes que pour la campagne de Lionel Jospin : un petit côté « rétro-paillettes » qui n'est pas du meilleur effet.

François Hollande se décide à sanctionner ceux qui dérogent à la discipline du parti. Le Conseil national du 19 mars tombe à point nommé : le premier secrétaire y dispose d'une majorité solide. Mais Dominique Strauss-Kahn refuse avec la dernière énergie qu'une polémique vienne polluer le débat consacré au projet sur lequel il travaille avec Martine Aubry et Jack Lang. Il n'est pas mécontent non plus de mettre dans l'embarras celui qu'il a vainement tenté de convaincre de ne pas courir deux lièvres à la fois, la direction du parti et la candidature à la présidentielle. À défaut du Conseil national, c'est le Bureau national qui tranchera. Les esprits s'échauffent. Dans les couloirs de l'Assemblée, Arnaud Montebourg invoque Voltaire sur l'intolérance, les fabiusiens avertissent qu'ils ne voteront pas de sanctions. « C'est le PS qu'on assassine », s'alarme à l'inverse le hollandais Gaëtan Gorce. En arrivant au BN, Jean-Luc Mélenchon jure devant les caméras « qu'il faudra l'arracher du plancher et de la moquette » ! « Jean-Luc, tu n'es pas autorisé à partir avec la moquette ! » blague, même dans ces circonstances, François Hollande. Mais le drame annoncé tourne à la bluette :

ni exclusion, ni sanction, une simple condamnation — solennelle bien sûr — « des comportements qui s'éloignent de l'éthique démocratique du parti ». Les fabiusiens mêlent pour la première fois dans l'abstention leurs voix à celles du NPS et de Nouveau Monde. Jean-Luc Mélenchon fanfaronne à la sortie : « Ça s'est très bien passé, la vie continue. » Le même jour, Henri Emmanuelli présente ses comités pour le non. « Nous sommes démunis », constate contrarié Julien Dray.

Une salve de sondages confirme un retournement sans précédent, de 12 à 14 points selon les enquêtes, en faveur du non. Ses partisans ont le vent en poupe. Ils imposent leurs thèmes de campagne. Jamais les médias n'ont autant glosé sur les délocalisations, le dumping social, ou telle entreprise proposant à ses salariés d'aller effectuer le même travail en Roumanie pour 110 euros ! Le camp du oui peine à trouver les arguments. Une réflexion sur les inquiétudes et les attentes des Français face à l'Europe n'a pas été menée. Prise au dépourvu, Solférino panique et multiplie les initiatives hasardeuses ou malencontreuses. Les socialistes se cherchent un sauveur. Ils pressent le chef de l'État d'intervenir. Valéry Giscard d'Estaing appelle François Hollande pour s'en étonner : « Jacques Chirac n'a jamais rien compris à l'Europe, il va faire grimper le non ! » Le père du traité ne se trompe pas. L'émission présidentielle conçue selon ses vœux est catastrophique. Face à quatre-vingt-trois jeunes qui l'interpellent sur des sujets qui n'ont souvent qu'un très lointain rapport avec la Constitution, Jacques Chirac avoue « qu'il ne comprend pas leurs inquiétudes et leur pessimisme ». « Ça me fait de la peine », confesse-t-il, pathétique. Jacques Delors est ensuite utilisé comme joker. Une virulente interview dans *Le Nouvel Observateur* de « Jacques la colère » sous le titre : « Ils vous mentent », façon Arlette Laguiller, puis une bourde magistrale de « Jacques-le-gaffeur » : « Le devoir de vérité [lui] impose de dire qu'il peut y avoir un plan B. » D'une phrase, il ruine l'argumentation des partisans du traité et conforte celle de ses adversaires sur une possible renégociation.

Aux grands maux, les grands remèdes. François Hollande, « comme un enfant désemparé », raille les strauss-kahniens, appelle au secours le retraité de l'île de Ré. Il cède à Lionel Jospin sa place à *Question ouverte* sur France 2, le 28 avril. Trois ans après le « coup de tonnerre », l'ancien Premier ministre apparaît en vedette à la télévision. Le « Commandeur du oui de gauche » est à la hauteur des espérances. « Voter contre le traité, c'est sanctionner l'Europe, pas le pouvoir en place », explique-t-il avant de pointer l'incompatibilité des non de l'extrême gauche et de l'extrême droite. Il frappe juste, comme en témoigne la vivacité des réactions des nonistes. Arnaud Montebourg voit dans le retour de Jospin « un passeport pour le désespoir ». Laurent Fabius, qui tenait au même moment une conférence à New York sur le futur de l'Union européenne, ne résiste pas au plaisir d'une pique : « Plusieurs anciens responsables se sont exprimés récemment comme Lionel Jospin, Giscard d'Estaing ou Simone Veil, c'est toujours intéressant, après on n'est pas nécessairement de leurs avis »... « Fatigué, vieilli, usé », l'ancien Premier ministre ? En tout cas convaincant. Après vingt-trois sondages favorables au non, le oui repasse en tête dans la foulée de son intervention. Mais l'effet Jospin n'est pas durable. En tout cas insuffisamment face à l'impopularité du chef de l'État et de Jean-Pierre Raffarin, dont chaque intervention plombe un peu plus le traité. Dès la mi-mai, le non redevient leader, et le reste jusqu'au référendum.

Si le oui va mal, c'est sans doute la faute des médias ! La direction du PS ne résiste pas à la tentation de l'amalgame. Les journalistes de France 2, France 3 et M 6 s'émeuvent-ils de l'intervention de Jacques Chirac, organisée par sa fille Claude, et qui marque selon eux le « triomphe du marketing politique, les journalistes étant remplacés par des animateurs » ? Julien Dray vole au secours de l'Élysée et dénonce l'attitude des rédactions du service public qui « roulent » pour le non. Comme le ridicule ne tue pas, le PS proteste solennellement après du Conseil supérieur de l'audiovisuel contre les émissions à caractère humoristique, non comptabilisées dans le temps de parole et qui invitent systématiquement les adversaires du traité... Solférino intervient directement auprès de l'Élysée pour obtenir l'annulation du magazine *Cent minutes pour convaincre* sur France 2 qui doit recevoir le président de la commission José-Manuel Barroso.

Les dérapages verbaux se transforment en embardées. « Quand j'entends Bartolone, j'entends Villiers », lance le fougueux Vallini. Le doux François Hollande n'y va pas non plus de main morte : « Si Le Pen ne se fait pas entendre, c'est parce que d'autres font le travail à sa place », ose-t-il. « Les sondages rendent fous, s'étrangle Claude Bartolone, c'est la première fois que je vois une organisation politique insulter une partie de son électorat. » Le premier secrétaire tempère ses propos, assure qu'il ne s'adressait pas aux socialistes... Mais le mal est fait. Chaque fois que les partisans du traité s'attaquent aux « mensonges » de leurs adversaires sur la remise en cause de la laïcité, du divorce, et du temps de travail, ils sont accusés d'arrogance par ceux qui, par dérision, se qualifient eux-mêmes d'idiots. « Ce sont les élites du oui, contre le peuple du non », se réjouit le fabiusien François Loncle.

Le Parti socialiste est en pleine crise de nerfs. Les électeurs n'y comprennent plus rien. Sur les marchés, militants socialistes du oui et du non sont près d'en venir aux mains. Jean-Luc Mélenchon enchaîne les meetings du non avec Olivier Besancenot, Marie-George Buffet ou José Bové. Marc Dolez fait estrade commune avec Daniel Gluckstein, le leader trotskiste du Parti des travailleurs. « À la différence de Jospin, je n'ai jamais appartenu à cette organisation », ironise-t-il. Au secrétariat ou au Bureau national, c'est, selon un participant, « la détestation tranquille ». Les séances sont expédiées, les fabiusiens n'y assistent plus, sauf un ou deux muets du sérail. Les célébrations du centenaire du Parti socialiste sont réduites à un modeste colloque, où la cohabitation des partisans du oui et du non dans les tables rondes est un casse-tête. On a renoncé à la remise des médailles du centenaire par François Hollande aux anciens premiers secrétaires : l'accolade avec Laurent Fabius aurait pourtant été un grand moment ! Même l'affiche est l'objet de polémiques : sur la célèbre photo où Jean Jaurès s'adresse à la foule du Pré-Saint-Gervais en 1913, le drapeau rouge a été remplacé par celui de l'Europe : « C'est une réécriture de l'histoire ! » s'indigne Paul Quilès. Annulation également de la cérémonie pour commémorer le 10 mai 81 à Château-Chinon : la famille Mitterrand se déchire sur le traité européen, Danielle pour le non, son fils Gilbert pour le oui !

Si l'anniversaire du 21 avril n'est évidemment pas commémoré, il est évoqué par les tenants du oui et du non comme le spectre d'une catastrophe qui pourrait bien se reproduire si l'adversaire l'emportait. Les relations sont à ce point détériorées que les camarades Ségolène Royal et Jean-Luc Mélenchon se vouvoient sur un plateau de télévision, comme s'ils s'adressaient à un élu de droite. La suspicion et l'agacement gagnent la majorité elle-même. Daniel Vaillant se félicite, lors d'un petit déjeuner des hollandais, que l'excellente prestation télévisée de Lionel Jospin ait réveillé le oui. Le premier secrétaire réagit au quart de tour : « La remontée avait commencé quinze jours auparavant, et les dissidents sont toujours là ! »

Dominique Strauss-Kahn se démarque un peu plus de François Hollande. À Lille, le 9 mai, il met en garde : « À laisser entendre que la nuit des longs couteaux commencera le lendemain de la victoire du oui, on pousse les partisans du non à des positions extrêmes qui ne servent ni le oui, ni le PS. » Il personnalise sa campagne avec un DVD où sur fond de drapeau européen et d'*Hymne à la joie*, il s'adresse de façon très présidentielle à ses concitoyens : « La France, commence-t-il, solennel, a rendez-vous avec l'histoire »... Puis il décline toutes les raisons de voter oui, et répond à des jeunes plus intéressés par l'Europe que ceux de l'émission de Jacques Chirac ! En bonus sur le DVD : une série de photos artistiques en noir et blanc du candidat et d'Anne Sinclair.

Les hollandais s'irritent du « jeu perso » de DSK, prêt à s'approprier la victoire. Surtout, début avril, ils proclament l'état d'urgence. Un millier de réunions sont programmées dans toute la France. De nouvelles affiches insistent sur l'Europe sociale. La pression est mise sur le premier secrétaire pour qu'il consacre à ses fidèles un petit déjeuner par semaine, qu'il change de téléphone portable pour être moins sollicité par les journalistes, et qu'il raréfie sa parole pour lui donner plus de poids. Est-ce la fatigue ou le désarroi, François Hollande n'est pas à son avantage à la télévision. Même ses proches le trouvent fébrile, il parle comme une mitraillette, et s'empourpre quand il est en difficulté.

L'éclaircie des sondages regonfle un peu le moral des tenants du traité au début mai. « Nos arguments commencent à sédimenter », se rassure Bruno Le Roux. « La mort de Jean-Paul II a cassé la dynamique du non qui était très tendance », diagnostique Jean-Christophe Cambadélis. « Les partisans du oui se sont déculpabilisés », espère Éric Besson. Las ! Les mêmes sondages s'inversent en quinze jours. Le non fait la synthèse entre l'intention de vote des Français, leur pronostic et leur souhait.

Laurent Fabius passe du sabotage subliminal à la campagne active pour le non. C'est, assure-t-il, l'intervention de Jacques Chirac sur France 2, proclamant le 3 mai qu'on ne peut pas dire « je suis européen, et voter non », qui l'a fait sortir du bois. « C'était un tissu de mensonges, je suis un gentil garçon, mais je ne peux pas laisser dire n'importe quoi », justifie-t-il aujourd'hui. Depuis quelque temps déjà, les fabiusiens étaient dans les *starting-blocks*. « Cela fait vingt ans que je travaille auprès de Laurent Fabius, je n'ai jamais vu autant de gens venir spontanément le féliciter pour ses prises de position », constate Claude Bartolone dès la fin avril. Le soir de l'intervention présidentielle, c'est ce même Bartolone que Fabius appelle pour déclencher l'offensive : Jacques Chirac est le chef du oui, il a « menti », dit-il, sur les délocalisations, la directive Bolkestein, la xénophobie des adversaires du traité. Eh bien, Laurent Fabius relève le défi du « propagandum » : il se pose en chef du non et challenger du président. À la seule exception des meetings, Laurent Fabius utilise toute l'artillerie d'une campagne menée tambour battant. Un plan média sur mesure avec participation aux grands journaux télévisés et de multiples interviews dans les radios et la presse écrite, y compris à *L'Humanité*, une première pour l'ancien ministre social-libéral. Des visites de terrain avec micros et caméras chez les dockers du Havre ou les salariés d'entreprises menacés de licenciement, une rencontre avec l'inévitable José Bové, montée par Denis Pingaud et Didier Marie.

En quelques mois, Laurent Fabius a glissé vers la radicalité. Il en épouse toutes les causes : salaires, délocalisations, services publics, immigration, protectionnisme européen, et rassemblement de toutes les gauches, même les plus extrêmes. Pour les penseurs du fabiusisme, il n'y a là aucun opportunisme. Laurent Fabius est fils de la première gauche : dès 1979, à trente-trois ans, à la tribune du congrès de Metz, il s'oppose à Michel Rocard en défendant pour François Mitterrand un socialisme situé entre le plan et l'économie de marché. En 1981, il soutient les nationalisations et crée l'impôt sur la fortune. Quelques années plus tard, il reproche au gouvernement Rocard de manquer de grands desseins. En 1995, il vote avec la gauche du parti en faveur d'Henri Emmanuelli, contre Lionel Jospin. Mais ses détracteurs ont beau jeu de rappeler qu'il y a un autre Fabius : le Premier ministre chantre de la modernité en 1985, le diviseur du congrès de Rennes en 1995 pour une question de leader*ship*, le ministre de l'Économie ardent avocat de la baisse de la fiscalité — « la gauche ne risque pas beaucoup d'être battue par la droite, mais elle peut l'être par les impôts et les charges », déclarait-il au *Monde* en 2001 — et qui fait voter 110 milliards de francs de réduction d'impôts. Le même ministre qui combat la loi de modernisation sociale encadrant les licenciements, qui instaure la prime pour l'emploi, qui défend les stock-options et qui préconise une réforme des retraites avec allongement de la durée de cotisation des salariés du public et épargne volontaire. Encore le même qui, début 2002, dans la revue de la Fondation Jean-Jaurès, en appelle à une réforme de l'État et à l'ouverture du capital d'EDF. Laurent Fabius brocardait alors les ministres « dépensophiles », et se désespérait de la bienveillance des socialistes à l'égard d'un Parti communiste porté à bout de bras alors que la présidentielle se gagnerait au centre. Plus récemment, en juin 2003, dans une tribune à *Libération*, c'est un axe Verts-PS qu'il préconise au détriment du PCF. Dans son département de Seine-Maritime, comme dans la Seine-Saint-Denis de Claude Bartolone, les fabiusiens n'ont eu de cesse de tondre les communistes en présentant contre eux des candidats pour leur arracher leurs bastions, comme Pantin…

Laurent Fabius, répliquent ses proches, était victime de sa fonction. Le choc du 21 avril l'a profondément marqué. « Il nous a réunis peu après, raconte Guillaume Bachelay, pour nous demander de travailler sur trois questions : comment renouer avec les catégories populaires qui nous ont fait défaut à la présidentielle, comment sortir d'une stratégie trop défensive pour adopter une opposition frontale ; enfin, comment rassembler toute la gauche, y compris ses nouvelles composantes altermondialiste, mouvementiste et environnementaliste. » Là encore, la réalité est plus complexe. L'ancien ministre a multiplié les mises en garde durant la préparation du congrès de Dijon contre une gauchisation du PS. D'ailleurs, Laurent

Fabius en convient lui-même : il a évolué et retrouvé les fondamentaux de la première gauche. Sur la société française où sa théorie des deux France renvoie à celle du front de classe du PS des années 70. Sur la mondialisation : l'irruption des géants chinois et indien bouleverse le commerce international et rend nécessaire une protection de nos industries et de nos emplois. Sur l'Europe enfin, qui se dilue dans le libéralisme : d'où son non au traité, comme Jean-Pierre Chevènement, son ancien allié du congrès de Metz contre les rocardiens.

Ainsi se bâtit un nouveau fabiusisme, qui emprunte à l'ancien mitterrandisme, sauf sur l'Europe, et s'oppose au réformisme de gauche. Il revendique la transformation de la société qu'il oppose au simple accompagnement des sociaux-démocrates. Il préconise le rassemblement de toutes les gauches, y compris radicales, quand les réformistes lorgneraient vers les centristes. Laurent Fabius apporte au non sa crédibilité d'homme d'État. Quand il souligne sur TF1 que le salaire minimum est six fois moins important en Pologne qu'en France, et qu'il y a « un risque terrible de baisse de nos salaires, de notre protection sociale, de nos pensions », ou quand il cite les arguments de Philippe de Villiers contre l'adhésion de la Turquie, il renforce les peurs et les frustrations à l'égard de l'Europe. L'Europe est dans l'esprit de beaucoup de Français (et avec la complicité des politiques toujours prêts à lui faire porter le chapeau de décisions impopulaires) synonyme de toutes les dérives du libéralisme. À leurs yeux, c'est l'Europe qui favorise les délocalisations et les licenciements, ouvre les frontières aux importations de textiles chinois, menace les retraites, remet en cause les services publics au nom de la concurrence, et laisse entrer les migrants des pays de l'Est ou du reste du monde. C'est sa monnaie, l'euro, qui fait grimper les prix. Ce sont ses réglementations, tatillonnes et absurdes, qui exaspèrent les chasseurs ou les producteurs de fromage. Et c'est cette même Europe, qui s'élargit sans que les citoyens ne soient consultés, que les partisans du traité veulent aujourd'hui conforter. L'occasion est trop belle de dire non, un non qui agrège également les mécontentements à l'égard du gouvernement. Et ils s'accumulent : chômage record, fermetures d'entreprises, pouvoir d'achat en berne (quand le PDG de Carrefour reçoit 38 millions d'euros d'indemnités — 2 500 années de salaires d'une caissière au Smic !), crise du logement (alors que le ministre Gaymard emménage dans un 600 m^2 près des Champs-Élysées), 35 heures rabotées et lundi de Pentecôte aboli à quinze jours du scrutin. Le PS, qui prévoyait ce télescopage, a demandé discrètement que la consultation ait lieu le 8 mai. Mais le ministre de l'Intérieur a préféré le dernier dimanche du mois. François Rebsamen n'a pas rencontré plus de succès quand il a supplié Jean-Louis Borloo, de passage à Dijon, de décourager Jean-Pierre Raffarin d'intervenir dans la campagne. « Le Président le lui a déjà demandé, en vain », a répliqué le ministre de la Ville. Le chef du gouvernement en fait une affaire personnelle, au moment où il bat des records d'impopularité. Il pérore sur les télévisions, et enfonce le traité. Nicolas Sarkozy, lui, a les faveurs des sondages. Mais quand il défend la Constitution — est-ce le sommet du machiavélisme ? — ses arguments sont autant d'incitations à voter non : refus de la Turquie, condamnation du modèle social français, et évocation d'un échec du référendum pour changer de gouvernement.

À quelques jours du scrutin, Lionel Jospin parle dans le vide quand, en meeting à Nantes, il fustige « les caricatures insensées, les outrances, la démagogie de certains partisans du non », et qu'il invite « de toute sa force » les socialistes et les citoyens de gauche à voter pour le traité. L'ultime plaidoyer de Jacques Chirac à la télévision reste sans effet. Le rejet de l'opinion est confirmé. Un rejet que Jacques Séguéla avait anticipé plusieurs mois à l'avance : « Les Français sont à ce point excédés qu'ils diront non à tout, à la Constitution comme au reste. La seule solution serait de formuler la question de telle façon qu'en votant non ils ratifient le traité ! »

Au Parti socialiste, le climat est proche de la guerre civile. Jack Lang qualifie les fabiusiens de dissidents. Certains hollandais engagent le premier secrétaire à « dératiser » la direction : chasser les fabiusiens ! Les strauss-kahniens ne sont pas non plus en odeur de sainteté. Leur chef jouerait trop ostensiblement sa carte personnelle : passe encore son DVD présidentiel, mais pas son dernier meeting le 27 mai à Toulouse avec le chancelier Schröder, pour concurrencer le premier secrétaire qui s'exprime au même moment à Lille aux côtés de l'Espagnol Zapatero.

Le 27 mai, François Hollande se livre au petit jeu des hypothèses. Si le oui l'emporte — François Rebsamen veut encore y croire — les partisans du non, Fabius en tête, déguerpiront du secrétariat national. Si c'est le non, François Hollande devra, d'une façon ou d'une autre, remettre son mandat. Côté fabiusiens, les équipes travaillent déjà sur les conséquences d'une victoire du non, considérée comme acquise. Rue de la Planche, les strauss-kahniens entendent réclamer un congrès, non pas bâclé en juillet, mais à l'automne pour parachever celui de Dijon.

C'est un nouveau 21 avril qui déferle le 29 mai, ou plutôt un tsunami électoral comme l'a défini le politologue Stéphane Rozès de l'institut CSA. Selon lui, on observe le basculement d'une plaque tectonique, de l'abstention vers le non. C'est l'électorat populaire qui exprime ainsi sa volonté de préserver coûte que coûte le modèle social français, menacé tant par la politique du gouvernement, que par une Europe trop libérale qui ne les protège plus de la mondialisation. D'autres évoquent une sorte de Mai 68 des urnes. De fait, le rejet est massif : 55 % des Français votent non à un traité soutenu par la quasi-totalité des partis de gouvernement et 80 % des députés. Le front du refus rassemble 4 ouvriers sur 5, 2 employés sur 3, et 1 commerçant ou artisan sur 2. Seuls les retraités, les cadres ou les intellectuels, titulaires d'un bac + 2, ou les revenus supérieurs à

3 000 euros par mois ont voté majoritairement pour la Constitution. Le non l'emporte à gauche, à 98 % chez les électeurs communistes et 56 % chez les socialistes. Un vote de classe qui réjouit Jean-Luc Mélenchon : « La direction du Parti socialiste ne comprend plus le peuple, affirme-t-il au *Figaro*, les responsables du désastre doivent se retirer au lieu de se cramponner. »

Rue de Solférino, la soirée du 29 mai est lugubre. Blême, visiblement sonné, François Hollande s'enferme dans son bureau pour rédiger sa déclaration. Au fil de la soirée, l'écart ne cesse de se creuser. Vers 20 heures, l'institut CSA annonce un résultat serré. Deux heures plus tard, le non atteint les 55 %. Vers 21 h 30, le premier secrétaire rejoint dans une salle voisine les éléphants du parti. Il n'y a pas de délibération collective, juste des conversations. Jean-Marc Ayrault lui suggère de mettre son mandat en jeu. Il assumerait sa responsabilité et montrerait qu'il prend ses risques, avec panache. François Hollande ne retient pas l'idée. Devant les caméras, d'une voix blanche, il met le rejet du traité sur le compte du gouvernement et assure que les adhérents du PS doivent avoir le dernier mot sur les choix à venir. En clair, il mise sur un congrès où s'exprimera le ressentiment des militants pour sauver son fauteuil. Sur les écrans de télévision, Jean-Luc Mélenchon célèbre « un non joyeux et populaire ». Henri Emmanuelli salue « un vote d'espérance » et réclame des primaires à gauche pour désigner le candidat à la présidentielle. « Hou ! hou ! salopard », se déchaînent les rares militants encore présents à la soirée de Solférino.

Les fabiusiens n'en sont pas. Claude Bartolone centralise les résultats dans sa mairie du Pré-Saint-Gervais. Avec Guillaume Bachelay, il annonce par téléphone dès 19 h 15, sur la foi des premières tendances, la victoire à Laurent Fabius, resté en Seine-Maritime, à l'écart des plateaux de télévision : « Bon, bien, et combien faisons-nous à... », interroge, toujours maître de lui, le chef du non. « Je t'embrasse », lâche-t-il cependant à l'un de ses collaborateurs, dans un élan affectif qui ne lui est pas habituel. En fin de soirée, il rentre sur Paris et invite Claude Bartolone à trinquer à la victoire, à son domicile. Les têtes pensantes de la fabiusie, autour de Stéphane Israël, se sont retrouvées au café Le Musset, pour préparer l'étape suivante. Arnaud Montebourg, Henri Emmanuelli, Jean-Luc Mélenchon ont déjà pris contact dans la soirée avec le QG de Bartolone. La bataille du congrès est engagée.

CHAPITRE 9

LE MANS : L'UNION ET LES AMBITIONS

« Comme il importe plus en politique de se justifier que de faire, les mots y ont plus d'importance que les choses. »

Bernard Grasset.

Les montagnes russes continuent. François Hollande se voyait déjà en haut de l'affiche présidentielle, le voilà rabaissé au rang de premier responsable de la défaite. Le strauss-kahnien Jean-Christophe Cambadélis remue le couteau dans la plaie : « La gauche de la contestation ne pouvait l'emporter que sur un référendum... Le 29 mai est la victoire posthume de Georges Marchais sur François Mitterrand. » Laurent Fabius était pestiféré il y a six mois : il incarne aujourd'hui la revanche du peuple de gauche. Et le manège continue de tourner : juin et juillet sourient à Fabius, août et septembre à Strauss-Kahn, avant que Hollande ne réussisse à l'automne un rétablissement inespéré et que Ségolène Royal ne s'échappe en décembre.

C'est une semaine folle qui s'ouvre au lendemain du référendum, sur fond de complots et de règlements de comptes. Dès 8 h 30, le lundi, le premier cercle des hollandais — Rebsamen, Le Foll, Vaillant, Vallini, Le Roux, Besson — a rendez-vous dans le bureau du premier secrétaire. Ils sont tous d'accord : les fabiusiens doivent quitter la direction, sinon les militants se sentiront floués, ce sera la débandade. À 10 heures, la réunion est élargie aux éléphants : Dominique Strauss-Kahn, Jack Lang, Martine Aubry, Jean-Marc Ayrault, Ségolène Royal, Bertrand Delanoë. Julien Dray demande la dissolution de l'Assemblée. « Méfions-nous de Jacques Chirac, il en est capable et compte tenu de l'état du parti, nous perdrions les législatives », répliquent Strauss-Kahn et Aubry. Il est plus sage de réclamer, mollement, la démission du Président. On en vient à la convocation en fin de semaine d'un Conseil national pour exclure Laurent Fabius et les siens de la direction, en attendant un congrès à l'automne. Jack Lang et Martine Aubry sont les plus remontés, Dominique Strauss-Kahn le plus hésitant. Quelques plumes — Alain Bergounioux, Jean-Christophe Cambadélis, François Lamy, André Vallini — rédigeront un texte qui insiste suffisamment sur le respect de la démocratie dans le parti pour que les fabiusiens ne puissent pas le signer et se placent d'eux-mêmes hors de la majorité.

Le lendemain, les mêmes, moins quelques absents, reprennent la discussion, animée. Les strauss-kahniens ne veulent pas jouer les coupeurs de tête. Mais « les durs » — Vaillant, Rebsamen, Le Roux, Vallini — l'emportent. « Tant pis, argumentent-ils, si les fabiusiens qui n'ont aujourd'hui que le mot de rassemblement à la bouche hurlent au règlement de compte, il faut se débarrasser d'eux : les médias nous tomberont dessus, mais ça passera. » « Pas d'indulgence à avoir pour des gens qui n'ont ni morale ni loyauté », s'emporte Vallini. « Tu es en dessous de la vérité ! » l'approuve Rebsamen. Le texte évoquera aussi la réorientation de l'Europe et la souffrance sociale.

L'après-midi, ce sont les partisans du traité au sein du Bureau national qu'il faut convaincre de l'épreuve de force. Pierre Mauroy monte au créneau. « On ne peut plus reculer, il faut sanctionner les dissidents… » Et s'adressant à François

Hollande : « Tu dois te débarrasser de Fabius et disposer d'un secrétariat homogène. » Les hésitants, comme Louis Mermaz, approuvent. Le putsch est programmé dès le samedi pour ne pas laisser aux fabiusiens le temps de s'organiser. Le soir, lors d'un dîner à la Maison de l'Amérique latine, le complot est révélé à une quarantaine de premiers secrétaires fédéraux proches de la direction.

Les éléphants s'apprêtent à sauver le soldat Hollande. Mais ce n'est pas sans des hésitations et réticences, qui ont alimenté le soupçon et la paranoïa des hollandais. Le téléphone et les SMS ont beaucoup fonctionné. Le premier secrétaire est sur la sellette. Il n'a pas été à la hauteur dans une campagne calamiteuse. En ne sanctionnant pas les socialistes porteurs du non, il a rendu illisible le soutien du PS au traité. En ne s'opposant pas au gouvernement sur les 35 heures et le mouvement lycéen, il a accrédité l'idée d'une complicité : « Nous aurions dû demander la démission de Raffarin et menacer de ne plus voter le traité », regrette Julien Dray. Enfin, François Hollande a toujours sous-estimé l'influence du courant altermondialiste.

La défaite est aussi révélatrice d'un mode de fonctionnement solitaire du premier secrétaire. Bertrand Delanoë pique une vraie colère lors d'un déjeuner de la majorité. « Tu nous demandes de te soutenir, de serrer les rangs, d'être fidèle, mais que fais-tu pour qu'on travaille collectivement ? Quand nous as-tu demandé notre avis depuis Dijon ? Tu préfères t'enfermer avec ta petite bande… » Et Martine Aubry d'enfoncer le clou : « Si nous avions davantage réfléchi sur la concurrence et l'emploi, nous aurions été moins démunis face aux arguments du non. »

Dominique Strauss-Kahn cède rarement aux éclats de voix. Mais la tentation de lâcher le premier secrétaire l'a effleuré, et même davantage. Il l'avait mis en garde quelques mois auparavant : « Tu n'as pas les épaules pour être à la fois premier secrétaire et candidat à la présidentielle. Tu n'es pas François Mitterrand, consacre-toi au parti, et si tu réussis, ça te légitimera pour d'autres ambitions. » Jean-Christophe Cambadélis, fidèle de Dominique Strauss-Kahn, assure le contact avec le NPS, et surtout avec Claude Bartolone, premier lieutenant de Fabius. « Les hollandais tiennent à vous virer de la direction, lui explique Camba, c'est une connerie, on ne peut pas s'y opposer, en revanche nous veillerons à ce qu'il n'y ait pas de chasse aux sorcières dans les fédérations. » « Leur sectarisme fera le jeu de Fabius », répond Barto. Dominique Strauss-Kahn a-t-il envisagé un putsch pour remplacer François Hollande par Jean Glavany ou Vincent Peillon ? Des discussions ont eu lieu, mais sur le mode informel. Et Jean Glavany, refusant le double jeu, a répondu à Strauss-Kahn comme à Peillon et à Montebourg qu'il n'était pas candidat. DSK s'est ravisé : « Le maintien de François Hollande n'a tenu qu'à moi, souligne-t-il aujourd'hui, j'ai besoin d'un parti stable sur une ligne réformiste. »

Les hollandais testent également les minoritaires. Pendant que Julien Dray sonde Emmanuelli et Mélenchon, Rebsamen envoie un SMS à Bartolone pour lui proposer une rencontre. La réponse est négative : Bartolone doute qu'Hollande aille à l'épreuve de force. Vincent Peillon est plus coopératif : l'étoile montante du NPS suggère même une alliance au maire de Dijon pour remplacer Hollande qui « pose problème » : « Tu me demandes de le trahir ! » s'exclame Rebsamen… Deux mois auparavant, il négociait le ralliement du NPS à la majorité en cas de victoire du oui…

Laurent Fabius s'efforce de retirer tout le bénéfice de la victoire du non, qui est aussi la sienne. Les sondages frémissent, quand ils chutent pour Hollande. Mais le référendum est passé, et la nouvelle feuille de route tient en un mot : le rassemblement. Sur TF1, au lendemain du vote, il salue le succès du non comme « une volonté populaire puissante de changement », et il invite tous les socialistes à préparer l'alternance. Le mardi midi, c'est une *standing ovation* que lui réservent au déjeuner de la questure une cinquantaine de parlementaires et présidents fabiusiens de régions et de départements. Six mois plus tôt, après l'échec du référendum interne, ils n'étaient qu'une dizaine de fidèles. Laurent Fabius, radieux, au point de laisser percer une légère émotion, selon un participant (!), reprend son message de la veille : « Heureusement, insiste-t-il, qu'il y a eu quelques socialistes pour dire non avec le peuple de gauche. » Et il demande à ses partisans d'éviter les polémiques et les petites phrases : l'heure est au rassemblement et à l'ouverture. Dans les couloirs de l'Assemblée, Claude Bartolone s'inquiète pourtant devant les journalistes « d'une petite opération bureaucratique que prépare la direction ! ».

Il n'a pas tort. François Hollande confirme le jeudi à la télévision qu'il est normal qu'il y ait une direction cohérente. En clair, sans les fabiusiens. Les hollandais battent le rappel des membres du Conseil national qui leur sont a priori favorables. Quelques-uns comme Daniel Percheron ou Gérard Collomb, le maire de Lyon, rechignent à bouter les fabiusiens hors de la direction. Les trotskistes du oui sont à la manœuvre. Pour éviter toute défection, le vote se fera par appel nominal et public, et avant que les délégués n'aillent déjeuner ou ne repartent chez eux. Les majoritaires profiteront d'un petit déjeuner des fabiusiens pour occuper dès potron-minet les travées centrales de la salle.

Le Conseil national se déroule à huis clos, dans une ambiance houleuse. Applaudissements, huées et sifflets s'échappent quand une porte s'entrouvre. À la tribune, siègent pour la dernière fois ensemble, mais sans que leurs regards ne se croisent, François Hollande et Laurent Fabius, séparés par Gérard Collomb et François Rebsamen. Le premier secrétaire analyse le vote du 29 mai comme une addition de refus (le texte du traité, le gouvernement, l'Europe libérale) et de peurs (de l'avenir et de l'autre). Puis il condamne fermement « les comportements qui ont heurté, blessé nos adhérents, troublé notre électorat et brouillé la position du parti ». Enfin, tombe la sentence : une nouvelle direction basée sur le principe de la cohérence. Laurent Fabius s'est auparavant posé en victime, évoquant la tentation de la division interne et le désir de régler des comptes. Une vingtaine d'orateurs participent six heures durant au psychodrame. Jean-Luc Mélenchon ne déçoit pas : « On a fusillé Fabius, crucifié Mélenchon et piétiné Emmanuelli », s'enflamme-t-il. « Le PS ne peut avoir raison contre la France entière », se déchaîne Vincent Peillon. Arnaud Montebourg stigmatise devant la presse « les dragonnades contre les protestants du parti et les bûchers contre les hérétiques » ! Et salue « la très belle, très forte et très écoutée » intervention de Laurent Fabius. Son rapprochement avec l'ancien numéro deux est en marche. Claude Bartolone y a consacré de longues heures au téléphone ! La colère du lieutenant de Fabius est aujourd'hui très médiatique. Il dénonce « le choix de la division d'une direction provisoire… Les électeurs qui ont demandé une Europe plus sociale ne sont pas les bienvenus ! ». Ses camarades du non donnent dans la surenchère. Paul Quilès parle « d'épuration qui vise le candidat Fabius », Henri Emmanuelli de repliement sur l'appareil, Christian Paul de « bunkérisation » de la majorité. Pour Marie-Noëlle Lienemann, le PS est social-libéral dans le programme et léniniste dans le fonctionnement !

Quand arrive l'heure du vote, Daniel Percheron, dont chacun a remarqué un long aparté avec Laurent Fabius, s'éclipse, en prince de l'embrouille. Il laisse, dit-il, à Jean-Luc Mélenchon « le rôle de l'idiot utile qui va la corde au cou place du Colonel-Fabien », mais confie son mandat à « un camarade qui ne veut pas amputer le parti », opposé donc à l'exclusion de Fabius. Mais quand il est appelé, ledit mandataire vote pour !… Laurent Fabius est débarqué de la direction par 167 voix contre

122. Quand il sort du conseil, dans une indescriptible bousculade, ses partisans sont là pour l'acclamer et scander son nom jusqu'à sa voiture. Une mise en scène qui masque un échec. Laurent Fabius n'a pas trouvé de majorité au PS pour empêcher son éviction. Claude Bartolone reçoit un SMS : « un petit signe de sympathie dans ces moments difficiles » : il est signé Marie-George Buffet.

François Hollande paraît bien seul dans la grande salle aux allures soviétiques du sous-sol du PLM où il annonce à la presse le congrès du projet au Mans en novembre. Il présente également son secrétariat national remanié. Un petit joyau de calcul politique : pour remplacer les fabiusiens, le dosage est savant et l'équilibre subtil : trois places pour les amis de Dominique Strauss-Kahn et Martine Aubry (Cambadélis, Lebranchu, Lamy) ; deux pour récompenser les camarades passés du non au oui (l'ex-fabiusienne Béatrice Marre et Manuel Valls : « Valls est nommé à la prévision politique », persifle un camarade) ; trois sièges pour des patrons de grosses fédérations (Serge Janquin du Pas-de-Calais, Patrick Bloche de Paris, et Christiane Demontès du Rhône, qui serviront de rabatteurs de voix pour le congrès), et Victorin Lurel président de Guadeloupe pour remplacer à l'outre-mer Axel Urgin qui a voté non.

Comme il fallait s'y attendre, la guerre fratricide et le bâton contre les fabiusiens sont très mal ressentis par l'opinion. 71 % des sympathisants socialistes, selon BVA et *Libération,* condamnent les sanctions. Tous les présidentiables ont laissé des plumes dans la bataille y compris Laurent Fabius. 73 % des Français, un record, ne lui font pas confiance. Et, dans le hit-parade du meilleur candidat, il est au coude à coude avec François Hollande, à la traîne derrière Jospin, Strauss-Kahn et Lang.

Jusqu'à l'été, le PS continue de se déchirer. De manière policée à l'Assemblée : quand François Hollande répond pour le PS à la déclaration de politique générale du nouveau Premier ministre Villepin, Laurent Fabius et ses proches n'applaudissent pas, davantage intéressés par de longues conversations dans les travées avec Arnaud Montebourg. L'affrontement est rude dans le parti. Respect des camarades, règles de fonctionnement, cohérence idéologique, tous les repères semblent perdus. Dans la fédération du Nord, c'est la foire d'empoigne. Marc Dolez ne peut finir son intervention, sous les sifflets : il vient de justifier son meeting avec les trotskistes et d'ériger la social-démocratie en ennemie à abattre. À Paris, les minoritaires du NPS et de l'ex-Nouveau Monde opposent leur légitimité populaire, après le référendum, à celle d'appareil des responsables du parti. « On ne se laissera pas barthelémyser », ose l'un d'eux ! Jean-Luc Mélenchon s'affiche de nouveau au siège du Parti communiste, avec ses amis du collectif du non, Olivier Besancenot, José Bové ou Yves Salesse de la Fondation Copernic. Lors d'un rassemblement du NPS à Paris, Arnaud Montebourg déclare que « Solférino n'est plus le nom d'une victoire, mais celui d'un blockhaus administré par des autruches ! ». Au Bureau national, les fabiusiens marmonnent et ricanent dans leur coin, sans participer aux débats.

Laurent Fabius est déjà passé à l'étape suivante. Son unique horizon est la présidentielle. Son costume du non est trop étroit. Il lui faut endosser celui du candidat socialiste. Sa victoire au référendum n'a été acquise qu'au prix de la transgression du vote des militants — sorte de péché originel qui pourrait être irréparable — et d'un brouillage de son image : le socialiste moderne s'est acoquiné avec l'extrême gauche. Il a beau assurer que « le réalisme ne consiste pas à glisser ses pantoufles dans les pas de la droite », il sait qu'il doit élargir son assise et prendre de la hauteur. De retour de sa maison ariégeoise de Carla-Bayle, le lundi qui suit le Conseil national, il répartit les rôles avec Claude Bartolone : « À toi le quotidien, je ne participerai plus à la mêlée. Je vais réfléchir aux idées, visiter les fédérations et travailler au rassemblement de la gauche. » Au traditionnel déjeuner du mardi, il invite ses amis à s'ouvrir aux autres : aux anciens fabiusiens qui ont choisi le oui au traité ; aux camarades du NPS — même si, concède-t-il, il n'est pas facile d'y voir clair entre Montebourg, Peillon et Hamon ; enfin aux partenaires du non : le député Philippe Martin participera, aux côtés de Jacques Nikonoff d'Attac, du communiste Francis Wurtz et de Jean-Pierre-Chevènement à la délégation qui va rencontrer le Premier ministre luxembourgeois Jean-Claude Juncker. Face aux militants socialistes, toujours très remontés contre la violation de leur vote, les fabiusiens concèdent des torts partagés : « s'être démarqués de la ligne du parti est un problème — admet Bartolone — mais François Hollande a négligé les 40 % de socialistes hostiles au traité, il s'est aligné sur le oui de Jacques Chirac ». Laurent Fabius appelle les grands élus au téléphone, pour prendre de leurs nouvelles, parler politique, glisser l'air de rien, ou faussement préoccupé, le score impressionnant que le non a totalisé dans leur ville ou leur circonscription. Il leur rend visite dans leur département pour plaider la concorde. Il est au-dessus des batailles d'appareil. « Même si on me tire un peu par le pantalon », raconte-t-il en Bordelais, où il « récupère » Gilbert Mitterrand.

Parallèlement, l'offensive est déclenchée pour obtenir le ralliement des minoritaires et bâtir une nouvelle majorité. La solidarité du non existe. On a vu lors d'un Bureau national les élus du NPS et de l'ex-Nouveau Monde applaudir, comme dans un meeting, une intervention d'Henri Weber sur la crise budgétaire de l'Europe. Pierre Joxe joue les intermédiaires pour séduire Arnaud Montebourg, à qui est promis le poste de premier secrétaire. Le député de Saône-et-Loire n'y résiste pas et donne libre cours à son emphase, qui emprunte cette fois à Mao Zedong. « Mon espoir est que demain, au PS, il n'y ait pas un, mais deux, trois, cent mille Laurent Fabius qui nous aident à construire un autre Parti socialiste ! » Le même Fabius qu'il tenait trois ans auparavant comme « pire que Tony Blair ». Vincent Peillon est furieux : « Nous ne serons pas les porteurs d'eau d'un candidat, quel qu'il soit », déclare-t-il au *Figaro*. C'est l'autonomie du NPS qui est mise à mal, et c'est le fauteuil de premier secrétaire qu'il convoitait lui aussi qui lui échappe. Il appelle Bartolone sur son lieu de vacances en Grèce : « Vous organisez un putsch au NPS mais vous allez échouer car Montebourg est minoritaire. » « Nous passons par lui parce qu'il est le plus médiatique et que nos militants le réclament », réplique maladroitement Bartolone. Avec Montebourg, l'explication est orageuse : « Tu n'as pas le droit de passer seul des accords avec Fabius, surtout pour m'assassiner ! » s'enflamme Peillon. Début juillet, le conflit éclate lors d'une réunion interne du NPS. Arnaud Montebourg propose que Christian Paul — l'un de ses proches — remplace Peillon comme premier signataire de la motion du courant. Vincent Peillon demande un vote. Benoît Hamon joue les Casques bleus afin que le NPS n'éclate pas. Mais il est désormais profondément divisé.

Le Nouveau Monde a implosé durant la campagne référendaire. Les fabiusiens récupèrent deux de ses trois leaders : Jean-Luc Mélenchon, qui découvre que « Fabius n'est pas le plus mal placé pour la présidentielle », et Alain Vidalies. Mais ils échouent face au plus titré : Henri Emmanuelli. Laurent Fabius lui propose dans son bureau une motion commune pour le congrès. « Non, répond le député des Landes, car je ne veux ni casser le PS, ni rééditer le score du référendum interne ; et avant de te désigner comme candidat à la présidentielle, j'ai besoin de garanties ! »

Laurent Fabius doit aussi s'ouvrir aux Français. Il le fait dans son fief de Seine-Maritime, à Canteleu. Une grande manifestation est organisée, avec tables rondes l'après-midi et ébauche d'un discours-programme le soir lors d'un banquet de l'amitié. Les 2 000 invités ne s'y trompent pas : ils scandent « Laurent président », malgré le timide « chut », l'index devant la bouche que tente le candidat. « J'avais prévenu mes camarades normands : si vous n'imposez pas un slogan, j'imagine celui que vont trouver les militants », justifie Bartolone. Rien ne manque au décorum du meeting présidentiel : ni la musique — *Du courage* que chante la Grande Sophie ; ni le mot d'ordre, « Agir à gauche, un emploi, un logement, un savoir » en toile de fond de la tribune ; ni la couleur orange de la révolution ukrainienne. Le discours est résolument à gauche : hausse « indispensable » des bas salaires, politique économique « extrêmement volontaire », « ni allègements fiscaux, ni privatisation d'EDF, ni quota d'immigration » : son projet sera socialiste, insiste-t-il en écho à l'affirmation inverse de Lionel Jospin en 2002. Laurent Fabius préconise encore et toujours l'opposition frontale et s'inquiète d'un changement d'alliance par la direction du PS : « Le rassemblement à gauche ne peut se réaliser qu'avec des mouvements et sur des options politiques de gauche », proclame le candidat qui se hisse en adversaire de second tour de Nicolas Sarkozy : « Notre boussole ce n'est pas le communautarisme américain, c'est le modèle laïc et républicain… »

Si les fabiusiens font flèche de tout bois, les hollandais, eux, ont la gueule de bois. Le premier secrétaire paraît flotter, la mine fatiguée, le regard un peu perdu. La presse le malmène. Même chez lui en Corrèze, le canton d'Egleton, socialiste depuis dix ans, bascule à l'UMP. Les députés qui le soutiennent s'interrogent à mi-voix, quand leurs camarades fabiusiens plastronnent. Le premier cercle grogne : l'engagement présidentiel de François a été une lourde erreur, sa légitimité est celle du rassemblement. « C'est Julien Dray qui lui a mis ça dans la tête, et lui fait commettre toutes les bêtises », entend-on même lors d'un dîner animé le 14 juin au Bistro de Paris. Julien Dray est en plein spleen : Hollande à terre, son européisme rejeté par les couches populaires, ses anciens amis de la Gauche socialiste qui triomphent. « On s'est planté », ressasse-t-il devant ses amis.

François Hollande pressent le danger d'un délitement de la majorité. Les zizanies s'y exacerbent. Rebsamen « n'en peut plus » de Lang, Bergounioux énerve Le Foll, Julien Dray est en guerre avec Camba, Glavany ne supporte toujours pas Moscovici, Aubry égratigne tout le monde… La balkanisation menace, avec une multiplicité de contributions au congrès.

Il faut réagir, remobiliser toutes les familles du oui autour d'un texte commun qui engagerait les éléphants et obligerait les élus à se positionner. « Allez-y, bossez, produisez, innovez : je veux du papier dans dix jours », lance le premier secrétaire aux animateurs de sa majorité. L'ancienne troïka — Aubry, Strauss-Kahn, Lang — tient la plume, secondée par Alain Bergounioux, Julien Dray et Jean Glavany. Les débuts sont laborieux. La première version manque de souffle. Elle décline sur huit pages les nouveaux défis d'une société travaillée par les peurs, et prône une gauche durable qui défende ses valeurs : travail, justice sociale, démocratie, internationalisme. Le réformisme de gauche est remisé au profit du « socialisme volontaire ». L'accueil des hiérarques de la majorité, le 21 juin, est plutôt tiède. On rediscute certains thèmes : l'immigration, où les quotas défendus par Malek Boutih sont rejetés ; les institutions où la présidentialisation est abandonnée.

Mais la majorité a un autre souci : le risque de l'émiettement avec, à côté d'un texte commun, des contributions multiples. Le Parisien Patrick Bloche et le Nivernais Gaëtan Gorce, avec la bénédiction de Bertrand Delanoë, veulent rédiger la leur. « La diversité favorise la réflexion et le débat », plaident-ils. Plus préoccupantes, les velléités de la puissante fédération des Bouches-du-Rhône de produire sa contribution générale, comme à la grande époque de Gaston Defferre. Et pourquoi pas en partenariat avec les départements voisins ? L'affaire est suffisamment grave pour que François Rebsamen sorte le grand jeu pour les en dissuader. Il organise dans sa mairie de Dijon un dîner, arrosé au bourgogne. Pendant trois heures, avec Stéphane Le

Foll, Éric Besson, Bruno Le Roux, Jean-Pierre Bel et André Vallini, il s'efforce de décourager le premier fédéral Eugène Caselli de se lancer dans cette aventure qui fracasserait le bloc majoritaire et affaiblirait le premier secrétaire. « Nous soutenons Hollande, mais nous avons des idées modernes à proposer sur l'éducation, la santé, le logement ainsi que sur le fonctionnement du parti. Et puis, nous en avons assez de toujours apporter nos voix et n'être jamais remerciés », s'insurge Caselli. « Vous verrez, Fabius va vous appeler », relance un Parisien. « C'est déjà fait ! » rétorque le Marseillais qui contre-attaque sur l'exaspération des militants devant tous ces présidentiables parisiens… « De toute façon, conclut-il, le coup est parti. » « Derrière Caselli, c'est Jean-Noël Guérini, qui vise la mairie de Marseille », grommellent les hollandais.

La majorité enregistre quelques défections : Guy Bono, que François Hollande a pourtant fait élire député européen, rejoint le NPS : « On ne peut pas ignorer que 70 à 80 % des électeurs de gauche ont voté non », se justifie-t-il. Pour contrer la révolte girondine, la direction décide de soumettre sa contribution aux fédérations. Au fil des réunions et des amendements qui remontent, le texte de François Hollande s'enrichit. Mais les dissensions demeurent. Jean Glavany dépose lui aussi sa contribution, tout en signant celle du premier secrétaire. Martine Aubry l'imite, mais pas Dominique Strauss-Kahn : « Par cohérence », dit-il. « Parce qu'il ne veut pas se compter », raillent ses rivaux. Le premier secrétaire reste sous le feu des critiques. Elles ne le ménagent pas quand par exemple il décide seul de boycotter la consultation sur l'Europe lancée par Dominique de Villepin, au motif que Jean-Marie Le Pen a aussi été invité.

Le dépôt des contributions, le 9 juillet, lui apporte un peu d'oxygène. Dix-huit contributions générales sont enregistrées, auxquelles s'ajoutent 300 contributions thématiques. 1 100 pages en petits caractères, preuve que le parti fonctionne et que les socialistes ont encore des idées, au-delà de la logomachie propre à ce genre d'exercice. Tous les leaders de la majorité ont signé la contribution Hollande, finalement baptisée : « Pour l'alternative en 2007, volonté, vérité, unité ». Les autres textes se définissent par rapport à elle : « Agir à gauche » de Laurent Fabius oppose son réformisme de transformation au réformisme d'accompagnement des hollandais, qui se fonderait « sur une analyse fataliste des effets de la mondialisation ». Le texte du NPS veut « réorienter la ligne du parti pour être en phase avec notre base sociale ».

Le Conseil national, ouvert à la presse, se déroule début juillet dans une ambiance bon enfant. Laurent Fabius, souriant, n'est plus à la tribune mais sur un strapontin au fond de la salle. Le porte-parole de sa motion, Philippe Martin, déclenche une franche hilarité quand il évoque le nécessaire esprit d'équipe. Même rigolade lorsque Jean-Luc Mélenchon compare les socialistes qui ont mené campagne pour le non aux animaux qui ont entendu avant les autres le tremblement de terre annonciateur du tsunami ! De Hollande à Fabius, Montebourg et Emmanuelli, tous ont au moins un point d'accord : il faut dépasser le clivage du oui et du non. Pierre Mauroy est méfiant. Il connaît son PS et redoute « de voir les socialistes français céder dans l'épreuve aux vieux travers que sont les certitudes d'avoir raison contre tous les autres, et le goût des mots qui claquent et qui donnent l'illusion d'être plus à gauche que quiconque... ». (Interview au *Nouvel Observateur.*) Des propos que ne renierait pas Dominique Strauss-Kahn. Dans les eaux agitées du référendum, le député du Val-d'Oise a gardé le cap du oui, mais en évitant les mots qui blessent à l'égard des flibustiers du non. Il voit aujourd'hui l'horizon se dégager. Face à la ligne « néo-gauchiste » de Laurent Fabius, il apparaît comme le candidat le plus crédible d'un socialisme réformiste. Paradoxe, les deux adversaires ont beaucoup de points communs. Grands bourgeois, élus de circonscriptions populaires, sociaux-libéraux et vilipendés comme tels avant le 21 avril, leurs carrières ont failli être fracassées par des affaires judiciaires : elles leur ont fait perdre plusieurs années. Leurs routes se sont séparées avec le référendum.

François Hollande passe un été mouvementé. Les anciens mutins du non se déchaînent contre lui. Claude Bartolone dresse le constat de son triple échec : la division des socialistes, le mépris pour les autres forces de gauche, et l'inefficacité de son opposition au gouvernement : c'est François Bayrou qui a joué les censeurs sur la privatisation des autoroutes. Le NPS en rajoute. Vincent Peillon qualifie le premier secrétaire de « problème », et Arnaud Montebourg balaie tout compromis possible « avec celui qui nous a conduits à deux désastres en 2002 et 2005 ».

Les strauss-kahniens font pression pour que le premier secrétaire baisse définitivement pavillon dans la course à l'investiture pour la présidentielle. Jean-Christophe Cambadélis et Pierre Moscovici font passer le message. Dominique Strauss-Kahn s'y emploie lui-même. L'injonction est directe : « Le congrès se fera sur ta tête. Le parti est gravement divisé. Tu dois te consacrer au rassemblement d'une large majorité pour l'emporter et lever l'hypothèque de ta candidature, en le disant clairement. » François Hollande fait le dos rond. Il ne s'exprime plus sur la présidentielle, mais ne dit pas qu'il y renonce ! Agacé, le député du Val-d'Oise l'associe dans une interview à *L'Express* à Laurent Fabius : « Leur alliance à la tête du parti a conduit à une posture d'opposition prétendument frontale mais sans proposition alternative, ce qui a pesé sur la controverse sur le référendum. »

Laurent Fabius perd la main durant l'été. Il a pourtant payé de sa personne pour convaincre les grands élus de le rejoindre. Et quand il part en vacances, c'est le fidèle Bartolone qui s'y attelle, deux heures par jour au téléphone. Jean-Noël Guérini président du conseil général des Bouches-du-Rhône, Daniel Percheron, président de la région du Pas-de-Calais et d'autres barons des fédérations sont contactés et pressés de se rassembler sur une motion unique d'opposition à la « direction provisoire ». Côté NPS, Arnaud Montebourg confirme qu'il est partant : lors de sa fête de la rose de Frangy-en-Bresse, le 21 août, il plaide pour la constitution d'une majorité alternative avec Henri Emmanuelli et Laurent Fabius. Mais Benoît Hamon, présent sur place, et Vincent Peillon, en froid depuis deux mois avec le trublion de Saône-et-Loire, déclenchent un tir de barrage contre une coalition des non. L'université d'été du NPS s'ouvre à Fouras, dans une ambiance qui rappelle les pires assemblées générales des Verts : pagaille à la base, intrigues au sommet ! Thierry Mandon, lieutenant de Montebourg, envoie des SMS pour que les militants sifflent le discours de Peillon. « Le NPS, c'est le Nancien Parti socialiste », raille Daniel Vaillant. Montebourg, Peillon et Hamon se rabibochent néanmoins lors d'un déjeuner. Les 1 200 délégués décident qu'il n'y aura pas de motion commune, mais que l'objectif est un contrat pour une majorité alternative ancrée à gauche. Dommage pour Henri Emmanuelli, qui doit poireauter le lendemain après-midi à l'extérieur de la salle, avant de tenter, en vain, de convaincre les militants du NPS des mérites d'un texte commun. Celui-ci n'exclurait, selon le député des Landes, « que ceux qui rêvent de la politique de troisième force qui maraude sur la droite de notre parti et ressort périodiquement comme les ulcères d'estomac ! ».

Michel Rocard et Bernard Kouchner peuvent se sentir visés. Et ils répliquent. À l'arme lourde. L'ancien Premier ministre, dont le « parler vrai » a fait la gloire, il y a trente ans, constate que les socialistes deviennent « de jour en jour plus insupportables les uns aux autres ». Et si Fabius et Mélenchon l'emportent « avec leur patois marxiste », il envisage « peut-être la création d'un nouveau parti ». Le *french doctor* saisit la balle au bond, et prononce le mot fatidique de scission avec « les pseudo-marxistes et leurs utopies fripées ».

Le PS est au bord de l'implosion. André Vallini exprime sa consternation, Bertrand Delanoë supplie les socialistes de « cesser de se regarder le nombril », et Jack Lang « de se battre comme des chiffonniers ». Mais « le choc des ambitions et la conjuration des Ego », selon l'expression de Gaëtan Gorce, ont atteint une telle intensité que le simple instinct de survie du parti impose à tous de se calmer. Les universités de La Rochelle sauvent les apparences. L'album de famille des socialistes en conserve quelques photos.

— La première est celle d'un François Hollande fragilisé. Il n'est plus l'*imperator* triomphant de 2004. À deux reprises, pour l'inauguration d'un nouveau local socialiste, et lors du dîner du samedi soir, il pose aux côtés de Lionel Jospin, comme s'il recherchait la caution de celui qui incarne l'autorité morale du PS. Un second soutien, affectif, lui vient de Ségolène Royal, à la tribune : « Merci à François, du fond du cœur, de tenir bon, malgré les invraisemblables violences verbales de ces derniers temps... »

— La deuxième photo montre un Laurent Fabius préoccupé. Il passe en coup de vent à La Rochelle : une table ronde sur le logement, un point de presse, comme l'année précédente au bar La Java des paluches. Le candidat rabâche que le PS « ne doit pas prendre un tournant à droite », comme une réminiscence du virage à droite du PS que dénonçaient les communistes après la rupture du programme commun. Il y a, selon lui, au Parti socialiste d'un côté ceux qui veulent un PS ancré à gauche, et de l'autre ceux qui défendent une version plus libérale et droitière. « La gauche, poursuit-il, ce n'est pas aujourd'hui je ne peux rien, demain encore moins, et après ce sera pire ! » Des formules simples, mais qui ne suffisent pas à rallier à son panache rose vif les partisans de la radicalité et de la rénovation.

— Sur la troisième photo, Martine Aubry partage un plateau de fruits de mer avec quelques journalistes, dans une salle de l'incontournable restaurant Chez André. La maire de Lille commence par confier tout le mal qu'elle pense de Laurent Fabius : « Le plombier polonais qu'elle n'a pas digéré », ces deux France qui ne reflètent pas la réalité d'une société éclatée. Vient l'essentiel : elle n'écarte pas l'idée d'une candidature présidentielle. Son adjoint à la mairie de Lille, Pierre de Saintignon, prend le relais : « Il est temps qu'une femme s'occupe de la France. » Quitte à être candidate, précise-t-elle, ce ne sera pas en 2012. Et une de plus !

— Quatrième photo, Jack Lang arpente l'entrée du centre de l'Encan où se déroulent les universités, un pull rose jeté sur les épaules. Comme à son habitude, il entreprend beaucoup de camarades sur sa loyauté à l'égard de François Hollande et, pour ceux qu'il connaît mieux, sur sa décision d'être candidat.

— Autre photo, Lionel Jospin, tout sourire, découvre au bras de Sylviane Agacinski, à son arrivée au grand dîner du samedi soir, la banderole du Cap-d'Agde de Septimanie : « Lionel, reviens comme Zizou. » Jospin insiste sur l'amitié entre socialistes…

— Dernière photo de l'album : un car avec l'affichette « Bus DSK », qui emmène une trentaine de journalistes déjeuner dans un restaurant de la cité balnéaire d'Aytré. Serein et déterminé, Dominique Strauss-Kahn revient sur les thèmes qu'il a développés au cours de la table ronde consacrée à l'économie : les nationalisations temporaires pour éviter les délocalisations ; les crédits d'impôt aux entreprises pour développer la recherche ; et puis, surtout, la piste d'une hausse de la TVA pour corriger les effets d'une mondialisation qui abaisse les prix des produits pour le consommateur mais détruit les emplois des travailleurs. L'idée est iconoclaste. Elle va provoquer une levée de boucliers. Strauss-Kahn parle également politique. Il se sent au moins aussi à gauche que Fabius : leurs bilans comparés de ministre des Finances dans les gouvernements Jospin en témoignent, comme sa volonté de s'attaquer aux racines des inégalités, ou son respect du vote militant. Il soutient François Hollande qui, veut-il le croire, va se consacrer davantage à la direction du PS qu'à sa candidature. Un premier secrétaire dont il égratigne néanmoins la motion, « trop rassembleuse, dont les arêtes ne ressortent pas suffisamment ». La veille, 500 personnes, un record, sont venues l'écouter à l'Arsenal développer les grands axes de son « développement solidaire », esquisse d'un projet présidentiel qu'il conclut sous une ovation : « Vous m'attendez comme je vous attends, on gagnera et vous pourrez dire : "La Rochelle, j'y étais !" »

Pas de doute, Dominique Strauss-Kahn sort vainqueur de La Rochelle. Un sondage CSA-*Le Parisien* le confirme en le plaçant second, à un point de Lionel Jospin, comme meilleur candidat du PS. À la rentrée, DSK entend pousser son avantage. Il doit distancer ses concurrents et éviter que le balancier ne revienne vers François Hollande. Sur LCI, il coupe le cordon ombilical avec Jospin : même si le Premier ministre revient, il maintiendra sa candidature. Il hausse le ton à l'égard du gouvernement : les baisses d'impôts sont « le plus grand scandale fiscal depuis trente ans : les trois quarts des cadeaux iront aux 10 % les plus fortunés », diagnostique le professeur d'économie. La bataille du congrès lui offre l'opportunité d'une nouvelle tournée des fédérations. Il élargit ses visites, parfois sur trois jours en Aquitaine, ou dans le Nord pour tenir meetings et rencontrer les élus socialistes, les réseaux associatifs, et les salariés d'entreprises en difficulté. Les idées restent sa marque de fabrique. Dans une même semaine, il participe à trois colloques sur la politique industrielle, l'urbanisme et le logement. Il travaille d'arrache-pied sur son livre programme qui au printemps 2006 indiquera « un chemin pour la France ». Il organise pour la presse écrite des rencontres thématiques sur l'économie, la mondialisation ou les institutions. Lors du Conseil national du 17 septembre, il improvise une conférence de presse au moment où s'exprime François Hollande. Son activisme agace. Les éléphants s'irritent de son manque de solidarité, de sa prédilection pour « les coups », et de sa campagne « à l'américaine ». Martine Aubry laisse éclater sa colère devant François Hollande : « Tu lui cèdes tout, il s'approprie ta contribution qu'il appelle "Hollande-Strauss-Kahn", alors qu'il la critiquait hier… Il va te trahir comme Fabius. » Le premier secrétaire finit par réagir. Il lance une pique sur l'augmentation du taux de TVA. DSK réplique le jour même qu'Hollande est à côté de la plaque. L'escarmouche en reste là…

C'est un septembre noir que connaît Laurent Fabius. Une tragédie en trois actes, sur fond de sondages qui piquent du nez. Le premier acte a pour cadre la fête de l'Humanité. Une grande première pour le chef du non qui compte bien capitaliser sur son image de rassembleur de la gauche. Claude Bartolone a monté l'opération. Tout a été prévu, y compris d'éviter une rencontre inopportune avec Alain Krivine. Mais (comme pour la fuite à Varennes !) un contretemps va tout compromettre. Claude Bartolone passe chercher Laurent Fabius. Ils sont en retard, et tombent dans des embouteillages. En arrivant à la Courneuve, un responsable de la fête reconnaît la voiture et ses occupants. Pour gagner du temps, il les fait entrer par une première porte alors qu'un peu plus loin des élus, une centaine de camarades et un service d'ordre les attendent. Laurent Fabius doit parcourir 400 mètres dans la foule. Des militants de deux groupuscules, d'extrême gauche et altermondialiste, le repèrent et commencent à l'invectiver et le huer. Au moment où il pénètre, en pleine bousculade, dans l'agora où doit se dérouler le débat, un œuf vient s'écraser sur sa tête et dégouliner dans son cou. Les télévisions filment. Les images, désastreuses, vont être diffusées en boucle. Les quotidiens les reproduiront en une. Le calvaire continue. Laurent Fabius, après s'être nettoyé en coulisse, affronte sur scène les hurlements et les sifflets du public. Marie-George Buffet doit s'époumoner : « La fête de l'Huma est un lieu de débats, j'accueille avec plaisir Laurent Fabius », pour que l'invité vedette puisse s'exprimer, dans une rhétorique — « La politique de casse du gouvernement » — qui ne dissone pas avec les discours ambiants. Il recueille même des applaudissements et évoque une « ambiance sympathique malgré quelques zozos »... Mais le mal est fait, le champion du rassemblement à gauche est rejeté par ses nouveaux camarades. D'autant que si Jean-Luc Mélenchon a lui aussi été chahuté et son stand tagué, Daniel Vaillant et Bruno Le Roux, les représentants officiels du PS, ont pu visiter en toute quiétude la fête, comme Jack Lang (qui est un habitué), et entendre Marie-George Buffet se refuser à « dresser une frontière avec les socialistes du oui ». François Hollande, qui se souvient de Guéret, ajoute à la cruauté en volant au secours de son camarade agressé. Bernard Kouchner jette du sel sur la plaie : il n'est « pas surpris, hélas, par cette démonstration d'intolérance ».

Le deuxième acte se noue la semaine suivante au café de l'Entrepôt. Laurent Fabius présente, entouré de Jean-Luc Mélenchon et Marie-Noëlle Lienemann, sa motion quand se répand la rumeur d'un accord entre Henri Emmanuelli et le NPS. Stupeur et consternation des fabiusiens. Ils sont isolés et relégués, selon toute vraisemblance, au troisième rang dans le vote des motions. Le mariage des emmanuellistes et du NPS semblait pourtant compromis. Le dimanche précédent, Vincent Peillon avait fait le déplacement à Périgueux pour confirmer devant Henri Emmanuelli et son nouveau courant, Alternative socialiste, que le NPS déposerait seul sa motion. Le mardi matin, le député des Landes appelle le responsable du Nouveau Parti socialiste : « Puisque la fusion n'est pas possible, j'adhère au NPS. » Le lendemain, le trio Montebourg, Peillon, Hamon se rend dans le bureau d'Emmanuelli. La méfiance est réciproque : « Tu ne viens pas chez nous pour manigancer une alliance avec Fabius ? » l'interpelle Peillon. « Je te le jure », rétorque le député des Landes qui s'impatiente de la mauvaise volonté de ses interlocuteurs : « Aucun de vous ne sera jamais premier secrétaire parce que, moi et mes amis, nous nous y opposerons ! Je te rappelle, Vincent, qu'à ton âge, j'avais déjà été ministre, et président de l'Assemblée, et que j'allais être bientôt premier secrétaire. » La colère passée, Henri Emmanuelli use d'arguments plus constructifs. Le ralliement des 14 000 adhérents qui l'accompagnent ancrera le NPS à gauche. Ensemble, ils pèseront d'un poids déterminant avec le quart des effectifs du parti. Les « nouveaux socialistes » ne cèdent pas sur le maintien de leur motion qu'Henri Emmanuelli vient simplement enrichir. L'affaire est bouclée le lendemain au domicile de Peillon. La motion garde l'intitulé « Nouveau Parti socialiste », mais avec en sous-titre « pour une alternative socialiste ». « Nous avons fait le coup de l'année ! » exulte Arnaud Montebourg, qui n'imagine pas que deux mois plus tard l'alliance Emmanuelli-Peillon-Hamon le poussera hors du NPS. Fabius est furieux. Une fois encore il se sent trahi. Le soir même, il convoque dans son bureau les quatre conjurés pour leur reproposer sa motion commune. Refus des intéressés. Claude Bartolone, en bon méditerranéen, s'emporte un instant : « Je ne comprends pas, il y a moins d'écart entre le NPS et nous qu'entre le NPS et Emmanuelli. Alors c'est un délit de sale gueule ! » « Évidemment non, se récrient les quatre NPS, mais nos militants et nos pratiques ne sont pas les vôtres, et une alliance transformerait Le Mans en congrès de présidentialisation, alors que nous voulons que ce soit celui des idées. » Laurent Fabius tente d'arracher une initiative ou une déclaration commune. En vain. Le NPS veillera simplement à ce que le congrès ne soit pas celui d'une « chasse à l'homme contre l'ancien Premier ministre ».

Trois images du Conseil national, qui siège le lendemain sur l'orientation du parti, illustrent les nouveaux rapports de force.

Sur la première, le pack majoritaire Strauss-Kahn, Aubry, Mauroy, Vaillant, sort autour de François Hollande du café Le Barnum (ça ne s'invente pas !), où ils ont pris leur petit déjeuner ; sur la seconde, Montebourg et Peillon encadrent, tout sourire, Henri Emmanuelli au premier rang de la grande salle de la Mutualité : « L'alliance de l'authenticité et de la rénovation », jubile le député des Landes ; sur la troisième, Laurent Fabius arrive seul à pied avec le fidèle Claude Bartolone. Aux journalistes qui l'interpellent, il évoque une possibilité de convergence avec la motion NPS…

Le troisième acte du drame fabiusien se joue à Allauch dans les Bouches-du-Rhône. François Hollande, accompagné de Ségolène (que l'on a beaucoup vue à ses cotés, dans ces périodes difficiles), vient assister au vote des militants du département. Cinq cents bras se lèvent, dans une touchante unanimité, en faveur du ralliement au premier secrétaire. C'est la reddition — en échange d'une forte représentation à la direction du parti — de la quatrième fédération de France, qui avait fait sécession avec sa contribution qu'elle menaçait de transformer en motion pour le vote du congrès. Les fabiusiens s'étaient beaucoup investis pour récupérer le premier fédéral Jean-Noël Guérini et ses 6 500 cartes. C'est un nouvel échec. Le scénario est identique dans d'autres fédérations comme le Pas-de-Calais. Mais Claude Bartolone se console : le choix du congrès n'induit pas celui de la présidentielle, parole de Jean-Noël Guérini…

Le soir du 20 septembre, c'est à un curieux manège que l'on assiste, au siège du PS, rue de Solférino : les représentants des cinq motions viennent déposer leur texte, au plus près de l'heure limite, pour être sûrs que leurs rivaux ne leur voleront pas leurs idées. Au-delà d'un fond commun de vieille rhétorique socialiste, de grands principes et de bons sentiments, les cinq motions se différencient sur leurs objectifs. C'est évident pour les deux textes très minoritaires. Utopia veut libérer la société de l'aliénation du travail, de la consommation et de la croissance, notamment par la semaine de 32 heures. Avec « Pour un socialisme libéral », Jean-Marie Bockel défend crânement un modèle blairiste, aux antipodes d'une conception centralisée et autoritaire de l'action publique (« Bockel, la vraie nature de Strauss-Kahn », raille la gauche du PS). Mais les différences apparaissent aussi entre les trois très grandes motions. Aucune ne prétend plus à la rupture avec le capitalisme. Mais la motion 5, Peillon-Montebourg-Emmanuelli, reprend le flambeau de la radicalité. Elle se donne comme objectif non pas de « réguler le capitalisme mondialisé, de l'aider à fonctionner sans à-coups… mais de le maîtriser, de l'encadrer, de le dompter, de le soumettre même ». En découlent une série de dispositions marquées du sceau d'une première gauche dirigiste : retour des nationalisations avec pilotage par l'État des grands services publics ; rétablissement d'un contrôle administratif des licenciements par leur suspension quand ils sont boursiers ; instauration d'un protectionnisme européen par le tarif extérieur commun, fin de l'indépendance de la Banque centrale européenne ; augmentation des salaires dans la fonction publique ; taxation des revenus du capital, « au moins autant que ceux du travail ». Enfin, Arnaud Montebourg a imposé sa grande idée de fonder dès 2007 la VIe République avec un président arbitre et un Premier ministre disposant de la totalité des pouvoirs de gouvernement.

La motion 2 de Laurent Fabius, « Rassembler à gauche », veut lutter contre les dérives libérales et promet un socialisme de transformation plutôt que d'accompagnement. Elle emprunte à la première gauche un catalogue de mesures symboliques, parfois dans le droit-fil du programme commun des années 70 : le Smic porté à 1 400 ou 1 500 euros, le retour progressif d'EDF dans le giron de l'État, et une batterie d'abrogations des lois de droite : loi Fillon sur les retraites, contrat nouvelle embauche, réforme de l'éducation, dispositif Perben… D'autres chapitres, très politiques, jettent le soupçon sur la majorité sortante. Ainsi du refus de toute alliance du gouvernement avec les partis de droite ou du centre, ou l'engagement du prochain président à ne pas signer le traité constitutionnel rejeté par les Français. Mais d'autres dispositions rejoignent celles de la motion 1, « Socialistes pour réussir à gauche », de François Hollande : fusion de l'impôt sur le revenu et de la CSG, disparition de la prime pour l'emploi, Sécurité sociale professionnelle chez Fabius ou contrat de reclassement avec maintien du salaire et de la formation chez Hollande, surcotisation à l'assurance chômage pour les entreprises abusant de l'emploi précaire, service public de la petite enfance, construction de 120 000 logements sociaux.

Le texte de François Hollande se veut moins un catalogue de propositions qu'un « projet alternatif et réaliste ». Il défend « un modèle de développement qui porte une exigence de maîtrise de l'économie et une redistribution plus ample et plus juste des richesses produites ». Un socialisme du possible et du contrat : conférence annuelle sur les revenus, renégociation des retraites, redéfinition du rôle de l'État autour de trois principes : prévenir, promouvoir, prévoir ; réformes de société avec le mariage homosexuel ; enfin, à usage interne au PS, le respect du vote des militants, avec l'exclusion des instances dirigeantes pour ceux qui s'en affranchiraient.

Radicalité contre réformisme : les deux roses, même si la première a coupé des épines et si la seconde s'en invente parfois, sont encore, sous une forme affadie, au cœur du débat socialiste. Mais les différentes motions évitent les questions qui fâchent. Les premières touchent au financement des réformes dans un pays qui accumule chaque année des dizaines de milliards d'euros de déficits budgétaires et sociaux, et dont l'endettement s'est accru de 300 milliards depuis 2002, pour atteindre le sommet himalayen de 1 150 milliards. Comment payer les retraites, la santé, le plan université 2010, les enseignants qui seraient nécessaires pour limiter à quinze le nombre d'élèves par classe dans les zones d'éducation prioritaires ? Silence.

Les socialistes refusent également d'aller au bout de leur logique. Ils rejettent le libéralisme anglo-saxon qui repose sur l'initiative individuelle et la déréglementation. Mais ils n'assument pas le modèle social-démocrate. Fondé sur la régulation, la solidarité, et le contrôle social, il implique un État performant et une responsabilisation des acteurs sociaux, avec sanction à la clé. Sur ces questions sensibles, c'est motus et bouche cousue. Le Parti socialiste a redécouvert le modèle suédois : un demi-siècle de social-démocratie a fait de ce pays l'un des plus riches et des plus égalitaires du monde, avec des performances flatteuses en termes d'emploi, d'éducation, de santé, de culture, de liberté ou d'aide au développement. Mais la Suède, confrontée il y a une dizaine d'années au chômage et à la dégradation de son système social, a engagé de profondes réformes pour moderniser l'État, dynamiser l'économie par la concurrence et l'innovation, et améliorer la formation. La croissance est revenue, le chômage a été réduit, les équilibres rétablis. Mais qu'en pensent les socialistes français ?...

Au lendemain du dépôt des motions, se tiennent à Nevers les journées parlementaires. L'ambiance est à la polémique. Laurent Fabius dénonce « le flou tout à fait remarquable sur des sujets majeurs de la motion de la direction sortante ». Son spadassin Bartolone évoque le socialisme du renoncement. François Hollande réplique sur la crédibilité générale du texte de son ex-numéro deux. Mais il ne résiste pas à la tentation d'avant congrès de durcir son discours. Il rajoute à sa motion, dont l'encre est à peine sèche, la renationalisation d'EDF, et la suppression des aides publiques aux entreprises qui licencient. « Plus à gauche que moi tu meurs, j'espère qu'on ne va pas tous mourir », ricane le fabiusien Paul Quilès. Le PS découvre le gouvernement Villepin qui depuis trois mois, dans la quasi-indifférence de la gauche, enchaîne les coups de menton de Nicolas Sarkozy (sur les banlieues qu'il veut nettoyer au Kärcher) aux réformes libérales du Premier ministre : bouclier fiscal (le plafonnement des impôts) pour les plus riches, et le contrat nouvelle embauche qui précarise les salariés. « Sarkozy, c'est la politique de Balladur avec la méthode Chirac, Villepin, c'est la politique de Chirac avec la méthode Balladur », fustige le premier secrétaire.

Mais un OVNI ramène tout le petit monde socialiste à son nombrilisme et ses déchirements. Il a les jolis traits de Ségolène Royal, qui sans coup férir, confie le jour de son anniversaire à l'académicien Jean-Marie Rouart, dans *Paris Match*, qu'elle « n'exclut pas d'être candidate à la présidentielle, à condition qu'elle puisse battre la droite et que François la sollicite et la soutienne ». Le tout agrémenté d'un reportage très people, où elle pose et joue au badminton avec sa fille sur les pelouses de la très chic avenue de Breteuil à Paris. Jean Glavany se désole, lors d'un déjeuner de la majorité, de l'image désastreuse pour le PS. Les camarades se lâchent publiquement : « La présidentielle n'est pas un concours de beauté », tonne Henri Emmanuelli. « Plus on est de fous, plus on rit », s'amuse Jean-Marc Ayrault. « Mais qui va garder les enfants ? » ironise Laurent Fabius, quand Jean-Luc Mélenchon dénonce « une sociale-bobocratisation accélérée du PS ». Les médias fustigent — un peu hâtivement — un festival de machisme. Les stratèges présidentiels se perdent en conjectures : est-ce un missile pour contrer DSK ou Jack Lang, ou bien un ballon d'essai en cas de défaillance de Hollande ? Une chose est sûre : les journées parlementaires sont polluées, mais l'envol est réussi. Ségolène Royal est sacrée dans plusieurs sondages la meilleure candidate du Parti socialiste.

Le PS se replonge dans une nouvelle campagne interne. Tous les leaders des motions se confrontent devant 2 000 militants parisiens, le 18 octobre à la Mutualité. Vincent Peillon sort vainqueur de la première série d'interventions en vilipendant une direction qui règle des comptes et recourt au délit de sale gueule (contre Fabius). Mais le débat se focalise sur le duel Hollande-Fabius. Autour du respect du vote — celui des militants pour le premier, celui des Français pour le second — et sur ce que ferait un gouvernement socialiste des réformes Raffarin/Villepin. « Si on critique avec force les principales lois de la droite, il me semble évident que notre premier engagement devra être de les abroger », martèle Laurent Fabius sur l'air de « du passé faisons table rase ». « Abrogez, abrogez, abrogez ! répond François Hollande, mais si notre projet n'est qu'une série d'abrogations, qu'est-ce qu'on fait après ? On ne doit pas revenir à 2002, mais mener nos propres réformes. » Et le premier secrétaire de plaider encore pour le réalisme. « Je ne suis pas là pour promettre ce qu'on ne pourra pas tenir… »

La crise des banlieues vient ajouter au sentiment d'un PS absent et inaudible. Trois semaines de violences, 10 000 voitures brûlées, 230 bâtiments publics détruits ou incendiés, 4 700 interpellations, 7 000 personnes écrouées : l'échec est patent, voire ahurissant, pour un président de la République qui s'est fait élire sur la fracture sociale, puis sur l'insécurité ; pour des gouvernements de droite qui en trois ans ont créé les conditions de la révolte en supprimant la police de proximité, les emplois jeunes et les aides aux associations ; enfin, pour le ministre Sarkozy qui, loin d'avoir rétabli l'ordre dans les quartiers difficiles, est venu souffler sur les braises en parlant de racailles et de voyous. Mais les socialistes manquent de crédibilité sur les questions de sécurité. Et ils sont piégés par la demande d'ordre d'une population traumatisée par les images de voitures qui brûlent tous les soirs à la télévision : « C'est l'histoire du peintre et du plombier, raconte Claude Bartolone, même si vous êtes copain avec le peintre, quand vous avez une fuite d'eau, vous vous adressez au plombier ! Aujourd'hui, il s'appelle Sarkozy. » Il n'empêche : le PS n'a pas su utiliser son réseau de maires des banlieues. Ils n'ont jamais été réunis, et Manuel Valls dialogue plus facilement avec le communiste André Gerin ou l'UDF

Jean-Christophe Lagarde qu'avec ses collègues socialistes. La cacophonie règne au PS. André Vallini demande la démission du ministre de l'Intérieur, Julien Dray assure que ce n'est pas le sujet. Le gouvernement exhume une loi votée en 1955, pendant la guerre d'Algérie, pour imposer le couvre-feu : le PS refuse de se prononcer, et laisse à ses élus « la libre appréciation de la situation ». Manuel Valls approuve, Henri Emmanuelli condamne, Laurent Fabius élude, Dominique Strauss-Kahn se tait. Et quand François Hollande réclame la tolérance zéro pour Nicolas Sarkozy, le ministre de l'Intérieur s'envole de 11 points dans les sondages !

La crise des banlieues a-t-elle aidé à la mobilisation des militants ? Le 9 novembre, ils sont plus de 100 000, soit 80 % des 127 000 inscrits au Parti socialiste, à se déplacer pour choisir entre les 5 motions. Une belle démonstration de démocratie, que va gâcher la direction de Solférino. Un cocktail d'amateurisme et d'intoxication, pimenté de quelques turpitudes, et voilà les hollandais qui proclament dès le mercredi soir leur victoire éclatante avec 55 % des suffrages devant le NPS à 24 % et les fabiusiens à 18 %. Dans les SMS envoyés à quelques journalistes, Hollande caracole même à 57 ou 58 %. Les chiffres reposent sur les données partielles des fédérations. Les votes s'effectuent dans chacune des 3 500 sections, et le PS ne dispose pas, comme pour les scrutins nationaux, d'estimations calculées dans des bureaux tests par des instituts de sondages. La Gironde annonce d'abord 36 % pour Hollande, qui n'en totalisera à l'arrivée que 33 % ; le Pas-de-Calais 72 % pour 66 % quand ils auront pris en compte et sans doute un peu retouché les sections rurales fabiusiennes, dans un département où on vote au canon derrière le responsable local. Dans le bureau de Stéphane Le Foll, l'euphorie tourne à la foire d'empoigne. « Fabius est hors jeu », s'enflamme André Vallini. « Attention, il est coriace, et il ne faudrait pas se faire voler la victoire par

Strauss-Kahn, qu'un libéral-social remplace un social-libéral », met en garde Jack Lang. Jack Lang, qui subitement s'éclipse, sans crier gare, vers 23 h 30 : il descend dans la rue se réjouir devant les radios du « premier acte de la reconquête du pouvoir ». Dominique Strauss-Kahn arrive à son tour, flanqué de sa garde rapprochée : le député Cambadélis, l'idéologue Borgel, le communicant Khiroun. « Salut les gars, où en est-on ? — On attend d'en savoir un peu plus pour donner des résultats », répond Le Foll. DSK n'a pas le temps d'attendre, et sans prévenir personne, se rend vers minuit dans la salle de presse pour commenter avant les autres le succès de la majorité. Fureur de Julien Dray qui, pendant que le présidentiable s'exprime, déménage, en faisant le maximum de raffut, les tables et les chaises pour la conférence de presse officielle !

François Hollande préfère prendre la hauteur qui sied au présidentiable qu'il redevient avec sa victoire. Il laisse François Rebsamen annoncer le lendemain matin les résultats. Tout à son bonheur — « On les a niqués », s'est-il répandu devant des camarades —, « le maire du palais » a la main lourde : 56 % pour la motion 1, 24 % pour le NPS, et 19 % pour Fabius. « Des chiffres incontestables », précise-t-il imprudemment. Les fabiusiens qui ont reconstitué leur quartier général à la mairie du Pré-Saint-Gervais ont des remontées différentes de leurs correspondants dans leurs fédérations. Ils étalonnent Fabius bien au-dessus de la barre symbolique des 20 %, autour de 23 %. « Il y a de la triche, si on ne gueule pas, ils vont couper la gorge de Fabius », tonitrue Jean-Luc Mélenchon. Claude Bartolone décèle des irrégularités massives dans le Pas-de-Calais ou l'Hérault. Il évoque à mi-mot l'arme nucléaire : si le vote des militants pour le congrès n'est pas sincère aujourd'hui, comment celui pour la désignation du candidat à la présidentielle le serait-il demain ? Sous-entendu : Laurent Fabius pourrait le contester et se maintenir s'il n'est pas désigné. Pendant quarante-huit heures, les fabiusiens entretiennent la pression.

« Laurent Fabius m'a demandé de mettre de l'huile sur le feu, l'objectif était de grignoter des voix et de passer nationalement la barre des 20 points », explique crûment à *Libération* Marie-Noëlle Lienemann. Laurent Fabius alourdit sa facture de téléphone, notamment auprès de Daniel Percheron, le baron du Pas-de-Calais, qu'appelle également François Hollande. On recompte, on redresse, on rajuste, et Julien Dray peut le vendredi proclamer des résultats rectifiés, où la motion à Hollande redescend à 53,7 %, le NPS à 23,6, alors que les fabiusiens remontent à 21,2 %. « C'est une bonne base de départ pour la présidentielle », exulte Bartolone, qui fête le soir même « la victoire » au restaurant avec Laurent Fabius. Le NPS s'étrangle : Arnaud Montebourg parle de bourrage des urnes. Un peu piteuse, la majorité souligne qu'elle l'a emporté dans les deux tiers des départements.

Le déballage et les petits arrangements entre ennemis ont un effet déplorable dans l'opinion. À quatre jours de l'ouverture du congrès du Mans, une enquête CSA-*Le Monde* révèle que pour 60 % des Français, le PS ne sera pas capable de remporter la prochaine élection présidentielle. Ils sont à peu près autant à juger qu'il remplit mal son rôle de principale formation de l'opposition. Sur toute une série de thèmes — délocalisations, crise des banlieues, construction européenne — une majorité estime que les socialistes « feraient pareil » que le gouvernement Villepin. Deux Français sur trois pensent que le congrès du Mans portera moins sur des questions de fond que sur les querelles de personnes. L'IFOP confirme : 67 % des personnes interrogées jugent que le Parti socialiste n'a pas de projet pour la France. « À quoi sert le PS ? » s'interroge en couverture le magazine *L'Express*. De quoi faire réfléchir les camarades.

Dès le week-end, avant la parution du sondage, des premiers signaux de bonne volonté sont envoyés. François Hollande espère un rassemblement autour de sa motion majoritaire. « Je souhaite très honnêtement une synthèse générale au Mans », lui répond en écho dans *Le Journal du dimanche* Claude Bartolone. Vincent Peillon est dans les mêmes dispositions, avec un bémol : « Il faut chercher ce rassemblement, mais cet accord ne peut pas être vide » (interview à *L'Est républicain*). Seul Arnaud Montebourg se démarque en assurant que les désaccords de fond — et il cite la VIe République et les questions sociales — devront être assumés. Au déjeuner du mardi des fabiusiens, Laurent Fabius et Claude Bartolone donnent la ligne : celle « d'une synthèse générale et d'unité ». Les mots ont leur importance : « générale », c'est-à-dire avec l'ensemble des courants du PS, et « d'unité » pour témoigner auprès des Français que les socialistes sont sortis de leur narcissisme et font front commun face à la crise urbaine et sociale qui secoue la France. Parmi la quarantaine de fabiusiens présents, quelques-uns comme la sénatrice Josette Durrieu expriment les réticences des militants. Mais la messe est dite. Simplement, Fabius n'a pas donné la vraie raison de sa volte-face : pour être le candidat désigné pour la présidentielle, il doit à tout prix sortir de la minorité et se fondre dans une direction rassemblant tout le parti. Il sera du même coup amnistié pour la transgression du vote des militants, et il participera à l'élaboration du projet. « On peut avoir, lui a expliqué Bartolone, le meilleur satellite, c'est toi, si on n'a pas la fusée porteuse, le PS, tu ne seras pas sur orbite présidentielle ! » Jusque-là, Laurent Fabius ne ratait pas une occasion de se démarquer de la motion « molle » du premier secrétaire. Ses lieutenants expliquent maintenant que grâce aux correctifs de gauche qu'a multipliés le premier secrétaire dans ses déclarations (EDF, les abrogations, la suppression du bouclier fiscal...), sa motion « post-scriptum » ne leur pose plus de problèmes. À deux jours du congrès, Laurent Fabius le dit de vive voix à François Hollande. Même le calendrier, qui repousse à novembre 2006 la désignation du candidat, est accepté. Le même jour, le premier secrétaire reçoit dans son bureau les quatre du NPS : Peillon, Montebourg, Emmanuelli et Hamon. Surprise : ils assurent rechercher sincèrement la synthèse, et ne feront pas de la VIe République un casus belli. Méfiant, François Hollande les teste en même temps qu'il leur donne des gages : « Acceptez-vous, s'il y a accord, d'entrer dans la direction ? — Oui, lui répondent-ils, si ce ne sont pas des strapontins, et si la synthèse a lieu après de vrais débats en commission des résolutions. » Pour signifier que tout n'est pas bouclé à l'avance, le quatuor du NPS cède sa place le lendemain à quatre lieutenants, pour poursuivre la discussion avec François Rebsamen et Julien Dray. Durant cinq heures le jeudi soir, les amendements au texte majoritaire sont examinés. François Rebsamen confirme que la VIe République ne sera pas retenue : « On ne rompra pas sur un numéro ! » assure le NPS David Assouline. Mais son camarade Thierry Mandon, le bras armé de Montebourg, a séché la réunion. Les fabiusiens, présents également, font profil bas. Ils tiennent à la synthèse. Pour bien se faire comprendre, Claude Bartolone a glissé à l'oreille de Rebsamen que si la majorité marginalisait Fabius, ils « bordéliseraient le congrès » sur les votes truqués à Béthune et dans l'Hérault. À 1 heure du matin Rebsamen appelle son compère Le Foll qui descend en voiture au Mans : « La synthèse, c'est jouable… »

Dans la majorité, elle fait pourtant figure d'épouvantail. Aussi bien chez les militants — dans un déjeuner de secrétaires de section de l'Isère tous se sont prononcés contre — que chez les responsables. Le 15 novembre, un dîner réunit à la Maison des polytechniciens le premier cercle des hollandais, les présidents de groupe Ayrault et Bel, et quelques grands féodaux : Guérini et Caselli des Bouches-du-Rhône, Navarro de l'Hérault, Arif de Haute-Garonne. À l'exception du sénateur Bel qui s'inquiète de l'image dans l'opinion, tous fustigent une synthèse factice. « Fabius la veut pour se remettre dans le jeu et placer ses hommes aux postes clés, le parti sera ingouvernable », insistent-ils auprès de François Hollande, qui souligne simplement qu'il faut aussi prendre en compte la réaction des Français. Le lendemain, la tonalité est la même lors de la réunion élargie de la majorité. Strauss-kahniens et aubrystes refusent une synthèse artificielle qui sera fatalement interprétée comme un « embrassons-nous, Folleville ! ». Pour témoigner aux Français qu'on se tourne vers eux, pourquoi le congrès ne rédigerait-il pas un texte, une adresse, sur la crise des banlieues ? suggèrent plusieurs participants. Certains plaident auprès de François Hollande un changement d'image : qu'il cesse d'être le plus petit commun dénominateur, l'homme du consensus mou, et qu'il s'affirme en patron qui a gagné le congrès à la tête d'une majorité homogène. L'intéressé répète que la synthèse sera générale ou ne sera pas. Dans la coulisse, quelques-uns s'activent en ce sens. Le premier fédéral du Pas-de-Calais, Serge Janquin, rappelle la contradiction, pendant le référendum, entre le vote des militants et celui des électeurs. Julien Dray plaide depuis des mois en faveur d'une alliance avec Henri Emmanuelli, afin de rééquilibrer la majorité. François Rebsamen évolue lui aussi vers la synthèse.

Le 74e congrès du Mans s'ouvre dans un climat tendu. La pression médiatique est forte. Télévisions et radios s'interrogent en boucle : synthèse ou pas synthèse ? L'issue risque d'être, de toute façon, mal interprétée. Le sarcasme devant un replâtrage, ou l'indignation devant la poursuite des déchirements. La presse écrite malmène, à l'instar du *Parisien*, un PS vieillissant, sans boussole, lâché par l'électorat populaire, miné par la présidentielle, etc.

Le congrès démarre bien. La projection d'un film célébrant les cent ans du Parti socialiste fait vibrer les 4 000 participants. Le témoignage émouvant du maire de Clichy-sous-Bois Claude Dilain sur la crise des banlieues, partie de sa commune, et le regard hypocrite de la société française sur les ghettos de pauvreté, « cachez ces banlieues que je ne saurais voir », est écouté dans un silence religieux avant d'être ovationné debout par les militants. Mais la synthèse paraît encore bien hypothétique. À la réunion des délégués de la motion 1, le vendredi à 19 heures, le Marseillais Guérini et l'Héraultais Navarro clament haut et fort leur opposition. Tout comme le premier fédéral de l'Aveyron, qui dans une envolée rappelle que depuis un an les militants de la majorité ont été « la chair à canon du oui » ! Les strauss-kahniens expriment mezza voce leurs réticences : la synthèse rouvrirait le jeu présidentiel pour François Hollande. À l'inverse, le Nordiste Bernard Roman la défend comme un signe fort envoyé au pays. François Hollande manœuvre habilement. Il flatte les délégués : « Notre motion l'a emporté, nous devons en être fiers, nous ne lâcherons rien », commence-t-il, puis il rappelle que « les Français nous regardent, imaginez leur réaction si nous nous déchirons... », avant de conclure que si « la synthèse s'effectue à partir de notre motion, et que les amendements des minoritaires viennent l'enrichir, pourquoi la refuser... ».

Les fabiusiens n'ont pas ce débat. Ils tiennent à la synthèse et paient de leur personne pour convaincre leurs camarades du NPS. « Rien ne s'y oppose, les socialistes sont d'accord sur tout », explique Henri Weber à Vincent Peillon. « Je te rappelle tout de même que nous nous sommes séparés sur le référendum », rétorque son interlocuteur. « C'est du passé, le problème est réglé », assure Weber. Laurent Fabius appelle à cinq reprises dans la semaine l'ex-député et leader du NPS dans le Calvados Henri Delisle : « François Mitterrand l'aurait voulu », glisse-t-il à l'ancien conventionnel, en lui faisant miroiter le premier secrétariat de la fédération.

Les discussions sont vives à la réunion de motion du NPS. Henri Emmanuelli prépare le « hold-up » du congrès. Rallié aux rénovateurs sur une ligne de gauche, et fort de 43 % de voix qu'il leur a apportées, il déjoue les pronostics et plaide pour la synthèse. L'ancien premier secrétaire est un réaliste. Au congrès de Liévin, à l'automne 1994, c'est lui qui avait lancé le fameux « Jacques, fais ton devoir » à Jacques Delors, pourtant réputé proche des centristes, pour qu'il soit le candidat du PS à la présidentielle. Aujourd'hui la crise dans le pays, la volonté de participer à l'élaboration du projet, et la lassitude d'être minoritaire, le font basculer vers le rassemblement. Julien Dray y a œuvré. Peu avant le congrès, lors d'un déjeuner, il a mis le marché dans les mains du député des Landes : l'alliance contre un poste de premier plan à la direction. Au Mans, le vendredi soir, alors qu'Emmanuelli discute avec ses camarades Filoche et Cherki, son portable sonne : c'est Julien Dray qui vient s'assurer que la synthèse est sur les rails... Vincent Peillon et Benoît Hamon s'abritent derrière le sort qui sera fait par la direction à leurs amendements sur l'Europe, les nouveaux outils d'une politique économique et sociale, la mondialisation, la rénovation du parti, la VIe République. Ils connaissent pourtant depuis la veille l'essentiel des réponses, et notamment celle négative sur la VIe République. Arnaud Montebourg ne s'y résout pas, comme Marc Dolez, et Gérard Filoche également hostiles au compromis.

À la tribune, François Rebsamen égrène les conditions d'une synthèse : des amendements qui ne dénaturent pas la motion majoritaire, le respect par tous des règles démocratiques du parti, et l'acceptation du calendrier fixé par la direction qui renvoie la désignation du candidat à l'automne. La journée du samedi est celle des tractations, la direction craint que le NPS ne les mène en bateau, pour finalement rompre au milieu de la nuit en comité des résolutions. Elle réclame depuis le jeudi soir les amendements. Le vendredi passe, puis le samedi matin. Claude Bartolone attend pour communiquer les siens. C'est finalement à 17 h 30 que le Nouveau Parti socialiste fournit un texte quasiment illisible, tant il y a de ratures et de renvois. En fin d'après-midi, la réunion du NPS est houleuse. Arnaud Montebourg a fait la salle. Ils sont plusieurs centaines à scander son nom. À la tribune, on exige un mandat impératif de négociation. Mais quand intervient le vote, sur les cinquante délégués qui seront présents à la commission des résolutions, seuls quatre suivent le député de Saône-et-Loire. Dans la réunion de la motion 1, Jean-Noël Guérini et Robert Navarro, que Julien Dray a travaillés au corps pendant le déjeuner, se résignent à la synthèse, en militants disciplinés, les strauss-kahniens se taisent. Seul Kader Arif, premier fédéral de Haute-Garonne, maintient son opposition. Il rejoint Michel Rocard, qui s'est publiquement étonné de l'idée d'une synthèse : « Vous êtes fous : j'ai vécu le congrès de Metz, jamais Mitterrand n'aurait fait ce cadeau aux minoritaires… »

La commission des résolutions respecte la tradition. Six heures de discussions, parfois pied à pied, coupées de trois suspensions de séance quand la tension est trop forte. À deux reprises, ça tangue dans la majorité. Lors de la première interruption, Daniel Vaillant s'alarme : « On est en train de se laisser embarquer. » Dans la nuit, c'est Jean-Marc Ayrault qui s'insurge : « Je ne comprends plus, quel est le texte de référence : la motion 1 majoritaire, la 5 [de Laurent Fabius ?] » François Hollande tient bon et impose la synthèse en prenant à rebrousse-poil une partie de ses amis. Laurent Fabius n'intervient qu'une fois pour rappeler ses amendements. Jean Glavany lui vole dans les plumes : « Nous demander d'écrire que nous ne gouvernerons pas avec la droite, et que notre opposition sera totale, relève d'un procès d'intention blessant. » « J'ai bien compris qu'on ne veut pas de mes amendements, reprend Laurent Fabius, c'est pas ce que François Hollande m'avait dit dans son bureau. Mais je reste disponible pour la synthèse. » Dès lors, ni lui ni ses affidés, Bartolone, Mélenchon ou Vidalies, que l'on connaissait plus loquaces, n'interviennent dans le débat. À un moment où la discussion achoppe sur un point litigieux, François Hollande interroge l'ancien Premier ministre : « Qu'en penses-tu, Laurent ? » Fabius reformule la question posée. « Oui, mais c'est ta position que je voudrais connaître. — Je n'ai pas de position », réplique Laurent Fabius, déclenchant un éclat de rire général.

Avec le NPS la négociation frise à plusieurs reprises la rupture. Des groupes de travail sont constitués sur les tarifs douaniers, le social, et sur les institutions où s'affrontent, sous le regard ébahi des autres participants, Thierry Mandon et David Assouline qui prétendent chacun représenter Arnaud Montebourg. On ergote sur la bonne formule : nouvelle république ou république nouvelle… Arnaud Montebourg ne veut pas lâcher sa VIe République avec un président arbitre. Vers 1 h 30 du matin, la discussion capote sur les licenciements boursiers et le tarif extérieur commun dans l'Union européenne. « On plie les gaules », maugrée Henri Emmanuelli. Le NPS obtient une suspension de séance. Elle dure trois quarts d'heure. François Rebsamen fait mine d'aller aux toilettes et prend Peillon et Emmanuelli à part. « On n'a pas fait tout ce chemin pour rompre maintenant… » À 3 h 30, l'accord est trouvé sans la VIe République. Arnaud Montebourg est mis en minorité par 14 voix contre 5 et 5 abstentions en réunion interne du NPS, puis dans un vote auquel il refuse de prendre part en commission de résolution. Le dimanche matin, chacun crie victoire. Nous n'avons rien lâché, jurent la main sur le cœur les hollandais. Claude Bartolone conclut d'un « Ça me va ! » à la tribune du congrès, l'énumération des points forts de la synthèse largement inspirée, selon lui, par les fabiusiens : le Smic à 1 500 euros au cours de la législature, le retour d'EDF 100 % public, l'abrogation des lois de la droite (contrat nouvelle embauche, lois Fillon sur les retraites et l'éducation qui seront remplacées, a fait préciser Hollande, par des réformes profondes et progressistes, non-signature par le chef de l'État du traité constitutionnel). Irrité par le numéro de Bartolone, Julien Dray sort de son rôle de président de séance : « Les lunettes qu'il porte aujourd'hui lui ont permis de voir ce qu'il n'avait pas vu jusque-là dans la motion 1 ! » commente-t-il, rageur.

Les NPS Peillon, Hamon et Emmanuelli pavoisent. Hormis la VIe République et le tarif extérieur commun qui sera exploré, la plupart de leurs amendements seraient passés : la taxation des revenus excessifs issus d'importations de produits non européens, la pénalisation du recours abusif aux contrats précaires, le rétablissement des heures supplémentaires au-delà des 35 heures, l'intervention des pouvoirs publics en cas d'échec d'une vaste négociation sur les salaires, le rétablissement de la loi de modernisation sociale pour empêcher les licenciements financiers. Autant d'inflexions qui sont interprétées comme des coups de barre à gauche et qui viennent brouiller le réformisme assumé de François Hollande. Arnaud Montebourg dénonce pourtant une mascarade, Gérard Filoche « une synthèse décolorée tant leurs amendements ont été essorés » ; Thierry Mandon s'amuse des « risettes du Mans » de la direction. Mais ils ne sont plus qu'un groupuscule à rester en marge du rassemblement des socialistes.

La première réaction du pays, c'est Jean-Pierre Bel qui la communique le dimanche au petit matin à François Rebsamen. La veille, il a quitté Le Mans pour aller soutenir dans sa région des ouvriers qui occupent une usine pour défendre leur emploi. Il a passé la nuit du samedi au dimanche avec eux. Quand aux aurores, la radio annonce la synthèse, les grévistes ont applaudi. Bel ne manque pas d'appeler Rebsamen pour le lui raconter. Les socialistes pouvaient-ils rêver plus bel hommage ?

Du congrès du Mans, on retient également « l'épreuve du grand oral » pour les présidentiables. Trois ont refusé l'obstacle : Bertrand Delanoë, qui confirmera le lundi matin sur France 2 qu'il n'est pas candidat à l'Élysée, Bernard Kouchner qui n'a pas daigné faire le déplacement sous le dôme de la salle de basket du club mansois, et Ségolène Royal. François Hollande lui a conseillé de s'abstenir : trop de camarades ne souhaitaient pas son succès... Elle reste sagement assise en bout de table de la délégation des Deux-Sèvres : une place stratégique qui assure les meilleurs plans à l'équipe de télévision qui tourne un magazine sur elle, et qui permet de converser avec les journalistes et les personnalités qui déambulent dans les allées. Deux autres présidentiables ont difficilement passé la rampe. C'est une authentique épreuve de surmonter le brouhaha ambiant pour capter l'attention de délégués qui durant deux jours sont abreuvés de discours. Martine Aubry a le handicap d'intervenir le vendredi après-midi. Un texte solide, sur les dégâts du libéralisme et l'exigence de justice, mais qui ne fait pas vibrer les militants. Jack Lang n'a pas lésiné sur les ingrédients d'un succès de tribune dans un congrès socialiste. Il multiplie les remerciements et les hommages, comme dans une soirée des Césars, à François Mitterrand, Lionel Jospin, François Hollande, à la fédération du Pas-de-Calais... Il puise dans la rhétorique subversive pour dénoncer un gouvernement : « de casse, de classe et de caste », il veut « faire rendre gorge au capitalisme sauvage ». Il appelle enfin à une triple révolution politique, territoriale et des savoirs. Las, le ton n'est pas le bon, quelques lapsus s'en mêlent, et le discours tombe à plat auprès d'un public qui s'impatiente de déjeuner...

Les trois vainqueurs du congrès sont apparemment Dominique Strauss-Kahn, Laurent Fabius et François Hollande. Les deux premiers se livrent avec succès, dans le bon créneau du samedi après-midi, à un *mano en la mano*, où ils esquissent leurs projets présidentiels. DSK devait rattraper son intervention ratée de Dijon. Son discours est cette fois soigneusement préparé et répété toute la matinée dans sa chambre d'hôtel avec son conseil en communication. Comme les plus grands sportifs, Laurent Fabius ne manque jamais les rendez-vous importants. Les deux rivaux dominent l'épreuve, non sans recourir aux mêmes recettes et artifices. Les discours sont résolument marqués à gauche — la réputation de social-libéral a la vie dure : Dominique Strauss-Kahn promet le changement « du premier jusqu'au dernier jour », Laurent Fabius assure que « nous sommes le Parti socialiste, pas le parti fataliste » ; les deux frères ennemis invoquent les mânes de Jaurès et de Blum, le temps d'une citation, heureusement différente ! L'un et l'autre n'oublient pas le vécu en rapportant chacun leur témoignage d'un jeune précaire qu'ils ont opportunément rencontré ; tous les deux tirent à boulets rouges sur la droite, Strauss-Kahn associant Villepin et Sarkozy dans un même opprobre, Fabius conseillant au ministre de l'Intérieur de se présider lui-même avant de présider la République ! Dominique Strauss-Kahn ajoute à ce fond commun la fierté d'être socialiste contre « ceux qui font huer le parti », et conclut par une harangue : « Debout les socialistes, la France a besoin de vous ! » L'effet est garanti, la moitié de la salle se lève pour l'applaudir. « Les strauss-kahniens avaient, pour faire la claque, récupéré les 800 places mises à la disposition de la fédération de la Sarthe », relativise Bartolone. Laurent Fabius achève son discours, sans doute le mieux construit autour des « trois piliers de l'espérance », par un appel vibrant à « se rassembler pour gagner, et gagner pour changer la France ». Seules les fédérations fabiusiennes l'ovationnent debout. Il n'empêche : l'ancien numéro deux est amnistié, le voilà remis en selle.

François Hollande, revenu du diable vauvert, triomphe également dans la posture de l'infatigable et improbable rassembleur. « Un véritable culbuto », concèdent ses détracteurs, surpris par sa détermination. Son discours fleuve de clôture — plus d'une heure — figure parmi les meilleurs qu'il ait prononcés. Le message est lancé dès les premiers mots : « les socialistes sont désormais rassemblés pour servir la France ». Le premier secrétaire tire les enseignements de la nouvelle ligne du parti contenue dans la synthèse, inédite dans un congrès du PS depuis vingt ans. Il profite de l'occasion pour pointer, avec lucidité, les défauts des socialistes : la propension au débat jusqu'à la division, la fascination pour la magie des mots jusqu'au fiasco des actes, la mauvaise conscience qui peut tourner à la suspicion de ne pas être assez à gauche…

Le rassemblement du parti impliquait une direction collégiale. François Hollande va une fois encore l'imposer aux plus réticents. Il vient d'être réélu par 77 % des militants pour un quatrième mandat de premier secrétaire, à égalité avec le record de François Mitterrand. Deux jours avant le Conseil national qui doit entériner la nouvelle équipe, Henri Emmanuelli lui fait ses offres de service : « Les électeurs qui ont voté non au référendum sont prêts à participer pleinement au projet et à l'exécutif du parti. Je suis avec eux pour sortir de la logique mortifère des deux blocs au PS. » Laurent Fabius donne également son accord à François Hollande, mais lui ne siégera pas au secrétariat national. S'ensuivent deux jours de tractations sur les postes à se répartir. François Rebsamen négocie par téléphone avec Claude Bartolone pour les fabiusiens — une dizaine de coups de fil dans la seule soirée de vendredi — et Vincent Peillon pour le NPS. Julien Dray traite avec Henri Emmanuelli. Le vendredi soir, ils sont une dizaine à régler les derniers ajustements autour du premier secrétaire : les hollandais Le Foll, Besson, Vallini, les strauss-kahniens Cambadélis et Borgel, plus Jack Lang, Bertrand Delanoë… Martine Aubry victime d'une bronchite est au téléphone, mais François Lamy la représente. L'exercice est délicat. Julien Dray regimbe à laisser la communication du parti à Bartolone. Pierre Moscovici, qui suit l'international, s'inquiète de voir le noniste Benoît Hamon prendre l'Europe. Éric Besson ronchonne devant l'emploi qui file à Martine Aubry. Bertrand Delanoë demande des places pour les femmes, mais soutient Gaëtan Gorce. Il faut définir de nouveaux secteurs pour les entrants : où caser Patrick Menucci ? « Il est marseillais, pourquoi pas l'euro Méditerranée », lance Vallini. « Oui, c'est très bien ça ! » On manque de femmes… « Nous avons Christiane Demontès », tente Cambadélis. « Oui, mais à quoi ? » s'enquiert Hollande. « Et pourquoi pas aux relations Nord-Sud ? » « Oui, c'est bon ça ! » Et que faire de Jack Lang ? Le développement du parti ? « Oui, ça veut tout dire, ça me convient ! » approuve l'intéressé. Les fabiusiens attendent leur réunion du samedi matin, juste avant le Conseil national pour communiquer les noms de leurs postulants. François Rebsamen qui les appelle au téléphone met deux fois son veto : sur Marie-Noëlle Lienemann — la fédération du Pas-de-Calais où elle s'est fait battre aux législatives serait vent debout contre — et Jean-Luc Mélenchon : « Il a déclaré à plusieurs reprises ne pas vouloir travailler avec moi, je lui donne satisfaction dans un souci d'apaisement », ironise le premier secrétaire. Les fabiusiens ne s'en offusquent que le temps d'une courte suspension de séance. Ils obtiennent pour le sénateur de l'Essonne une place supplémentaire à la commission du projet. Elle est du coup également accordée au NPS. Un NPS dont Arnaud Montebourg a constaté le décès après, dit-il, « la trahison d'une partie de ses chefs et le passage de ses idées au laminoir de la synthèse ».

La nouvelle direction est pluraliste… jusqu'à l'armée mexicaine. Pas moins de 43 secrétaires nationaux — équivalents des ministres d'un gouvernement — dont 7 fabiusiens et autant de NPS, eux-mêmes assistés de responsables nationaux issus d'un autre courant ! Ils sont au total 101 — comme les dalmatiens — responsables du Parti socialiste ! La parité n'est qu'imparfaitement respectée : navrée, Yvette Roudy s'abstient. Les jeunes et les minorités visibles doivent se contenter de la portion congrue. La garde rapprochée des hollandais — Rebsamen, Besson, Vallini, Le Roux — conserve ses attributions, Dominique Strauss-Kahn récupère le poste stratégique des élus, Martine Aubry le grand portefeuille des affaires sociales et de l'emploi, Claude Bartolone la communication, mais sous la surveillance d'un comité éditorial. Tous les présidentiables — Laurent Fabius, Dominique Strauss-Kahn, Martine Aubry, Ségolène Royal, Jack Lang — se retrouvent dans une commission pour le projet, présidée par François Hollande. Une façon de les forcer à travailler ensemble et de maîtriser leurs ambitions. Henri Emmanuelli est également membre de cette commission avec Vincent Peillon, Benoît Hamon, Claude Bartolone, Jean-Luc Mélenchon, Élisabeth Guigou, Bertrand Delanoë et l'inévitable François Rebsamen. Henri Emmanuelli obtient une barrette supplémentaire : il organisera des états généraux du projet avec les syndicats, les associations et les autres forces de gauche.

Devant la presse, François Hollande présente un PS uni, rassemblé, au travail. « Le temps des débats internes est terminé, affirme-t-il, il nous reste dix-huit mois pour élaborer un projet audacieux et convaincre les Français d'une grande alternative. » Vaste programme…

ÉPILOGUE

LA MÊLÉE PRÉSIDENTIELLE

« Le passé est soldé, le présent vous échappe, soyez à l'avenir. »

Duc de Lévis.

Le 8 janvier 2006, les socialistes célèbrent avec ferveur le dixième anniversaire de la disparition de François Mitterrand. François Hollande, Lionel Jospin, Laurent Fabius, Dominique Strauss-Kahn, Jack Lang, se mêlent aux 25 000 personnes venues rue de Solférino visiter le bureau de l'ancien premier secrétaire et écouter les principaux discours du Président défunt. Au-delà de la nostalgie, c'est un hommage qui est rendu à la virtuosité du leader politique. Parmi les premiers violons socialistes présents ce jour-là — seule manque Ségolène Royal en tournée au Chili —, lequel sera le chef d'orchestre pour le concert présidentiel de 2007 ? Avec quelle partition, et quels arrangements avec les autres formations de gauche ?

Le congrès du Mans a mis une sourdine à la cacophonie. Le PS a retrouvé un tempo : au printemps l'éclosion d'un projet, à l'été des accords avec les partis de gauche, à l'automne seulement, la désignation du candidat. Un calendrier que François Hollande justifie par les précédents heureux de la désignation tardive de François Mitterrand en 1981 et en 1988, et celui malheureux, prévu de longue date, de Jospin en 2002.

Première étape, le projet. Les éléphants réunis dans la commission du projet s'inspirent de la synthèse du Mans. Mais une motion reflète davantage les débats et les clivages internes du parti que les préoccupations des électeurs, moins sensibles à la renationalisation d'EDF qu'aux moyens de relancer l'emploi et le pouvoir d'achat. Aux socialistes d'inventer un projet mobilisateur qui ouvre des perspectives à la société, donne un sens à des mesures techniques, et soit identifié comme socialiste, autour des valeurs de justice et d'égalité. Un projet qui ne se contente pas de célébrer un modèle social en crise, mais qui apporte des solutions et des idées nouvelles. Le Parti socialiste a toujours triomphé sur des symboles : les 40 heures et les congés payés en 36, la retraite à soixante ans et les nationalisations en 81, les 35 heures et les emplois jeunes en 1997. À lui d'imaginer les nouveaux outils du progrès. Pour l'emporter en 2007, le PS doit imposer ses thèmes de campagne — emploi, redistribution, éducation — face à une droite qui jouera sans vergogne sur la sécurité — la crise des banlieues l'y incite — et puisera dans le répertoire de la gauche, en s'appropriant des idées comme la croissance sociale, l'exigence républicaine, ou l'égalité des chances. Dans ses vœux pour 2006, Jacques Chirac a repris la vieille revendication socialiste des cotisations patronales assises sur la valeur ajoutée de l'entreprise, et non plus sur les salaires. « La bataille de 2007 sera d'abord celle des mots, anticipe François Hollande : mots de provocation chez Nicolas Sarkozy, captation des mots chez Dominique de Villepin. » Le PS préconise la sécurisation des parcours professionnels ? Le Premier ministre sort son contrat de transition professionnelle. Les socialistes proposent le droit individuel à la formation tout au long de la vie ? Dominique de Villepin invente le droit universel à la formation. Et peu importe si les projets gouvernementaux se résument souvent à des effets d'annonce, ou ne concernent que des populations limitées. Le risque existe du brouillage et de la confusion. Le procédé est ancien, mais efficace. Jacques Chirac s'est fait élire en 1995 sur la fracture sociale. En 2003, la formation tout au long de la vie figurait au fronton des deux programmes de Lionel Jospin et du Président candidat. La différence en 2007, se rassurent les socialistes, c'est que la droite aura occupé seule le pouvoir, et devra expliquer pourquoi elle n'a pas mis en œuvre les réformes qu'elle propose. En face, le Parti socialiste incarnera l'alternative, un avantage que Nicolas Sarkozy tente de lui disputer en prônant la rupture, malgré quatre années passées au gouvernement.

« Rassembler les siens puis rassembler la gauche » : François Hollande a suivi à la lettre le précepte mitterrandien. La synthèse du Mans a permis de dépasser le clivage du référendum et de repositionner le PS en pivot incontournable du rassemblement de la gauche. L'illusion d'une alternative anti-libérale regroupant les partisans du non, des fabiusiens à la LCR, s'est évanouie. La tentative du Parti communiste de l'instrumentaliser a tourné au fiasco. Fin novembre 2005, le forum national qu'il organise à Villepinte ne réunit que 500 militants sur les 2 000 attendus. Les Verts ont décliné l'invitation. L'icône José Bové a joué les filles de l'air, et les socialistes n'ont missionné que le responsable national Francis Chouat. Marie-George Buffet est piégée, dans un tête-à-tête improbable avec les trotskistes de la LCR, qui, s'il se substituait à l'alliance avec les socialistes, coûterait au Parti communiste ses derniers bastions électoraux. L'espoir d'une candidature de rassemblement anti-libéral, à la gauche du PS, fait long feu. Les altermondialistes d'Attac se déchirent et rejettent toute participation à une aventure politique. Chaque formation veut son candidat pour préserver son identité. Arlette Laguiller a devancé l'appel en annonçant sa sixième tentative pour l'Élysée. Son faux frère de la LCR, Olivier Besancenot, se prépare à l'imiter. Les Verts hésitent entre José Bové et l'un des leurs, mais ils seront présents. Mi-décembre, un Conseil national du Parti communiste déblaie le terrain pour Marie-George Buffet.

Le Parti socialiste retrouve à gauche un paysage connu. Sorti de ses débats internes, il met les bouchées doubles pour renouer les contacts et aboutir avant l'automne 2006 à des alliances associant contrat de gouvernement et accords électoraux. Henri Emmanuelli promu coordinateur du projet s'active. Tout comme Daniel Vaillant, vieil habitué des discussions avec les partenaires du PS. C'est François Hollande qui dirige les opérations. Une première série de rencontres avec Jean-Michel Baylet, Yann Wehrling et Marie-George Buffet débouche sur le principe d'une réunion des forces de gauche. La secrétaire nationale du PC souhaite y associer la LCR. Mais le PS n'accepte que des formations prêtes à gouverner avec lui, et Olivier Besancenot ne veut pas en entendre parler. Le 8 février, en pleine bagarre contre le contrat première embauche (CPE), une dizaine d'organisations, sans la LCR, se retrouvent pour la première fois depuis 2002. Tous les présidentiables socialistes sont là, sauf Ségolène Royal. L'accord est a minima : mobilisation contre la politique de l'emploi du gouvernement, organisation d'un débat avec les citoyens sur les propositions alternatives pour 2007, mais rien encore sur un contrat de gouvernement. Avec les Verts, l'accord programmatique suppose un compromis sur une dose de proportionnelle aux élections législatives et sur l'avenir du programme nucléaire. Les discussions promettent d'être ardues, mais les Verts ont besoin d'un accord électoral dès le premier tour pour faire élire la vingtaine de députés nécessaires à la constitution d'un groupe à l'Assemblée. Les socialistes comptent sur la conclusion d'un pacte avec les écologistes pour vaincre les dernières réticences des communistes.

Il reste à désigner le candidat du Parti socialiste. À l'automne 2005, soit à 500 jours de l'échéance, le PS peine à sortir d'un mauvais conte : celui qui pourrait s'intituler « Lionel et les sept nains » : Aucun des sept prétendants déclarés — par ordre d'entrée en scène, Fabius, Strauss-Kahn, Hollande, Lang, Aubry, Royal et Kouchner — n'a encore pris l'ascendant sur ses rivaux, le mettant à l'abri d'un retour du plus célèbre retraité politique de France. Le champion idéal des socialistes ressemble encore à une coquecigrue, cet animal chimérique qui emprunterait un peu à chacun : la stature d'homme d'État de Fabius, la créativité de Strauss-Kahn, le soutien des militants de Hollande, l'enthousiasme de Lang, le volontarisme de Aubry, la popularité de Royal, ou l'empathie de Kouchner ! La guerre des deux roses n'est pas éteinte : synthèse oblige, elle se joue moins sur les idées que sur les personnalités.

Laurent Fabius va poursuivre son rêve présidentiel jusqu'au vote des adhérents où il devrait affronter un représentant de l'ex-majorité. Son intelligence et son expérience sont de solides atouts pour surmonter chez les socialistes le réflexe TSF (tout sauf Fabius), qui a repris de la vigueur avec la transgression du référendum ; et triompher chez les Français d'un désamour persistant. À lui de convaincre que son positionnement n'est pas une posture, et que sa longévité ne signifie pas une façon ancienne de faire de la politique (même si François Mitterrand connaît un retour en grâce auprès des Français…). Pour la première fois depuis 2002, il a convié en janvier 2006 la presse pour présenter ses vœux et confirmer sa candidature, sous le triple signe de la volonté, du changement et du rassemblement à gauche. Face aux sondages qui encensent Ségolène Royal, il a rappelé « la règle absolue » qui veut que leurs prédictions ont toujours été infirmées par les faits, de Rocard en 1981, à Barre en 1986, Balladur en 1995, Jospin en 2002. Avant de conclure que « la France n'est pas un ectoplasme, et qu'exercer des responsabilités demande de l'expérience, de la compétence, de l'endurance… Bref, des gens qui tiennent la route !… ». Ses rivaux apprécieront !

Face à Fabius, la deuxième rose doit faire émerger son héraut. Dominique Strauss-Kahn pense être le mieux armé. Les sondages lui reconnaissent, comme à Fabius, une stature d'homme d'État. Mais sa cote de présidentiable fait du surplace. Jusqu'à l'automne, c'est autant dans le parti, où se jouera la désignation, qu'auprès des Français qu'il veut porter son effort. En faisant la différence sur le terrain des idées, estampillées à son nom. Ses vœux à la presse ont tourné à la présentation d'un catalogue des « Quinze premières propositions » d'un candidat qui se veut « l'homme des solutions face à la confusion ». Dans tous les domaines : obtention de la nationalité française le jour où les étrangers qui remplissent les conditions votent, création de « salariés francs » faisant bénéficier aux entreprises qui les embauchent des primes ou des exonérations de cotisations, gratuité des soins pour les enfants de moins de seize ans, remplacement pour les mineurs délinquants de la prison par d'autres peines comme la privation du droit de passer le permis de conduire, investissements massifs pour réussir le pari énergétique du post-nucléaire… Dominique Strauss-Kahn entend également multiplier les initiatives politiques qui donnent du sens à sa candidature, et la tirent vers la gauche. L'appel à la régularisation de tous les sans-papiers lors d'une émission sur France 2 où il a débattu avec Olivier Besancenot, et le lancement d'une pétition pour l'abrogation de la loi sur le rôle positif de la colonisation (avec photo de famille de tous les leaders de gauche et d'extrême gauche), en sont deux illustrations. Enfin, DSK continue inlassablement à labourer le parti, à raison de trois jours par semaine dans les fédérations. L'objectif est de s'assurer le vote au premier tour de trente mille militants, qui lui permettront de battre Laurent Fabius au second et de porter les couleurs du PS.

François Hollande est revenu dans le jeu, comme rassembleur du congrès du Mans. Sans être dans une stratégie de

« forcing », il ne renonce pas à la fonction suprême. C'est en septembre 2006 qu'il prendra sa décision. Depuis huit ans, il a visité toutes les fédérations, participé à une foultitude de fêtes de la rose, rencontré des milliers de militants auprès de qui il est aujourd'hui le dirigeant le plus populaire. Mais c'est aussi sa faiblesse, pointée par Nicolas Sarkozy : « Laurent Fabius ne parle qu'à lui-même et François Hollande qu'aux socialistes. » Son inexpérience gouvernementale est un second handicap. La France sacralise la présidence de la République, quand l'Espagne ou la Grande-Bretagne confient leur gouvernement à de jeunes turcs comme José-Luis Zapatero, Tony Blair et demain peut-être David Cameron. Enfin la percée de Ségolène Royal le met dans l'embarras.

Jack Lang veut forcer le destin en s'appuyant sur l'opinion publique. Il peaufine son image d'homme d'État, en voyageant et en écrivant. Mais les soutiens lui font défaut dans le parti : il a déçu au congrès du Mans et la fédération du Pas-de-Calais, la seule qui lui semblait acquise, a pris ses distances.

Martine Aubry n'a pas réitéré ses velléités de La Rochelle. Elle s'en remet aux circonstances qui décideront le moment venu quelle est la personnalité socialiste en phase avec le pays. Même ses partisans s'en désolent : l'envie semble lui manquer. Si même elle n'y croit plus…

Bernard Kouchner y pense à l'inverse de plus en plus, porté par une popularité invariablement au beau fixe. Sa déclaration de candidature s'apparente au teasing : en octobre 2005 il n'en a pas envie, mais « rien n'est définitif, et un duel Villepin, Kouchner aurait de la gueule, esthétiquement et politiquement », se rengorge-t-il sur Radio J. Un mois plus tard, il est à la une du *Point*, comme symbole de la vague iconoclaste : le *french doctor* « se tient prêt, mais 2007 est encore loin ». Il souhaite être un agitateur d'idées et partager avec tous l'expérience qu'il retire de trente ans d'humanitaire, dix de gouvernement, et deux comme dirigeant pour l'ONU du Kosovo en guerre. Bernard Kouchner s'exaspère d'un Parti socialiste qui le tient à l'écart, par jalousie, et qui tarde à muer en une social-démocratie moderne. Mais on imagine difficilement ce franc-tireur arracher l'investiture auprès des militants socialistes.

L'automne 2005 est le printemps de Ségolène Royal, le début de son échappée belle. Qu'elle s'exprime dans les magazines, ou se taise au congrès du Mans, elle ne cesse de grimper dans les sondages. Son silence lui profite, car elle paraît étrangère aux querelles de boutique du PS. Elle est la candidate « anti-système ». Son ascension semble irrésistible. Début décembre, dans l'enquête IFOP-*JDD*, elle creuse l'écart chez les sympathisants socialistes : 29 % contre 13 % à Lang, Strauss-Kahn et Kouchner. Deux semaines plus tard, dans le sondage Sofres-*Figaro Magazine*, elle fait jeu égal avec Nicolas Sarkozy qui jusque-là dominait tous ses adversaires de gauche. En janvier 2006, elle entre dans le top 50 IFOP-*JDD* des personnalités préférées des Français, où ne figurent plus que deux politiques : Simone Veil et Bernard Kouchner (à l'inverse, Nicolas Sarkozy a quitté ce hit-parade). Le même institut la place huit jours plus tard en tête des prétendants socialistes en terme de stature présidentielle : 53 % contre 39 à Strauss-Kahn, 36 à Lang, 31 à Fabius. Début février, un sondage CSA-*Marianne* la donne gagnante au second tour face à Nicolas Sarkozy. Il y a bien un « effet Ségolène », qui ne relève plus du feu de paille. Aucun homme ne s'imposant à gauche, pourquoi ne pas faire confiance à cette jolie femme dont la fraîcheur, la franchise et la tranquille détermination tranchent dans un monde politique masculin et compassé. Ségolène Royal incarne la femme moderne. Elle a conduit sa vie politique tout en élevant ses quatre enfants. Elle œuvre à l'émancipation des femmes tout en défendant les valeurs traditionnelles. En vingt ans, les Français l'ont vue s'épanouir : l'ancienne conseillère, jupe plissée-queue-de-cheval de François Mitterrand, est devenue la présidente triomphante du Poitou-Charentes. Elle s'est fait élire et réélire député, et a été trois fois ministre, de l'Environnement, de l'Enseignement scolaire et de la Famille : elle possède l'expérience requise pour les plus hautes fonctions de l'État.

À la mi-décembre 2005, elle sourit en couverture du *Nouvel Observateur*, avec ce titre : « L'Élysée 2007 et si c'était elle ? ». Plus de faux-semblants ou de modestie déplacée : « Si l'élan se poursuit, ce que je crois, déclare-t-elle, si les électeurs de gauche me demandent, ce que j'espère, alors je m'imposerai naturellement. Les autres n'auront pas le choix, ce sera moi ! » Suprême habileté, elle précise qu'elle ne mettra pas « les mains dans la tambouille et les petites combinaisons », et avoue qu'elle n'a pas été à Bercy ou à Matignon : c'est justement pour ces raisons que les Français l'aiment ! Elle glisse enfin à destination des socialistes deux autres arguments : le soutien de son compagnon et la confiance en la victoire : « Pour la campagne, je n'ai aucun doute, elle sera réussie ! » Maligne et très forte, Ségolène !

Chez ses concurrents socialistes, la condescendance s'est muée en agacement — « Elle est épouvantable, cette bonne femme », se répand l'un d'eux — puis en inquiétude. Présider le Poitou-Charentes et briller dans les médias pour défendre les femmes, les enfants et l'environnement, sont-ils des critères suffisants pour briguer l'Élysée ? Quelle vision a-t-elle en politique étrangère ou de défense, qui sont les prérogatives du chef de l'État sous la Ve République ? Quelles sont ses idées en matière économique et sociale ? En 1994, elle déclarait qu'au-delà de 50 000 francs de revenus (7 700 euros), les Français devaient payer 100 % d'impôts… mais dans une interview au *Financial Times*, en février 2006, la « celebrity Royal » regrette que Tony Blair soit caricaturé en France, et « cela ne [la] gêne pas d'afficher [son] adhésion à certaines de ses idées », comme l'investissement dans les services publics ou sa politique « utilisant plus de flexibilité mais aussi plus de sécurité » face au chômage des jeunes : une prise de position, en pleine bataille contre le contrat première embauche de Villepin, qui fait s'étrangler beaucoup de socialistes. Tout comme l'idée de ne pas se « bloquer » sur les 35 heures. Bref, quel projet veut-elle proposer aux Français et a-t-elle l'étoffe d'un chef d'État ou n'est-elle qu'une comète comme Simone Veil (pour ne pas parler de Bernard Tapie ou d'Yves Montand qui avaient fait aussi en leur temps la une du *Nouvel Observateur* comme présidentiables) ? Beaucoup de questions, qu'on ne poserait pas nécessairement à un homme, surtout s'il est énarque, comme elle, mais auxquelles elle devra apporter des réponses.

Madame Royal — titre du livre du journaliste Daniel Bernard (Éditions Jacob-Duvernet) publié à l'automne 2005 — y croit. Et elle s'active. En janvier 2006, elle part au Chili soutenir la socialiste Michelle Bachelet à l'élection présidentielle. Elle rend un hommage appuyé, aux accents d'autoportrait, à une femme, fille de militaire, ancienne ministre et candidate compétente, moderne, courageuse, qui a subi beaucoup d'attaques machistes… Elle rend visite aux quartiers déshérités de Santiago, rencontre au palais de la Moneda le Président sortant, le socialiste Ricardo Lagos, et se recueille sur la tombe de Salvador Allende, en rappelant que François Mitterrand était venu à son intronisation. La presse chilienne la présente déjà comme « la favorite pour succéder à Jacques Chirac », et la douzaine de journalistes français qui couvrent le déplacement lui assurent un large écho en France. Et Michelle Bachelet est élue première femme présidente en Amérique latine.

Beaucoup l'attendent au tournant de ses premières grandes émissions télévisées, quand elle devra expliquer son projet. Dans un galop d'essai, le 16 janvier sur France 2, elle montre beaucoup d'habileté. À ceux qui l'interpellent sur son manque d'expérience internationale ou d'expertise économique, elle répond dans un grand sourire que ce sont les critiques que l'on faisait à la Chilienne Michelle Bachelet, avant de préciser, fort justement, que gouverner c'est savoir s'entourer des meilleurs et faire participer les citoyens. Interrogée sur le sens à donner à sa candidature, elle met en avant sa volonté de concilier efficacité économique et protection sociale, et de lutter contre la précarité. Ségolène Royal paraît en phase avec les Français quand ils réclament un renouvellement de la classe politique, l'affirmation du principe d'autorité, et des réponses concrètes à leurs préoccupations quotidiennes : l'image d'un président père de la nation, se consacrant principalement à son domaine réservé de la politique étrangère, a peut-être vécu.

Sa petite équipe, composée principalement de son ancien directeur de cabinet à l'Enseignement scolaire, François Chantepy, de l'organisateur de sa campagne en Poitou-Charentes Denis Leroy, et de la conseillère d'État Sophie Bouchet-Petersen, s'occupe du développement de son association Désirs d'avenir et d'un site Internet du même nom. L'objectif est de recréer au niveau national la dynamique de la démocratie participative — le forum Internet remplaçant les réunions locales — qui a si bien fonctionné en Poitou-Charentes. Un livre rassemblera au printemps les éléments d'un projet pour la présidentielle. Rien n'est laissé au hasard : Ségolène Royal s'est même fait corriger les dents pour parfaire son sourire. Quand, en 2004, certains évoquaient devant François Hollande la détermination de Laurent Fabius, le premier secrétaire répondait : « N'oubliez pas non plus celle de Ségolène… »

Des sept prétendants, combien iront jusqu'au vote des militants ? Il en va de l'Élysée comme du Loto : 100 % des gagnants ont tenté leur chance ! Et la pré-candidature est le meilleur moyen d'exister dans les médias et de postuler à Matignon. François Hollande n'en démord pas, et le répète inlassablement : la situation va se décanter, un homme ou une femme va émerger. Lors d'un déjeuner des éléphants en septembre 2005, sans les fabiusiens bien sûr, il a été convenu que l'ex-majorité serait unie derrière un seul candidat pour affronter Laurent Fabius lors du vote d'investiture. Par quelle procédure ?

Entre grands responsables réunis à Solférino, comme les cardinaux dans la chapelle Sixtine ? Ou bien par un vote au Bureau national, ou au sein d'un Conseil national ? Le mystère demeure. Romano Prodi a été la vedette du congrès du Mans quand il a expliqué comment 4 300 000 Italiens l'avaient adoubé, pour tenter de battre Silvio Berlusconi. Et comment le peuple de gauche avait participé à l'élaboration du programme électoral à la Fabrica, une ancienne usine transformée en lieu de forum. Mais la gauche italienne est unie, et les communistes se sont rangés derrière le candidat du centre gauche. Plusieurs responsables du PS continuent pourtant de militer pour des primaires. Elles sortiraient le choix du candidat du jeu des partis politiques et créeraient une dynamique populaire. Jean-Marc Ayrault les imagine pour désigner le candidat socialiste qui bénéficierait ainsi d'un « effet de souffle considérable ». Mais ce serait priver les adhérents du PS de leur principale prérogative. Henri Emmanuelli pense à des primaires plus larges, pour départager les candidats désignés par les différents partis de gauche. François Hollande n'y est pas hostile, surtout si elles résultent d'un accord global des formations de gauche sur des alliances électorales et un contrat de gouvernement. C'est là où le bât blesse : si le PRG y est prêt, une majorité des Verts et les communistes entendent bien avoir leur représentant au premier tour de la présidentielle. Au moins ne pourra-t-on faire porter au PS la responsabilité de l'émiettement des candidatures qui a coûté si cher en 2002.

François Hollande n'est pas le mieux placé pour l'emporter, mais sa position de premier secrétaire pourrait bien lui conférer le rôle de faiseur de roi. En septembre 2005, devant quelques proches, il s'est livré au petit jeu des hypothèses. Dans la première, la plus favorable, il est en situation et présente sa candidature aux militants. Dans la seconde, s'il faut se déterminer entre Strauss-Kahn et Lang, il choisit Lang (« Il faudrait déjà que l'un et l'autre soient à jour de cotisations », grommelle

François Rebsamen). Troisième hypothèse, aucun ne se détache, il y a crise… « Et je ne laisserai personne d'autre aller chercher Jospin. » À cette époque, on ne retenait pas encore l'hypothèse Ségolène…

L'ancien Premier ministre continue de construire pierre après pierre une formidable non-campagne. En plein débat avant le congrès du Mans, il publie *Le monde comme je le vois* (Gallimard). Le titre est à l'image de l'ouvrage et de son auteur : sérieux, parfois aride. C'est une réflexion argumentée sur la société française et l'ordre du monde, en dix chapitres, sur les religions, le problème américain, l'Europe incertaine, le progrès… Ce n'est pas un livre programme, mais il donne des repères à une gauche et à un pays qui doutent. Son analyse de l'émergence d'une nouvelle aristocratie est percutante. Il est une fois encore le premier à pointer cette alliance implicite entre de grands dirigeants d'entreprise, des financiers, des hauts fonctionnaires de l'État et des privilégiés des médias… ce nouveau groupe de prestige qui « enjoint aux autres catégories sociales de faire des sacrifices, au nom de la compétition mondiale ou de l'équilibre économique, mais ne consent pour lui-même à aucun effort ou renoncement, et ne conçoit même pas que la question se pose »… Les nouveaux aristocrates deviennent en quelques jours le sujet de tous les débats. Le livre est un succès de librairie. Jospin multiplie les interviews, avec brio dans l'émission *Culture et dépendances* de Franz-Olivier Giesbert.

À chaque fois — c'est un rituel — que la question lui est posée, il répond imperturbablement qu'il n'est candidat à rien. Mais le grognard Daniel Vaillant souligne immédiatement que son mentor parle au présent, pas au futur, et qu'« il n'aura pas besoin de beaucoup de temps pour endosser les habits de candidat, si les circonstances s'y prêtent ». Lionel Jospin ne s'est jamais autant intéressé au Parti socialiste. Dans sa section du XVIIIe, il met en garde contre une alternance qui est loin d'être gagnée en 2007. Au congrès du Mans, Daniel Vaillant, vissé à son portable, l'a tenu informé, heure par heure, de l'évolution vers la synthèse. La veille du Conseil national où a été formée la nouvelle direction, ils ont dîné ensemble et examiné le rapport de force au sein du PS, fédération par fédération ! Le 7 décembre, dans une interview aux *Échos*, il lève une nouvelle hypothèque sur un possible retour. Il solde ses erreurs passées et en rabat sur son formidable orgueil en invitant les responsables socialistes « à exercer leur droit d'inventaire sur nos années 1997-2002, comme je l'avais jadis fait sur nos années Mitterrand : ce n'est pas seulement un droit, c'est un devoir ». Il montre l'exemple en concédant pour la première fois avoir commis une erreur : « Nous n'aurions pas dû faire les 35 heures à l'hôpital tant que le personnel nécessaire n'était pas recruté et formé... » Vincent Peillon, qui avait été la plume du candidat Jospin en 1995 et qui lui avait suggéré la formule du droit d'inventaire appliqué au bilan de François Mitterrand, se souvient qu'il ne l'avait utilisée que tard dans la campagne, au moment où cette concession était nécessaire pour se relancer... Début février 2006, il profite de la tournée de dédicaces de son livre, de Marseille à Toulouse ou Brest, pour multiplier les conférences de presse, interviews aux médias locaux, et débats devant des étudiants. Il ne se gêne pas pour tailler en pièces la politique du gouvernement sur l'immigration, la précarité ou l'utilisation de l'article 49-3, une méthode « détestable sur le fond et la forme », à laquelle, rappelle-t-il, lui n'a jamais eu recours. Pour la présidentielle de 2007, il se prononcera à l'automne, mais constate, benoîtement, qu'aucun prétendant socialiste ne s'est encore imposé. Ségolène appréciera...

« Ça va se finir au PS comme à la SFIO en 1958, plaisante André Vallini : Guy Mollet avait fait le voyage de Colombey pour convaincre de Gaulle, Hollande ira chercher Jospin à l'île de Ré ! » Le parier serait risqué. Deux conditions devront être réunies pour que le « recours » Jospin soit possible, voire probable : qu'aucun prétendant n'émerge dans un PS déchiré, et que le candidat de gauche ait de réelles chances de l'emporter, Lionel Jospin n'étant guère partant pour une troisième défaite. De Martine Aubry à Jean Glavany, Bertrand Delanoë et bien sûr Daniel Vaillant, il ne manquera pas d'éléphants et de grands élus de régions, comme en 1995, pour faire appel, derrière François Hollande, au retraité de l'île de Ré. Ses fidèles préparent le terrain. Le 10 janvier, huit d'entre eux ont répondu à l'invitation de Daniel Vaillant pour un dîner très politique dans le caveau de la mairie du XVIIIe arrondissement, là même où l'on conserve le vin de Montmartre ! Claude Allègre, Bernard Poignant, les hollandais André Vallini, Éric Besson et Clotilde Valter, étaient de la fête. Ils sont bien décidés à tout mettre en branle pour faciliter, si nécessaire, une hypothèse Jospin. D'ici là, la discrétion est de rigueur : « Nous sommes dans un caveau, et nous devons être des tombes ! » a osé Bernard Poignant. L'ancien Premier ministre, s'il franchit le pas, devra encore justifier le parjure de son retrait de la vie politique, et démontrer — ce dont beaucoup doutent encore — qu'il peut être un bon candidat, qui a une vision pour la France et qui aime les Français.

Rarement les « fondamentaux », l'humeur profonde du pays, n'ont été aussi favorables à une alternance à gauche. Tous les indices convergent : les Français sont mécontents de leur pouvoir d'achat, ils craignent pour leur emploi, ils s'inquiètent de leur avenir et plus encore de celui de leurs enfants. Le pays semble plongé dans la morosité : marasme économique, révolte des banlieues, désertification des campagnes, « lepénisation » des esprits. La France balance entre la crispation et le doute, qui n'épargnent même plus le regard qu'elle porte sur son histoire : le pouvoir renonce à célébrer la bataille d'Austerlitz ou la loi de 1905, le pays s'étripe sur le passé colonial. Croissance en berne, déficit public durablement installé au-dessus des 3 % du PIB autorisés par Bruxelles, endettement qui gonfle chaque année alors qu'il avait diminué en 2000 et 2001, chômage qui demeure plus élevé qu'il y a quatre ans, nombre d'allocataires du RMI qui progresse, comme celui des pauvres et des sans-abri : à l'exception de la lutte contre la délinquance et du nombre des tués sur la route, il n'est guère de domaines où la situation ne se soit pas dégradée sous les gouvernements de droite. On pourrait ajouter l'allergie des Français au libéralisme et la soif de revanche des électeurs de gauche encore culpabilisés par le 21 avril.

Et pourtant le paradoxe est là : à quinze mois du scrutin, Nicolas Sarkozy comme Dominique de Villepin battraient le candidat socialiste, à l'exception de Ségolène Royal. Villepin et Sarkozy, frères ennemis, ratissent large. Le Premier ministre va bénéficier mécaniquement d'une baisse du chômage avec le départ à la retraite des premières classes d'âge du baby-boom. En multipliant les annonces (école, contrat de travail, immigration, etc.), il occupe le terrain et donne le sentiment d'agir, laissant la gauche crier aux méthodes de camelot ou à la régression sociale. Quelques succès sont réels, comme la rénovation des quartiers et la construction de logements sociaux par le virevoltant Jean-Louis Borloo. Rien ne laisse présager à ce jour une « balladurisation » du Premier ministre.

Nicolas Sarkozy échappe à l'usure et aux dérapages que beaucoup prédisaient. Il maintient un semblant d'équilibre entre ses provocations populistes devant les caméras (quand il parle de racailles, et de quartiers à nettoyer au Kärcher), les gages qu'il donne à l'électorat de droite (durcissement de la politique d'immigration, attaques contre le modèle social français), enfin, les quelques signes envoyés aux milieux de gauche, où il utilise cette fois l'écrit pour plaider le droit de vote aux étrangers ou la discrimination positive. La droite agit et nourrit le débat, face à une gauche encore inutile et inaudible. Certains osent même la question : les grands élus socialistes, qui gèrent confortablement villes, départements ou régions, ont-ils vraiment envie que le PS revienne au pouvoir, avec les risques de nouvelles désillusions et de surenchères de l'extrême gauche ?

François Hollande balaie d'un revers de main toutes ces vieilles ritournelles. « On entendra les socialistes quand ils seront en situation, avant ça ne sert à rien, souvenez-vous de Lionel Jospin... » Le premier secrétaire en est convaincu : programme, alliances, candidats, tout va se décanter. Les socialistes seront au rendez-vous à l'automne 2006 avec l'homme ou la femme qui sera le meilleur pour porter leurs couleurs. Clairement ancré dans l'opposition, face à une droite seule comptable de son bilan, le PS ne courra plus le risque de la confusion née de la cohabitation. La bonne référence serait 1981 et non 2002. Un scénario rose qui implique que les socialistes aient retrouvé leur crédibilité et assument leur réformisme, moins maximaliste dans l'opposition et plus audacieux au pouvoir. Qu'ils rompent avec leurs vieux complexes et leurs fausses illusions, qu'ils enterrent la guerre des deux roses, et ne craignent plus d'être pleinement eux-mêmes. En septembre 1946, au nom d'un pseudo-ouvriérisme et du refus des compromissions du pouvoir, Guy Mollet s'imposait à la tête de la SFIO, face au résistant Daniel Mayer. On connaît la suite... Le vieux Léon Blum interpellait alors ses camarades : « Je crois que dans son ensemble le parti a peur... il a peur du qu'en-dira-t-on communiste ; la polémique et le dénigrement communistes agissent sur vous, vous gagnent à votre insu et vous désagrègent. Vous avez peur des électeurs, peur des camarades qui vous désigneront ou ne vous désigneront pas comme candidat, peur de l'opinion, peur de l'échec... » Cinquante ans après, le Parti socialiste en a-t-il fini avec ses peurs ?

REMERCIEMENTS

La plupart des passages cités entre guillemets dans ce livre proviennent des entretiens que les personnalités suivantes m'ont accordés. Elles s'y reconnaîtront. Qu'elles trouvent là l'expression de ma gratitude.

Kader Arif. David Assouline. Martine Aubry. Jean-Marc Ayrault. Laurent Azoulay. Guillaume Bachelay. Claude Bartelone. Delphine Batho. Jean-Michel Baylet. Jean-Pierre Bel. Maurice Benassayag. Alain Bergounioux. Éric Besson. Jean-Louis Bianco. Patrick Bloche. Jean-Marie Bockel. Christophe Borgel. Paul Boury. Malek Boutih. Jérôme Cahuzac. Jean-Christophe Cambadélis. Michel Charasse. Jean-Pierre Chevènement. Alain Claeys. Isabelle Clapp. Jérôme Clément. Elie Cohen. Yves Colmou. Joseph Daniel. Harlem Désir. Marc Dolez. Julien Dray. Yves Durand. Henri Emmanuelli. Laurent Fabius. Gérard Filoche. Gilles Finchelstein. Jacques Floch. Raymond Forni. Stéphane Fouks. Jean-Michel Gaillard (†). Claude Gewere. Éric Ghébali. Jean Glavany. Gaëtan Gorce. Pierre Guelman. Élisabeth Guigou. Benoît Hamon. Adeline Hazan. Anne Hidalgo. François Hollande. Emmanuel Hoog. Jean-Paul Huchon. Robert Hue. Stéphane Israël. Marc-Antoine Jamet. Bariza Khiari. Ramsi Khiroun. Bernard Kouchner. François Lamy. Pierre Larrouturou. Marie Lavarini. Marylise Lebranchu. Stéphane Le Foll. Gérard Le Gall. Jean-Marie Le Guen. Bruno Le Roux. Marie-Noëlle Lienemann. Didier Marie. Béatrice Marre. Philippe Martin. Pierre Mauroy. Jean-Luc Mélenchon. Dominique Merchez. Didier Migaud. Jean-Pierre Mignard. Arnaud Montebourg. Aquilino Morelle. Pierre Moscovoci. Christian Paul. Vincent Peillon. Daniel Percheron. Bernard Poignant. Paul Quilès. François Rebsamen. Alain Richard. Jacques Rigaudiat. Michel Rocard. Ségolène Royal. Stéphane Rozès. Michèle Sabban. Michel Sapin. Olivier Schrameck. Jacques Séguéla. Dominique Strauss-Kahn. Emmanuel Todd. Marisol Touraine. Gérard Unger. Daniel Vaillant. André Vallini. Manuel Valls. Clotilde Valter. Alain Vidalies. Henri Weber.

Toute ma gratitude à Joceline Leray, inlassable décrypteuse.

Quant à Florence Muracciole, à défaut d'être la cosignataire de cet ouvrage, elle en a été la relectrice avisée.

Merci à Jean-François Colosimo, éditeur du livre, pour sa confiance et son amitié.

TABLE DES MATIÈRES

CET OUVRAGE A ÉTÉ ACHEVÉ D'IMPRIMER
SUR ROTO-PAGE PAR L'IMPRIMERIE FLOCH À
MAYENNE EN MARS 2006, POUR LE COMPTE
DES ÉDITIONS DE LA TABLE RONDE.

Dépôt légal : mars 2006.
N° d'édition : 140812.
N° d'impression : 65241.

Imprimé en France.